シリーズ・現代の世界経済 7

現代ラテンアメリカ経済論

西島章次/小池洋一 編著

ミネルヴァ書房

『シリーズ・現代の世界経済』刊行のことば

　グローバリゼーションはとどまることを知らず，相互依存関係の高まりとともに，現代の世界経済は大きな変貌を見せている。今日のグローバリゼーションは，瞬時的な情報の伝播，大規模な資金移動，グローバルな生産立地，諸制度の標準化などを特徴としており，その影響は急激であり多様である。たとえば，一部の新興市場諸国は急激な経済発展を遂げその存在感を強めているが，他方で2008年の世界金融危機による同時不況から，いまだに抜け出せない国々も多い。国内的にもグローバリゼーションは勝者と敗者を生み出し，先進国，途上国を問わず，人々の生活に深い影を落としている。

　グローバリゼーションの進展によって世界の地域や国々はどのように変化し，どこに向かっているのであろうか。しかし，現代の世界経済を理解することは決してたやすいことではない。各地域や各国にはそれぞれ固有の背景があり，グローバリゼーションの影響とその対応は同じではない。グローバリゼーションの意義と限界を理解するためには，様々な地域や国々のレベルで詳細にグローバリゼーションを考察することが必要となる。

　このため，本シリーズは，アメリカ，中国，ヨーロッパ，ロシア，東アジア，インド・南アジア，ラテンアメリカ，アフリカの8つの地域・国を網羅し，グローバリゼーションの下での現代の世界経済を体系的に学ぶことを意図している。同時に，これら地域・国とわが国との関係を扱う独立した巻を設定し，グローバリゼーションにおける世界経済と日本とのあり方を学ぶ。

　本シリーズは，大学の学部でのテキストとして編纂されているが，グローバリゼーションや世界経済に強い関心を持つ社会人にとっても読み応えのある内容となっており，多くの方々が現代の世界経済について関心を持ち理解を深めることに役立つことができれば，執筆者一同にとって望外の喜びである。なお，本シリーズに先立ち，ミネルヴァ書房より2004年に『現代世界経済叢書』が刊行されているが，既に7年が経ち，世界経済がおかれている状況は大きく変貌したといって決して過言ではない。本シリーズは，こうした世界経済の変化を考慮して改めて企画されたものであり，各巻ともに全面的に改訂され，全て新しい原稿で構成されている。したがって，旧シリーズと合わせてお読み頂ければ，この7年間の変化をよりよく理解できるはずである。

2011年2月

編著者一同

はしがき

　21世紀の最初の10年が過ぎたが，この10年間の特徴の1つは，世界経済における途上国地域の存在感が増していることであろう。本書で扱うラテンアメリカは，そうした途上国地域の1つであるが，ラテンアメリカも近年その経済を大きく変貌させており，世界における経済的，政治的な重要性を着実に高めつつある。しかし，日本とラテンアメリカとの関係は，アジア諸国や欧米諸国との緊密なつながりに比べ，依然として希薄であるといって過言ではない。地理的，歴史的，文化的に隔たりが大きく，日本にとってのラテンアメリカは遠い存在である。しかし，グローバリゼーションの波は世界中を覆い，日本とラテンアメリカとの関係も深まりつつある。単に，貿易や直接投資などの経済関係のみならず，日系移民の日本での就労など人的な交流にも及んでいる。また，インターネットを通じて情報が瞬時に伝わる時代にあって，文化的な交流も盛んとなりつつある。たとえば，アニメなどのジャパン・カルチャーは世界を席巻しつつあるが，ラテンアメリカ諸国もその例外ではない。グローバリゼーションが進展するなか，今後も日本とラテンアメリカとの結びつきがいっそう深まることは確実であり，それゆえに，互いに理解を深めることが求められているといえる。

　しかし，こうしたラテンアメリカ諸国の経済を正しく理解するのはけっして容易なことではない。ラテンアメリカの経済は，歴史的な経緯，世界経済における位置づけ，自然条件，ビジネス慣行など，日本経済とは大きく異なる。ラテンアメリカはまた発展途上地域のなかでももっとも早く，かつ，徹底した市場自由化を実施した地域でもある。ラテンアメリカ諸国ならではの，ユニークで多様な課題を理解するには，マクロ経済，企業・産業，社会，環境，国際関係などに関する幅広い観察が必要であり，これらの総合的な学習が必要である。他方，市場自由化の弊害に対し，ラテンアメリカ諸国ではそれを補正するさまざまな社会政策や市民社会の試みがなされており，その意義を理解することも不可欠である。また，ラテンアメリカ地域といっても，多様な国家が存在して

おり，ラテンアメリカ全体に共通する課題と，個々の国々の問題とをバランスよく学習する必要がある。

　本書は以上の課題に答えるために，ラテンアメリカ経済を研究する代表的な研究者が集い，多様な角度からラテンアメリカ経済における今日課題を議論したものである。本書はラテンアメリカ経済を学ぶ学部学生のテキストとして書かれているが，一般読者も対象としており，本書がラテンアメリカ経済をよりいっそう理解するための出発点となることを願っている。しかし，紙幅と構成上の問題から重要なテーマを優先したため，本来取り上げなければならないラテンアメリカ諸国での重要なトピックスを欠いているかもしれない。また，ラテンアメリカ地域における経済的な重要性の観点から南米諸国と中米諸国が中心となり，カリブ諸国に関してはあまり言及されていない。これらの意味で，本書が所期の目的を達成しているかどうかは，読者のご批判を仰ぎたい。

　ここで，2004年に刊行されたミネルヴァ書房の「現代世界経済叢書」シリーズに収められている『ラテンアメリカ経済論』との関係に触れておきたい。今回の「シリーズ・現代の世界経済」における『現代ラテンアメリカ経済論』では，ラテンアメリカ地域の基本的課題を踏まえながら，その後6年間のラテンアメリカ諸国の急激な進展を考慮し全面的に書き直されている。したがって，これら2つの書物を併読いただければ，本書で取り扱われなかった問題も学べるはずである。最後に，快くご執筆頂いた各先生方と，本書の編集にあたりご尽力頂いたミネルヴァ書房の赤木美穂氏に記して感謝申し上げたい。

2011年2月

西島章次・小池洋一

［追記］
本書の編者の一人であり「現代の世界経済」シリーズ全体の編者の一人でもある西島章次さんが，日本国在ブラジル大使館公使として赴任まもない2012年7月，ブラジリア近郊において交通事故で帰らぬ人となった。西島さんはラテンアメリカ経済の最も優れた研究者であり教育者であった。深い哀悼の意を表するとともに，本書を通じて，西島さんの願い，すなわち日本のラテンアメリカ理解の深まり，日本とラテンアメリカ間の経済交流の活発化が実現することを祈る。　　　　　　　　　　　　（小池洋一）

現代ラテンアメリカ経済論

目　次

はしがき

序　章　変貌するラテンアメリカ経済……………………………………1
　　1　ラテンアメリカ経済の発展過程とその特質　1
　　2　ラテンアメリカにおける経済自由化　4
　　3　ラテンアメリカ経済の今日的課題　7
　　4　ラテンアメリカ経済を学ぶ意義　9

第Ⅰ部　経済自由化とマクロ経済の進展

第1章　グローバリゼーションと市場自由化………………………………13
　　1　グローバリゼーションとラテンアメリカ　13
　　2　市場自由化の進展　17
　　3　市場自由化の課題　23
　　4　持続的成長のための課題　28
　　コラム　市場経済に関する世論調査　31

第2章　マクロ経済問題……………………………………………………33
　　1　ラテンアメリカのマクロ経済概観　33
　　2　1970〜80年代のラテンアメリカ経済　36
　　3　1990〜2000年代のラテンアメリカ経済　40
　　4　持続的成長へ向けて　47
　　コラム　ボリビアのハイパー・インフレーション　48

第3章　金融グローバリゼーション…………………………………………50
　　1　ラテンアメリカの金融制度の特徴と問題点　50
　　2　国際的な金融統合　56
　　3　世界的な金融危機への対応　62
　　4　今後の課題　65
　　コラム　外国銀行のラテンアメリカ進出　66

第4章　地域統合の進展と課題………………………………………… 68
　　1　グローバリゼーションと地域統合　68
　　2　南米諸国の地域統合　75
　　3　中米諸国の地域統合　78
　　4　ラテンアメリカ各国のFTA戦略　81
　　5　ラテンアメリカとアジア太平洋地域　88
　　コラム　日本メキシコ経済連携協定の背景と効果　89

第Ⅱ部　産業社会の発展と環境問題

第5章　産業と企業……………………………………………………… 93
　　1　アジアとの対比と20世紀末までの足どり　93
　　2　21世紀の産業　100
　　3　21世紀の企業　105
　　コラム　ブラジルと地デジで"ガラパゴス"状況を打破　112

第6章　資源ブームと経済成長………………………………………… 114
　　1　輸出の一次産品化　114
　　2　豊かな資源　116
　　3　資源とナショナリズム　123
　　4　資源と持続的成長　125
　　5　豊かな資源を活かす制度　130
　　コラム　財政に自動安定化機能を導入したチリ　131

第7章　農業と一次産品輸出…………………………………………… 133
　　1　一次産品輸出とラテンアメリカ　133
　　2　農業部門の二重構造──伝統的農業と近代的農業　140
　　3　農業の近代化と新たな一次産品輸出ブーム　144
　　4　ラテンアメリカ農業はどこへ向かうか　150
　　コラム　NAFTAとトウモロコシ　151

第8章　開発と環境……………………………………………………… 154
　　1　経済グローバリゼーションと環境破壊　154
　　2　気候変動とラテンアメリカ　161
　　3　持続的開発　166
　　4　環境保全と協調　169
　　コラム　アマゾン発電所計画　171

第Ⅲ部　経済発展と社会的・政治的課題

第9章　貧困と所得分配…………………………………………………… 177
　　1　ラテンアメリカの貧困と不平等　177
　　2　誰が貧困なのか，誰が富裕なのか，なぜそうなのか　190
　　コラム　ハイチの貧困　193

第10章　社会保障と社会扶助…………………………………………… 195
　　1　貧困・不平等への各国の取り組み　195
　　2　所得分配と社会保障　200
　　3　貧困と条件付き現金給付政策　206
　　4　今後の課題　211
　　コラム　貧困削減政策と政治腐敗　211

第11章　地方分権化の進展と課題……………………………………… 214
　　1　地方分権化の構図　214
　　2　ラテンアメリカにおける行財政の地方分権　219
　　3　地方分権化と地域市場　227
　　4　分権化と市民社会　229
　　5　分権化の課題　231
　　コラム　クリチバ市と地方自治　232

第12章　経済自由化と政治変化……………………………………… 235
　　　　1　経済自由化への政策転換　235
　　　　2　左派政権の誕生　237
　　　　3　急進左派と穏健左派　244
　　　　4　展望と課題　249
　　　　コラム　ポピュリズム（民衆主義）　252

終　章　ポストネオリベラリズムの課題……………………………… 255
　　　　1　ラテンアメリカのネオリベラリズム　255
　　　　2　ネオリベラリズム改革の限界　258
　　　　3　ポストネオリベラリズムの課題　261

資　料　267
索　引　273

序　章
変貌するラテンアメリカ経済

　グローバリゼーションの進展とともに，ラテンアメリカ諸国は世界経済との結びつきを強め，急激な変化を見せている。しかし，その変化は多様であり，ラテンアメリカ諸国にはさまざまな成果と問題が生じている。こうした今日のラテンアメリカ諸国の現状を理解するためには，その歴史的な背景，これまでにたどってきた開発政策の特徴，グローバリゼーションのもとでの諸改革の進展と課題，成長と社会的公正のための諸政策などを，ラテンアメリカ地域全体に共通する問題と各国固有の問題とに注意しながら理解する必要がある。本章は，以上の問題意識に従い，今日のラテンアメリカ経済を学ぶうえで必要となるいくつかの論点を示す。また，こうしたラテンアメリカ地域を学ぶことが，今後の世界経済の進展や発展途上地域における開発経済問題を考えるうえで，きわめて重要な示唆を与えることに言及する。

1　ラテンアメリカ経済の発展過程とその特質

（1）　ラテンアメリカ諸国の現状

　ラテンアメリカとは，メキシコ以南の中南米諸国とカリブ海諸国の33カ国からなり，5億7900万人の人口規模を擁する地域である。世界銀行によると，2009年の1人あたり国民所得は6993ドルである。1人あたり所得を他の発展途上地域と比較すると，東アジア・太平洋地域の3172ドル，東ヨーロッパ・中央アジアの6793ドル，南アジアの1082ドル，サブサハラ・アフリカの1126ドルと，いずれの地域とも上回っている。しかし，カリブ海諸国を除くほとんどのラテンアメリカ諸国が19世紀前半に独立し，戦後の早い時期にあっては，発展途上地域のなかでももっとも発展した地域であったことを考慮すると，ラテンアメリカ地域の今日までの発展過程は必ずしも順調であったとはいえない。また，ラテンアメリカ諸国間には発展の程度に大きな相違があり，たとえば，ブラジ

ル，メキシコは新興工業国として比較的高い所得水準を誇っているが，他方で，ハイチ，ニカラグアのような最貧国も存在している。このようにラテンアメリカ諸国の発展過程はきわめて多様であるし，最貧国のみならず比較的発展した諸国にあっても国内には深刻な貧困問題を抱えている。したがって，ラテンアメリカ地域における開発問題は依然としてきわめて重要な政策課題である。

(2) 歴史的・構造的要因

　以上のようなラテンアメリカ諸国の発展過程を理解するためには，まず，ラテンアメリカ諸国が有している歴史的・構造的要因に着目する必要がある。ラテンアメリカ諸国では，スペイン，ポルトガルの植民地時代の遺制である大農場（ラティフンディオ）と小規模・零細農場（ミニフンディオ）に二極分化した土地所有制度が依然として支配的であり，経済や社会に大きな影響を与えている。かつては，大部分の農地を所有している少数の大農家での土地利用度が低いことや，零細農場の生産性が低いことなどが農業生産の停滞と農村の貧困の基本的要因であった。しかし，1970年代に入ると，一部諸国で輸出作物を生産する大農場の近代化がはじまり，機械化など労働節約的な技術の導入によって，ラテンアメリカの農業は大きく変化することになった。だが，こうした近代化は，それまで大農場で抱えていた労働者を不要とし，土地なし農業労働者を多数生み出すものであった。同時に，近代化は国内向け基礎食糧を生産する零細農家の分解をもたらし，零細農家が手放した農地が大規模農場に吸収され，土地がいっそう集中する現象も生じている。このような土地なし労働者は農業賃金労働者として農村に滞留するか，都市へ流出しスラムを肥大化させてきたのである。したがって，ラテンアメリカの土地所有制は農業の基本的問題を規定するだけでなく，著しい所得集中や深刻な貧困問題の基本的背景であるといえる。

　いま1つの歴史的・構造的要因は，一次産品輸出に依存した貿易構造である。特定の輸出商品や輸出先地域への偏向，輸出価格の変動とそれに伴う輸出収入の変動，さらには輸出入動向によって国内投資が左右されることなど，貿易構造は対外的に脆弱である。石油・天然ガス・銅鉱石・鉄鉱石などの鉱産物，バナナ・コーヒー・砂糖・大豆などの農産物の輸出に依存する国が多く，2008年の一次産品輸出比率は，メキシコの27％，ブラジルの55％を例外として，その他の南米諸国9カ国は70〜90％と高い。しかも，2000年代に入り，中国の旺盛

な資源・食糧需要の拡大に応じてラテンアメリカ諸国からの一次産品輸出が急増しており，一方で経済の成長要因となっているが，他方で一次産品輸出依存の脆弱性をいっそう高めているといえる。

（3） 工業化の過程

ラテンアメリカにおいては，一次産品の交易条件が長期的に悪化する「一次産品輸出悲観論」を理由に，1950年代に「成長のエンジン」としての工業化が本格化した。政府主導のもと，いわゆる輸入代替的工業化が追求された。しかし，工業化のための過度の保護政策は，非競争的な国内市場と多数の非効率な産業・企業をつくりだした。また，比較優位を考慮せず，公営企業を多数設立することによって中間財・資本財部門での輸入代替を無差別に実施したため，やはり非効率な産業をつくりだす結果となった。さらに，国内市場に参入した大規模な外国企業の独占的な市場支配や，工業化促進政策がもたらした慢性的な財政赤字が後のマクロ経済の不安定化の背景となった問題などがあった。

このため，60年代前半までは容易な輸入代替の余地が存在し工業部門の拡大とこれに伴う経済成長を可能としたが，やがて輸入代替的工業化は限界に直面し経済成長のダイナミズムは失われた。工業部門の雇用に関しても，外国企業が資本集約的な技術を導入する傾向にあったことや，工業部門の拡大自体が鈍化したことから，増大する労働力に対して十分な雇用機会を創出することができなかった。日本やアジア諸国が労働集約的な工業部門を発展させ，労働力を吸収するとともに，こうした部門の輸出産業化を進めた発展過程とは異なる経路をたどるものであった。

結局，一方で伝統的な土地所有制度や農業部門の特質を温存したまま，比較優位を無視した輸入代替的工業化の追求は，バランスを逸した産業構造と非効率な産業を配置し，持続的な成長を実現できなかったばかりでなく，インフレや対外不均衡などのマクロ的問題に直面することとなった。さらには貧困問題，分配問題を解消するにはいたらず，これに基づく社会的・政治的対立の悪化をもたらしたのである。

（4） マクロ経済の不安定性

1970年代に入ると，軍事政権のもと，多くの諸国で対外借り入れに依存した

積極的な高成長政策が追求された。一国が経済的停滞やマクロ的不均衡に直面しているとき，十分な対外借り入れが可能であれば，無理な投資資源の動員や困難なマクロ調整を必要とせず，必要な投資や政府支出を海外資金によって補塡し，社会的安定を得るための高成長政策が実施可能となる。実際，輸入代替的工業化の失速を補うかたちで多くの諸国で高い成長率を実現した。しかし，政府の広範な市場介入が引き続いたため，市場メカニズムの機能を弱め，資源配分の歪みをいっそう拡大させることになった。輸出産業の国際競争力は育成されず，十分な返済能力が形成されない状況で返済期限が到来し，80年代に入ると多くのラテンアメリカ諸国が過重な返済負担に直面した。

債務国は，IMF（国際通貨基金）主導のもと，返済のために国内経済の引き締めと輸入抑制に基づく経済調整を実施した。しかし，それは急激な投資率の低下と経済停滞によって単に一時的な返済資金をつくりだす方策にすぎず，かえって返済能力の形成を妨げ，債務問題の長期的解決とは矛盾するものであった。経済は危機的な状況となり，多くの国で返済負担に耐えきれず，支払拒否やデフォルト状況が発生した。

この時期，対外債務に基づく発展戦略の破綻を背景に，多くの諸国で軍事政権から民主政権へと転換したが，階級間・グループ間の対立が強まり，社会的・政治的な不安定化を防ぐために非整合的なマクロ政策が繰り返され，放漫な財政政策や価格凍結などの一時しのぎの政策が実施された。結果として，人々の政策に対する信認が失われ，80～90年代にかけて，ボリビア，ペルー，アルゼンチン，ブラジルでハイパー・インフレが出現し，経済は大きく混乱した。**表序-1**は，80年代にラテンアメリカ諸国の実質GDP成長率が大きく低下するとともに，インフレ率が激しく高進したことを示している。

2　ラテンアメリカにおける経済自由化

（1）　市場自由化の進展

1980年代のラテンアメリカ諸国の年平均実質GDP成長率は1.8%にすぎず（1人あたりでは-0.9%），この10年間に生活水準が実質的に低下した。このため，ラテンアメリカでは政府主導の発展戦略における長期的妥当性の欠陥が認識され，80年代後半から市場メカニズムに立脚した開発政策への転換がはじ

序　章　変貌するラテンアメリカ経済

表序-1　ラテンアメリカ諸国の実質GDP成長率とインフレ率

	実質GDP成長率（％）						インフレ率（％）			
	70年代	80年代	90年代	2000~04年	05~08年	2009年	70年代	80年代	90年代	2000~08年
アルゼンチン	3.0	-0.7	4.1	0.4	8.3	0.7	146.2	565.7	252.9	8.9
ボリビア	4.6	-0.4	4.0	2.7	5.0	3.5	17.2	1,383.1	10.4	5.3
ブラジル	8.0	3.1	1.7	3.0	4.5	0.3	0.0	306.5	847.7	7.1
チ リ	2.2	3.6	6.4	4.0	4.5	-1.8	189.7	21.4	11.8	3.7
コロンビア	5.7	3.4	2.9	3.4	5.7	0.3	20.9	23.5	22.1	6.5
コスタリカ	6.3	2.2	5.4	3.3	6.3	-1.2	10.4	27.1	16.9	11.2
キューバ	—	0.2	-2.0	4.0	8.7	1.0	0.0	0.0	0.0	2.6
エクアドル	9.2	2.4	1.8	4.8	4.7	-0.4	9.6	33.6	39.0	19.2
エルサルバドル	3.9	-1.9	4.9	2.1	3.6	-2.5	10.3	18.6	10.2	3.9
グアテマラ	5.9	1.0	4.1	3.1	4.7	-1.0	9.6	11.5	15.3	7.6
ハイチ	4.6	-0.1	0.2	-0.7	2.2	2.0	10.2	6.7	20.8	16.9
ホンジュラス	5.4	2.5	2.8	4.6	5.8	-3.0	6.9	7.4	19.7	8.5
メキシコ	6.5	2.2	3.4	2.5	3.2	-6.7	15.8	69.0	20.4	5.2
ニカラグア	0.7	-0.8	3.0	3.1	3.6	-1.5	8.3	1,379.3	1,053.8	9.6
パナマ	4.8	2.3	5.6	3.4	9.1	2.5	6.4	3.2	1.1	2.4
パラグアイ	8.2	4.0	2.5	1.3	4.9	-3.5	12.4	20.5	16.5	8.9
ペルー	3.9	0.1	3.3	3.4	8.3	0.8	29.0	481.3	761.8	2.6
ドミニカ共和国	7.4	3.8	5.0	2.9	8.4	2.5	0.0	17.7	15.3	14.4
ウルグアイ	2.9	1.1	3.3	-0.4	7.5	1.2	0.0	47.9	48.9	8.7
ベネズエラ	5.1	-0.1	2.5	1.8	8.5	-2.3	7.1	23.1	47.4	20.4
ラテンアメリカ	5.8	1.8	2.8	2.4	5.2	-1.8	43.8	235.3	379.4	7.7

注：2009年の実質GDP成長率は予測。
出所：ECLAC, *Statistical Yearbook for Latin America and the Caribbean*, 各年版。

まった。まず，インフレ抑制政策が実施され，それまでの高インフレを沈静化させるとともに，貿易自由化，資本自由化，民営化，規制緩和などの経済改革が実施された。貿易自由化の指標として平均関税率の変化を見ると，改革前の80年代後半には多くの国で50％を超えていたが，90年代末までにほとんどの国で11〜13％前後にまで低下した。民営化の実績はさらに顕著で，インフラ，重化学工業などの基幹産業分野で大規模公営企業の売却がなされた。

　市場自由化の進展とともに海外からのラテンアメリカ諸国への信認が高まり，海外からの資金流入が急増することとなった。90年代はじめには資本市場の自由化とともに証券投資が急増したが，メキシコのペソ危機やアジア通貨危機でその比重を低下させたのに対し，直接投資は99年にブラジルで，01年にアルゼンチンで発生した通貨危機にもかかわらず傾向的な拡大を続けた。直接投資の趨勢的な拡大は，市場自由化と並行して進展してきた地域統合とも関連してお

り，60年代のラテンアメリカの地域統合が，輸入代替政策のコンテキストからの地域統合であったのに対し，今日のそれは市場自由化の1つの重要な構成要素であり，貿易促進のみならず直接投資を誘引する手段としてとらえられている。実際，メキシコでは，NAFTA（北米自由貿易協定）結成以後，アメリカから急激に直接投資が拡大し，またMERCOSUR（南米南部共同市場）諸国への直接投資の拡大も著しい。さらに，経済統合には市場自由化を後戻りさせないために国際的なシステムのなかに組み込ませるという積極的な位置づけも与えられている。90年代後半に入ると，NAFTAやMERCOSURのみならず，多数の2国間協定などの地域統合が急速に進展した。

（2）　市場自由化の効果

　市場自由化は，資源配分の歪みを是正し，効率性の改善と資本流入による成長率の回復が期待される。だが，急激な市場自由化は，必ずしも社会的公正の改善を保証するものではない。市場自由化は，規制されていた産業の自由な経済活動を可能とするが，逆にそれまで保護されていた産業を市場競争にさらし，市場自由化のコストと成果が産業間で不均等に配分されるため，産業間で勝者と敗者を生み出す。また，労働市場の柔軟化が賃金抑制や非正規労働者の増加をもたらし，競争の激化が非効率的な産業や企業を淘汰し失業者を生み出すなど，とくに非技能労働者・非熟練労働者を厳しい立場に追い込むからである。
　1990年代以降のラテンアメリカの経験では，市場自由化には正の効果と負の効果が入り混じっている。ECLAC（国連ラテンアメリカ・カリブ経済委員会）のデータによると，ラテンアメリカ全体の貧困者比率は80年の48.3％から08年の33％に低下した。他方，分配の不平等性を表すジニ係数で見ると，およそこの期間に分配が改善した国もあれば悪化した国も存在している。ブラジル，メキシコでは改善したが，アルゼンチン，ボリビアでは悪化を示しており，少なくとも現時点では市場自由化と社会的公正との関係に確定的な判断はできない。ただし，貧困者比率の改善には各国で実施されている所得移転政策に注意すべきである。条件付き現金給付政策と呼ばれる所得移転政策は，現在17の諸国で実施されており，2200万世帯，1億人が対象であり，貧困救済に大きく貢献しているとされる。
　いま1つの市場自由化の問題点は，急激な自由化が整合的な政策運営を必ず

しも保証しないことであり，その典型的なケースはメキシコ，ブラジル，アルゼンチンで生じた通貨危機である。こうした通貨危機は国内の諸制度が未整備のままに急激に貿易・資本の自由化を実施した結果であり，また，自由化政策がマクロ政策など他の政策と非整合的であった結果であった。したがって，市場自由化には他の政策との整合性が保証されねばならず，画一的な処方箋に基づくのではなく，それぞれの諸国における個別の事情に応じて策定される必要がある。しかし，こうした複雑な政策運営には高度の政府能力と制度構築が要求されるが，ラテンアメリカにおいては依然としてこれらの要件が不備であるのが現状である。

3　ラテンアメリカ経済の今日的課題

（1）変貌するラテンアメリカ

1980年代後半からの改革の時代を経て，2000年代のラテンアメリカ諸国ではさまざまな意味で大きな変化が生じ，これまでに経験したことのない新しい局面を迎えている。マクロ経済面では，表序‒1が示すように通貨危機の影響で2000年前半の経済成長率は2.4％にとどまったが，2005〜08年は5.2％と大きく増加している。インフレ率も90年代にはラテンアメリカ全体で379％であったのが，2000〜08年の期間には7.7％と沈静化した。2000年代に見られたマクロ的安定のもとでの成長パターンは，かつてのラテンアメリカ諸国が経験したことのないものであり，国によって大きな差異が存在するが，国内的要因によって大きな経済的混乱が生じる可能性は，かつてと比較にならないほど減少している。また，国内経済の安定とともに，ブラジルで典型的に見られるように国内消費が経済を牽引しはじめている。

ただし，市場自由化とともに貿易，直接投資，金融取引が急増し，世界との経済的関係が緊密化するに伴い，対外的ショックに対する脆弱性が拡大していることに留意が必要である。表序‒1に見るように，09年にはリーマン・ショックによる世界金融危機の影響で経済成長率はラテンアメリカ全体で－1.8％となったとされている。とくにアメリカ経済に大きく依存するメキシコでは，－6.7％ときわめて深刻な状況となった。世界金融危機でラテンアメリカから大規模な資金流出が生じたことと，世界経済の景気低迷がその理由で

あるが，資源の輸出価格が暴落したことも重要である。

（2） ラテンアメリカの課題

以上のようにグローバリゼーションのもと，ラテンアメリカは大きな変貌を遂げているが，依然としてさまざまな課題を抱えている。以下の課題は，ラテンアメリカ諸国が解決しなければならない課題であり，かつ，本書の各章で議論されるトピックスでもある。

すでに議論されたように，ラテンアメリカは深刻な貧困問題や所得分配問題などの社会的公正の問題を抱えているが，こうした社会的公正の改善のための必要条件は，基本的には持続的な成長の実現と適切な社会政策の実施にある。しかし，これらを実現するための課題は多い。ラテンアメリカの多くの国々で共通する課題としては，まず，マクロ経済の安定の維持がある。インフレが再燃すれば価格メカニズムが適切に機能しなくなり，資源配分が歪められる。また，生産能力拡大のための投資や，海外資金に依存しない経済運営に不可欠な国内貯蓄の動因が阻害される。さらに，マクロ的安定のためには財政健全化が重要であり，財政健全化は対外ショックに対する反景気循環的財政政策（counter-cyclical fiscal policy）の機動的な実施の条件となる。

企業，産業の観点からも持続的成長のための多くの課題が存在する。まず，経済活動を阻害するさまざまな制約条件の克服が不可欠であり，電力，道路，港湾などのインフラストラクチュアの整備と長期資金を提供する金融市場・金融システムの発展は生産性の改善にとって必須である。税制・労働市場における制度的改善によるビジネス環境の整備も，企業・産業の成長とイノベーションの促進に不可欠である。また，直接投資を通じる技術・経営能力などの導入も有効である。さらに，地域経済統合の戦略的活用は，貿易・投資におけるビジネス・チャンスの拡大をもたらす。他方，ラテンアメリカ諸国には天然資源が豊富に存在するが，天然資源に依存する経済構造ではなく，資源産業の付加価値を高めることが求められている。農業部門も国内の基礎食糧の供給のみならず，輸出産業としてきわめて重要な役割を担っているが，その拡大には自然環境への負荷を伴わない形での成長のあり方が求められる。

経済成長の持続は，人々の雇用拡大と所得上昇をもたらし，貧困問題解消の必要条件といえるが，社会的格差解消の十分条件ではない。経済成長の成果が

公平に人々に配分されるとは限らないからである。こうした所得分配の是正は，適切で有効な社会政策の実施に大きく依存している。教育政策の充実は機会の不平等の解消にもっと有効である。とくに，初等教育，中等教育の就学率の引き上げ，教育内容の改善・効率化，高等教育の有料化などは最重要課題である。年金，医療保険，失業手当などの社会保障政策，逆進性や偏った資産分配を是正するための税制改革，貧困層をターゲットとする条件付き現金給付政策なども有効である。こうした社会政策を実施する政府には大きな責任があるが，市民社会が果たしうる役割も大きい。市民社会が中心となり，地域性をもったセーフティ・ネットの形成などの活動は，必要度の高い貧困層に対して直接的・効果的な支援を行える点で，格差の問題に大きな役割を果たすことが期待される。実際，ラテンアメリカ諸国では市民社会の中でさまざまな取り組みが実施されている。

　最後に，持続的成長への制約要因の克服や適切な社会政策の実施には，政府に正しい政策を立案・実施する能力が必要であり，多様な分野でのガバナンスと制度の質の向上も不可欠である。この意味で，政府能力・制度能力の改善のための第二世代とも呼べる改革がラテンアメリカ諸国に要請されている。政府能力・制度能力の改善には長い時間が必要とされると考えられるが，ラテンアメリカでは第二世代改革がすでにはじまりつつあるといってもけっして過言ではない。なぜなら，民主主義の深化と国際的な経済関係の緊密化自体がこうした改革を後押しているからである。

4　ラテンアメリカ経済を学ぶ意義

　世界はグローバリゼーションの展開のなかで経済的つながりを緊密化し，急速に変化しつつあるが，ラテンアメリカ諸国も例外ではない。こうした変化のなかで，とくにラテンアメリカ諸国について学ぶことの意義は以下のように整理することができる。

　第1は，ラテンアメリカ地域における大国であるブラジルやメキシコのみならず，ラテンアメリカ諸国の世界経済のなかでのプレゼンスが高まっており，ラテンアメリカ地域の世界経済における位置づけを正しく理解しておくことは，今後の世界経済の行方を考えるうえできわめて重要である。同時に，今後の日

本経済にとって，よりいっそう重要なパートナーとなると考えられることからも，ラテンアメリカ地域を学ぶことの意義は大きい。

　第2に，ラテンアメリカ地域は発展途上地域であるが，経済発展に向けて大きく歩みはじめている。しかし，そこにはラテンアメリカという固有の条件を背景に，多様な経済問題や課題が存在する。発展途上地域の開発問題を考えるうえで，ラテンアメリカ地域の経験や取り組みは興味ある事例を提供しており，開発経済学において重要な地域である。

　第3に，ラテンアメリカ地域は，グローバリゼーションのもとで果敢に新自由主義改革を実施した典型的な地域である。しかし，さまざまな功罪が交差し，改革の負の側面を軽減するための多様でユニークな取り組みを実施している。このような取り組みは，発展途上国のみならず先進諸国も含め，新自由主義的な経済運営を実施している諸国に対して多くの示唆を与えるものであり，この点においてもラテンアメリカ地域を学ぶことの意義は大きい。

●参考文献
宇佐見耕一・小池洋一・坂口安紀・清水達也・西島章次・浜口伸明（2009）『図説ラテンアメリカ経済』日本評論社。
西沢利栄・本郷豊・小池洋一・山田祐彰（2005）『アマゾン――保全と開発』朝倉書店。
西島章次・細野昭雄編（2004）『ラテンアメリカ経済論』ミネルヴァ書房。
浜口伸明編（1998）『ラテンアメリカの国際化と地域統合』アジア経済研究所。
細野昭雄（1983）『ラテンアメリカの経済』東京大学出版会。
堀坂浩太郎編（2004）『ブラジル新時代――変革の軌跡と労働者党政権の挑戦』勁草書房。
村上勇介・遅野井茂雄編（2009）『現代アンデス諸国の政治変動――ガバナビリティの模索』明石書店。
湯川摂子（1999）『ラテンアメリカ経済論』中央経済社。

（西島章次）

第Ⅰ部

経済自由化とマクロ経済の進展

第1章
グローバリゼーションと市場自由化

　グローバリゼーションの潮流と市場自由化の進展によって，ラテンアメリカ諸国は大きく変貌している。ラテンアメリカ諸国は，途上国地域のなかでももっとも早い時期に，もっとも徹底した市場自由化を実施した地域であり，政府主導から市場主体の経済運営へと大きく転換した。このため，これまでにさまざまな成果と弊害がもたらされたが，こうした弊害を補正する多様な試みが実施されている地域でもある。この意味でグローバリゼーションのなかの「実験室」であり，ラテンアメリカ地域の経験はグローバリゼーションを考えるうえで重要な示唆を与えている。本章は，まず，グローバリゼーションを考える視点を考察し，次いでラテンアメリカ諸国で実施された市場自由化について，その進展と課題を議論する。さらに，ラテンアメリカ諸国が今後も持続的な経済成長を続けるための条件，すなわち，社会的公平性の確保と生産性の改善について検討する。

1　グローバリゼーションとラテンアメリカ

(1)　グローバリゼーションの進展

　世界は大航海時代から何度かグローバリゼーションの波を経験したが，1990年代にはじまる現代のグローバリゼーションは，かつてない勢いで国境や地域を越え，経済的・社会的な相互依存関係を高めている。今日のグローバリゼーションは，情報のリアルタイムでの伝播，企業のグローバルな生産配置，資金の瞬時的な移動，環境問題の相互依存，諸制度の標準化などを特徴としている。ラテンアメリカ諸国もグローバリゼーションの波とは無縁ではなく，世界との結びつきが深まるなかで，経済運営のあり方も大きな方向転換を迫られ，ラテンアメリカ諸国は急激に変貌しつつある。

　ところで，グローバリゼーションが与える影響はきわめて多様であり，その

ためグローバリゼーションへの評価は，それを擁護するものから批判するものまでさまざまである。国々により，セクターにより，また人々の立場により，グローバリゼーションへの考え方は大きく異なる。しかし，グローバリゼーションを無条件に肯定する人も，全面的に否定する人も存在しないであろう。グローバリゼーションがすべての経済問題を解決すると考える人や，反対に国際的な市場取引を否定して豊かになれると考える人はいないはずである。おそらく，多様な意見のなかでも，ラテンアメリカ諸国にとってもっとも現実的で建設的な考え方は，グローバリゼーションがもたらす便益を享受しつつ，グローバリゼーションがもたらす弊害を最小限にとめる有効な国内政策を実施すべきということであろう。

（2） グローバリゼーションを考える視点

こうしたグローバリゼーションを考えるとき，どのような視点が必要となるであろうか。ここで，ラテンアメリカを念頭に置いたいくつかの視点を示しておこう（西島 2008）。

①グローバリゼーションは市場を重視する考え方（新自由主義）に基づいており，グローバリゼーションの進展はラテンアメリカ諸国に市場自由化を要求することになった。しかし，市場メカニズムが正しく機能する条件が整わない状況で，市場自由化をナイーブに実施しても，必ずしも処方箋どおりの結果を生まない。市場を適切に機能させる制度の存在が前提となるからである。したがって，市場を補完する制度構築が重要な課題となる。

②市場競争が必然的に勝者と敗者を生み出すことから，市場競争のあり方が公平であるか否かが問われなくてはならない。グローバリゼーションが特定の国や特定の経済主体に有利なルールを強要しているのであれば，非難されるべきである。この意味で，ラテンアメリカが直面している市場競争のあり方が冷静に検証されなければならない。

③さらに，市場が正しく機能し，公正な競争が実施されたとしても，市場メカニズムがすべての経済問題を解決するわけではなく，市場メカニズムのみで効率性と公平性の両立，持続的経済成長を実現することは保証されない。グローバリゼーションの限界と市場メカニズムの限界は，共通する部分と相違する部分が存在し，双方の限界を十分に考慮する必要がある。

④市場自由化の影響は，長期的な影響と，調整過程における短期的効果との区別が必要である。各国，各セクター，各経済主体は多様であり，市場自由化がもたらす変化への調整能力は異なる。調整能力が低ければ，自由化のコストが大きくなり，典型的には解雇やレイオフなどによって労働者がそのコストを負担することになる。いうまでもなく，調整能力は，市場を補完する制度的成熟度や信用市場の発展度に依存する。

⑤1つの国の経済的成果は，グローバリゼーションのみによって規定されているわけではない。それぞれの国が内包する固有な要因（構造的要因や制度的要因など）によっても規定されている。今日のラテンアメリカ諸国で生じている困難をすべてグローバリゼーションの責任とすることは，本質的な問題から目を逸らすという過ちを犯すことになる。したがって，グローバリゼーションが，こうした固有の問題を悪化させたのか，あるいは改善したのかが問われなければならない。

⑥グローバリゼーションが期待された成果をもたらしていない場合，その負の効果を補正する政策的対応が重要であり，政府の役割が重要となる。

第1は，グローバリゼーションは市場自由化を要求するが，市場を補完する制度的枠組みが不備な状況においては，たとえば，情報の非対称性，機会主義的行動，リスクと不確実性などの問題から，適正な市場競争がなされない。また，各国固有の状況を反映した適切な競争ルールではなく，グローバル標準となっているルールを受け入れざるをえない場合，グローバリゼーションからの利益を得られない。このため，制度構築に対する政府の役割は重要である。

第2は，特に途上国の観点から見れば，市場競争のみで経済成長が実現し，トリクルダウンによって大多数の国民生活の改善が保証されるとは限らない。市場メカニズムを重視しながらも，過去の政府介入の誤りを繰り返すことなく，投資のコーディネーションのための産業政策，インフラ整備，技術開発，中小企業支援，教育など，政府の役割が存在する。ただし，適切な政策を実施できる政府能力が前提となる。

第3は，グローバリゼーションの過程で生じる格差を是正するための，社会政策，公共政策における政府もきわめて重要である。市場自由化の過程で格差が深刻となれば，社会が不安定化し，市場自由化に向けた諸改革が頓挫する可能性を有している。このため，敗者となる経済主体に対し，自由化の利益を再

配分する政策が必要となる。ただし，再分配政策が経済主体に逆のインセンティブを与えないことが重要であり，効率性と公平性を確保することが必要である。

（3） ラテンアメリカにおけるグローバリゼーションの進展

第二次世界大戦後，ラテンアメリカ諸国では，いくつかの例外的なケースがあるものの，政府主導の開発政策が追求され，政府が広範に市場に介入する政策が実施されてきた。貿易制限による国内市場保護，政策金融による投資への資金配分，政府系企業の設立による産業配置，国家プロジェクトに基づく資源動員，などである。その結果は，多数の非効率な産業・企業をつくりだすとともに，財政赤字・インフレなどのマクロ不安定化と対外債務の累積であった。1980年代には「失われた10年」と呼ばれる経済危機に直面し，貧困や所得分配問題はいっそう悪化した。このため，各国でそれまでの政府主導の開発政策の限界が明らかとなり，劇的な政策転換が余儀なくされる状況となった。

市場自由化への契機は，80年代後半に生じた対外債務破綻に対して実施された，IMF（国際通貨基金）や世界銀行などの金融支援が構造調整を条件としていたことにあった。構造調整は，いわゆる「ワシントン・コンセンサス」と呼ばれる市場メカニズムを重視する考え方に基づいており，折しも世界ではサッチャリズムをはじめとするネオリベラリズム（新自由主義）が台頭するなかで，ラテンアメリカにおいても市場を重視する考え方が急速に浸透することになった。80年代後半より市場自由化がはじまり，貿易自由化，資本自由化，金融自由化，規制緩和，民営化，行政改革などが急激に進められた。

だが，市場自由化とともに，多くの問題が生じたことも事実である。94年にメキシコで，99年にはブラジルで，02年にはアルゼンチンで通貨危機が生じた。これらは，国内の金融システムにおける諸制度が未整備のままで，巨額の資本流入がもたらした必然的な結果であった。さらに，貿易自由化に伴う厳しい輸入競争は，伝統的な労働集約的産業で企業の淘汰を進め，雇用や地域経済に深刻な打撃を与えた。非正規雇用やインフォーマル部門が拡大し，労働者間の所得格差が拡大したことも見逃せない。他方，銀行部門においては欧米の巨大銀行が進出し，民族系銀行のシェアが急速に失われた。こうしたグローバリゼーションがもたらす圧力と不安定化に直面し，多くの諸国で左派政権が誕生し，

また，ベネズエラ，ボリビアが資源産業を国有化するなど，グローバリゼーションとは一線を画する立場を採用する国も現れている。いずれにせよ，ラテンアメリカ諸国はグローバリゼーションの趨勢から逃れることはできず，拡大する世界経済との結びつきのなかで，ラテンアメリカにとってより望ましい経済運営を追求することが課題となっている。

2　市場自由化の進展

（1）　貿易自由化
貿易自由化は，一般的に以下の理由で経済成果を高めると考えられる。

・保護政策のもとでの資源配分の誤りを是正する
・海外との競争に直面し，国内企業がさまざまな生産・経営上の改善を行う
・海外市場への販売拡大が規模の経済性を可能とする
・直接投資や中間財・資本財輸入を通じて技術が導入される
・海外との取引が，国内の制度的改善をもたらす

以上のような効果を企図して貿易自由化が開始されたが，チリ，ボリビア，メキシコは比較的早い時期に，アルゼンチン，ブラジル，ペルーは少し遅れて着手したという違いがあるものの，ほとんどの国で1980年代後半までに貿易自由化が本格化した。図1-1に示されるように，貿易自由化の指標として平均関税率の推移を見ると，85年には30～80％と比較的高い水準でばらついていたが，99年にはほとんどの国で11～13％前後にまで低下している。このような関税率の水準はアジア諸国より低く，しかもアジア諸国より短い期間で実現したことに注意が必要である。現時点においても関税水準は多くの国において99年の水準と大きな相違はないが，チリが毎年関税率を1％ずつ引き下げ，今日では6％の一律関税となっている点が注目される。輸入割当も大幅に軽減され，80年代中頃にラテンアメリカ全体で輸入の38％に適用されていたのが，90年中頃には6％程度にまで減少した。また，ラテンアメリカ諸国では，貿易取引と金融取引における異なる為替レートの適用や，公的為替レートと闇市場レートの並存などが，貿易を阻害する要因となっていたが，このような複数為替レー

第 I 部　経済自由化とマクロ経済の進展

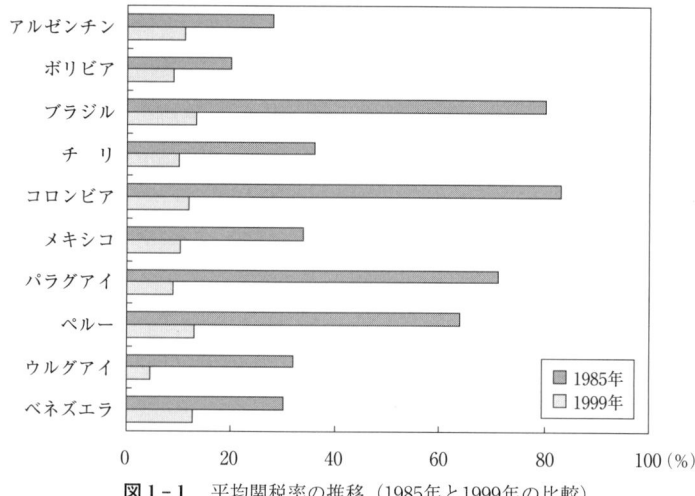

図 1-1　平均関税率の推移（1985年と1999年の比較）

出所：Lora (2001).

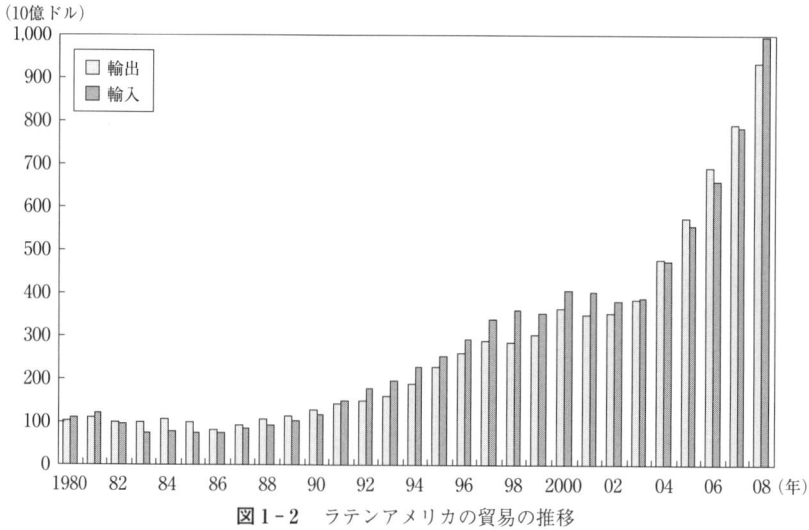

図 1-2　ラテンアメリカの貿易の推移

出所：IMF, *Direction of Trade*.

トの一元化も貿易の拡大に貢献した。図1-2が示すように，貿易の自由化を反映し，ラテンアメリカ諸国の貿易は90年代に入り急激に拡大した。

しかし，貿易自由化によって，新しいビジネスチャンスが生まれ輸出を拡大させる企業が存在する一方で，厳しい輸入競争によって淘汰される企業も存在する。したがって，単に企業を競争状況に置くだけでなく，技術の導入・革新をサポートする制度的枠組みや，市場メカニズムと対立しないかたちでの産業政策が必要となる。とくに中小企業に対しては，クラスター形成や情報共有などのサポートが必要である。

（2） 資本自由化

国際的な資本もしくは資金の流入には，大きな分類として，海外からの長期・短期の債務（対外借入），直接投資，証券投資，贈与の4つがある。1970年代から80年代初頭にかけては諸外国からの銀行借入れが主体であったが，80年代に返済が困難となる対外債務危機が生じ，海外からの資金流入は微々たるものとなった。しかし，90年代に入り，市場自由化が本格化すると，国内の資本市場の自由化とともに海外からの資金流入の制限が緩和され，メキシコなどでは国債や株式などへの証券投資が急増した。直接投資に関しても，投資分野，出資比率，利潤・ロイヤリティの海外送金などに関する制限が緩和もしくは撤廃されたこと，市場自由化とともに実施された民営化が外国企業に門戸を開いたことによって，直接投資の急激な増加をもたらした。

図1-3で確認しよう。80年代初頭までは長期・短期の対外債務が主体であったが，90年代の資本自由化とともに資本流入が回復し，とくに証券投資の急増が顕著となった。しかし，94年のメキシコのペソ危機やアジア通貨危機を契機にその比率が低下したのに対し，直接投資が傾向的に拡大した。資本自由化と規制緩和の効果のみならず，市場自由化が外国企業のラテンアメリカへの信認を改善したこと，NAFTA（北米自由貿易協定），MERCOSUR（南米南部共同市場）などの地域統合の進展も1つの背景となった。ラテンアメリカへの直接投資は86年にはわずか40億ドル程度であったのが，99年には890億ドルにまで拡大し，その後，通貨危機などの影響で減少したものの，近年においては再び拡大傾向にあり，07年の流入額は1070億ドルに達している。なお，図に見るように，08年は世界的な金融危機の影響で資本流入は大きく減少している。

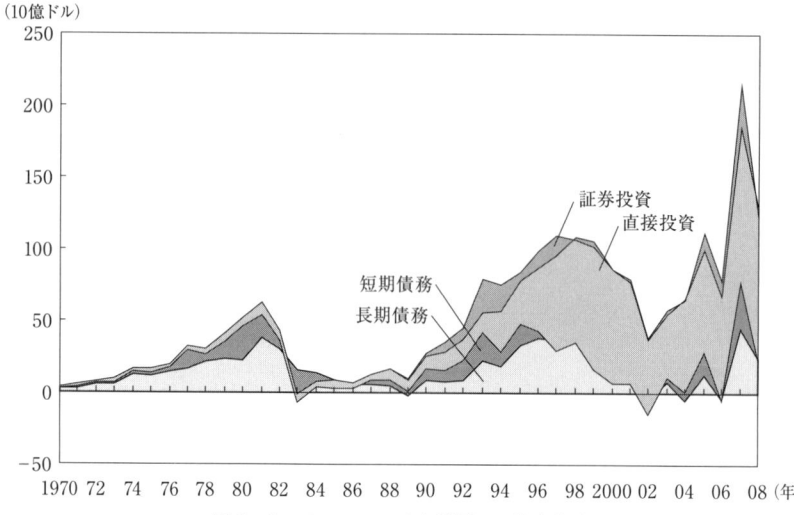

図1-3　ラテンアメリカ諸国への資本流入
出所：World Bank, *Global Development Finacne*, 各年度版.

（3）民営化

　ラテンアメリカ諸国は1950年代，60年代の輸入代替工業化の時期に，エネルギー・重化学工業・インフラ分野などにおいて多数の政府系企業や公営企業を設立し，積極的な経済介入によって工業化を推進してきた。しかし，その結果は非効率な生産と公的サービスの質と量の低下であり，さらには慢性的な財政赤字の一因となった。このため，市場自由化のなかでも民営化は最重要のテーマとなり，多くの諸国で果敢に民営化が実施された。ラテンアメリカ諸国の民営化は90年代にほぼ完了し，90年から98年の間に1542億ドルに達する民営化の実績を挙げている。他方，アジア諸国の民営化は同期間に386億ドルにすぎず，いかにラテンアメリカで民営化が大規模に実施されたかを物語っている。

　各国別の実績を見ると，市場自由化が比較的に早い段階ではじまったいわゆるアーリー・リフォーマーと呼ばれるメキシコやアルゼンチンなどが90年代前半に民営化を開始したのに対し，ブラジルでは90年代後半になって本格した。また，アルゼンチン，ボリビア，ペルーでは民営化の実績額がGDP比率で10％を超えており，民営化が経済に与えた影響はきわめて大きいものであったが，コロンビアのように2.6％と比較的少ない国もあった。民営化の対象と

なった分野は，通信，電気・ガス，輸送などのインフラ関係が多く5割を超え，次いでエネルギー，金融，製造業・サービス産業，鉱業の順となっている。また，民営化は鉱山公社，電力公社，製鉄所などの巨大な公企業のみならず，より公共性の高い，年金，電力，鉄道，道路，港湾，空港，上下水道，郵便，地下鉄・バスなどにも及んでいる。こうした民営化には数多くの外国企業が参加したことも1つの特徴である。

民営化の基本的な目的は，財政赤字・政府債務の削減と経営効率の改善に基づく，マクロ経済安定と国際競争力強化にある。また，公共サービスの向上も期待される。しかし，民営化には問題点も指摘されている。民営化された企業は経営効率の改善のために，不採算部門の閉鎖，人員削減，料金引き上げなどを実施する傾向が強く，失業問題や公共サービスの悪化が生じた。また，民営化後もその企業が独占的な市場支配を維持する問題もある。もっとも重要な問題は，公企業によって担われてきた公共性の高い事業が，営利目的の企業活動によって損なわれる問題である。このため，規制や監視システムによって民営化企業の適切な活動を確保する制度構築が必要である。また，すでに医療，年金など社会保障の分野でも民営化が実施されたケースがあるが，貧困層への影響に配慮する必要がある。

（4） 金融システム改革

銀行などの金融システムは，貯蓄超過主体から投資超過主体へと資金配分を仲介する重要な機能を有しており，経済発展に不可欠な役割を担っている。この金融仲介機能に対して，ラテンアメリカ諸国では，従来，政府が強く金融市場に介入し，開発政策やマクロ政策を実施してきた。具体的な事例としては，預金金利・貸出金利の統制，法定準備率の規制，政策金融・制度金融による金融資源の配分，政府系金融機関による市場支配，さらには政治的介入による非合理的な資金配分などである。他方，長期間にわたり高インフレが継続し，実質金利がマイナスであったことから金融機関への預け入れが少なく，金融市場が十分に発達することはなかった。したがって，金融仲介機能が適切に機能せず，金融市場の経済発展に果たす役割は十分ではなかった。図1－4は，アジア諸国とラテンアメリカ諸国について，銀行部門による対民間信用のGDP比率を示しているが，アジア諸国に比してその比率が低いこと，アジア諸国では

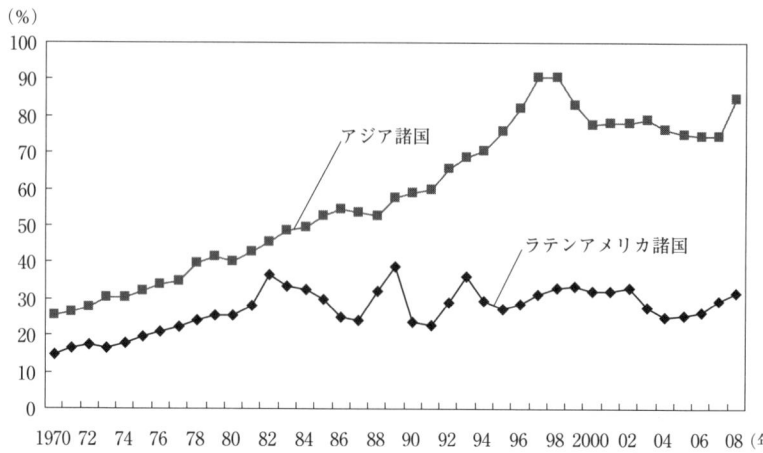

図1-4　銀行部門の対民間信用のGDP比率（各国の単純平均）

注：ラテンアメリカはアルゼンチン，ボリビア，ブラジル，チリ，コロンビア，メキシコ，ペルー，ウルグアイ，ベネズエラ，アジアはインド，インドネシア，韓国，マレーシア，フィリピン，シンガポール，タイ，中国。
出所：IMF, *International Financial Statistics*：銀行部門対民間信用（32D..ZF），GDP（99B）。

傾向的にその比率が上昇しているのに対し，ラテンアメリカでは緩やかな上昇にとどまっていることが示されている。

　したがって，金融システム改革は経済改革の重要な分野の1つとなり，利子率の自由化，法定準備率の引き下げなどが実施された。しかし，90年代前半には金融自由化を実施した多くの国で銀行不安が生じた。金融自由化が実施されると，金融市場の競争促進と，金融仲介による資金配分の改善が期待されるが，マクロ的な不安定性が存在する場合や，金融機関の健全性を確保する制度的な枠組み（いわゆるプルーデンス規制や監督）が伴わない場合，自由化がもたらす強い競争圧力のもと，金融機関はよりリスクの高い投資を求めることになり，金融システムを不安定化させる。アルゼンチン，メキシコ，ベネズエラでは，大規模な金融自由化実施の直後に銀行危機が生じた。このため，現在のラテンアメリカ諸国では自己資本比率規制の強化，中央銀行の独立性・検査監督機能の強化などが実施されており，銀行システムの健全性に関する諸制度はかなりの程度改善している。しかし，図1-4に見るように，依然として金融仲介機能は相対的に低く，今後の発展が急務である。とくに，中小企業の金融アクセ

スが限られていることや，長期金融が著しく不足していることなどの課題が大きい。また，株式・証券などの資本市場が国際的な水準と比較すると未発達であり，資本市場の発展も課題である。

3　市場自由化の課題

(1)　遅れている改革分野

　ラテンアメリカでは1990年代に市場自由化が大きく進展したが，すべての分野で改革が進展しているわけではない。エドアルド・ローラは改革指標を用いて各分野における改革の進展度を算出しているが (Lora 2001)，**図 1 - 5** は85年をベースとして89年，94年，99年の改革の進展度を示したものである。この図より，貿易自由化，金融改革は大きく進展し，税制改革，民営化も一定の程度に進展したが，労働市場改革が著しく立ち遅れていることが理解される。なお，ここでは示されていないが，資本移動も自由化が著しく進展した分野である。
　労働市場改革は，非効率的な産業から効率的な産業への労働移動のみならず，企業間，企業内，地域間における労働の再配分をうながし，生産性の改善と雇用機会の拡大をめざすものである。ラテンアメリカでは，労働者保護のためのさまざまな規制が労働市場の効率性を妨げている。たとえば，雇用契約・賃金に関する各種の労働法上の制約，労働者の社会保障への企業負担，労働争議解決のための不十分な制度などである。しかし，こうした制約が労働市場の硬直性をもたらすことが認識されながら，今日においてもほとんどの国で改革は進展していない。労働市場改革が不利益を被る多数の労働者を生み出し，社会的対立をもたらす可能性が高いからである。激しい競争に直面している企業は，労働市場の柔軟化によって，生産性を高めることが可能となるが，他方で解雇，労働の外注化や非正規化を推し進めることも可能となる。したがって，労働市場改革とともに痛みを被る労働者に対し，有効な補償メカニズムを用意し，それを効果的に実施することが問われている。
　税制改革も相対的に遅れている。課税システムと徴税システムの改革は，歳入の確保にとって不可欠であり，財政改革とともに政府財政の健全化にとって緊急の課題である。マクロ安定化とともに租税ベースがインフレによって失われるという問題はなくなったが，貿易自由化によって輸入関税収入が低下し，

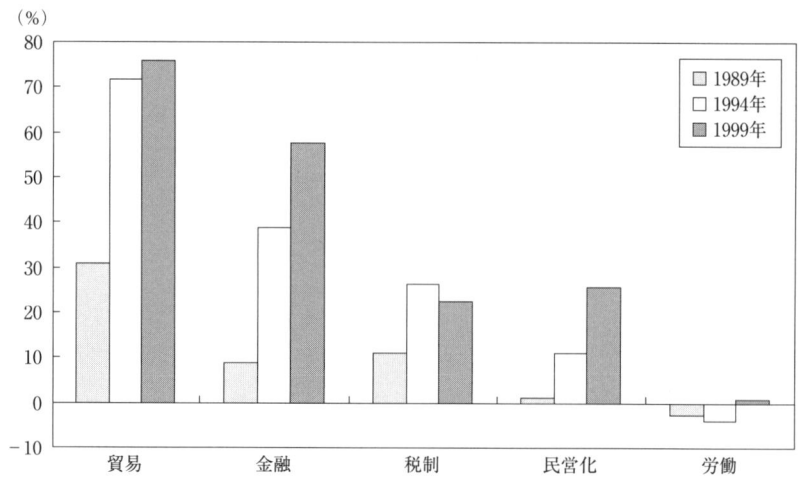

図1-5 各分野における経済改革の進展（1985年との比較）
出所：Lora（2001）.

国によれば輸出税も撤廃された。このため，課税収入の減少を補うために各国で付加価値税が導入され，逆進性の強い間接税に税収が依存する構造となっている。また，ラテンアメリカでは所得税や法人税などの直接税においても累進性が乏しく，相続税も十分に機能していないという問題も存在する。さらに，いくつかの国では石油や銅などの特定の鉱産物輸出に政府収入が依存する構造にある。こうした問題を解消するためにラテンアメリカ諸国は税制の改革に着手しているが，税制の改革に対しては，税負担が高まる部門や階層からの抵抗が強く，議会での承認がなかなか得られないというのが現状である。この他，徴税システムの改善によって徴税率を引き上げる必要があるが，依然として脱税が深刻な状況である。アルゼンチン，ブラジル，チリの所得税の脱税率は，それぞれ49％，55％，57％であるとされる（Birdsall, et al. 2001：62）。さらに，ブラジルのように，おびただしい数の税が存在し，複雑な税体系が企業に高い税負担と納税コストを強いているケースも問題であり，税収の確保と同時に，税体系の簡素化も重要な課題である。

（2） 政府の役割

　周知のように市場がすべての経済問題を解決するわけではなく，依然として政府の役割も重要である。ミクロ経済学によれば，市場の欠如，不完全競争，外部性の存在，不完全情報の存在などのケースにおいては，市場メカニズムは資源配分の最適性を実現しない。また，市場メカニズムは公正な所得分配も保証しない。こうした「市場の失敗」に対する政府の基本的機能として，公共財・インフラの供給，独占規制，外部不経済の改善（公害など），再分配政策などの役割がよく知られている。さらに，市場メカニズムは動学的資源配分（投資のコーディネーション）も保証しない。とくにラテンアメリカのような開発途上国においては，情報が不完全であり，産業として望ましい投資のコーディネーションが実現されるとは限らない。このため，価格システムへの政策介入によって市場メカニズムでは実現しない投資配分のコーディネーションを図ることが可能である。たとえば，産業政策によって個々の企業では実現しない投資を誘導することや，補完関係を有する投資によって収穫逓増の利益を引き出すケースなどにあてはまる。また，すでに議論したように，所得格差是正のための社会政策においても政府は重要な役割を有している。

　しかし，こうした市場を補完する政府の役割に関する議論は，適切な政府能力が備わっていることが前提条件となるが，ラテンアメリカ諸国の政府能力に関しては，政策の非効率性，官僚の腐敗，レントシーキング，ネポティズム（縁故主義）などのイメージがつきまとっており，政府が市場を補完する十分な能力を有しているとはいえないのが現状である。ラテンアメリカ諸国は所得分配の不平等性が大きく，社会階層・利益グループ間の対立が激しい。こうした利益グループ間の対立によって，政策決定が政治的圧力から隔離されないため，経済政策は整合性と継続性が失われ，非効率的な経済政策が実施されてきた。各利益グループは，ロビー活動，投票行動，ストライキのみならず，贈賄，資本逃避，争乱など，通常の政治的チャネル以外の方法で政治的圧力を加える。市場に規制が存在すれば，それから発生する権益を得るために個人や企業が貴重な資源を浪費する政治的活動が蔓延するが，こうしたレントシーキングは官僚機構の腐敗と政策決定の偏向をもたらす。また，官僚組織が実力主義ではなくネポティズムで登用されることから，与えられた利益権限を身近な人々に配分するインセンティブが働き，適切な政策決定が阻害されてきた。このような

問題は，民間部門の政府への信頼を低下させると同時にビジネス上の費用となるため生産活動や投資を阻害してきたといえる。したがって，規制の排除，司法制度の強化，公務員の採用・昇進における実力主義の導入，などによる官僚機構の改善が必要である。

（3） 制度の役割

　市場自由化とともに市場が健全に機能するためには，さまざまな制度の改善も必要である。伝統的な経済学では，経済取引には費用がかからないと仮定されているが，現実にはモラルハザードや機会主義的行動がもたらすリスクが存在し，それを阻止するためのコストが存在する。具体的には，取引契約を結びそれが完結するまでには，情報収集・契約交渉のコスト，契約を履行させるためのコスト，紛争解決のコストなどが存在する。このため，こうした取引コストを生じさせないためのさまざまな制度が生成し，存在してきた。具体的には，強制力を有する法律や規制などのフォーマルな制度に加え，各社会が歴史のなかでつくりだしてきた取引慣行・商習慣・規範などのインフォーマルな制度，あるいは，企業組織という形態自体や企業間のネットワーク・取引団体なども取引費用とリスクを軽減しうる制度と呼びうる。したがって，制度とは，情報収集のコストを低下させリスクと不確実性を減少させると同時に，経済主体の行動パターンを規定するルール・取り決めによって経済主体の行動に影響し，取引コストとリスクを減少させることによって，互いの経済行動を予測可能とし，経済秩序を形成する要件となる。

　しかし，ラテンアメリカの制度も一般的に十分に機能しているとはいいがたい。ラテンアメリカでは，法制度を経済主体が遵守しない伝統があり，司法は最も信頼されない制度の1つであり，市場メカニズムの前提条件である私的所有権，契約の履行などがきわめて不十分である。同時に，インフォーマルな制度も歴史的な経緯から規定されており，クリオーリョと呼ばれる伝統的な支配階級は，機会主義的行動や非道徳的行動を肯定する文化を有していた。さらに，エリート層は政治的影響力を行使することによって，彼らの利益に偏向した制度を継続させてきた。制度機能の未発達は，制度に対する信頼を低め，民間部門の生産・投資活動を阻害してきた。したがって，市場を機能させるフォーマルな制度改革のみならず，慣習・行動様式・社会通念などのインフォーマルな

表1-1　国際競争力の世界ランキング (2009〜10年)

	アルゼンチン	ボリビア	ブラジル	チ　リ	コロンビア	メキシコ	ペルー	シンガポール
総合ランキング	85	120	56	30	69	60	78	3
制　度	126	132	93	35	101	98	90	1
知的所有権保護	70	133	92	65	94	81	116	1
政治家への信頼	127	126	127	47	88	94	101	4
司法の独立	78	128	78	43	76	91	109	1
官吏のえこひいき	74	131	74	41	111	85	68	19
政府支出の無駄	129	123	129	40	85	69	41	2
規制の負担	110	101	132	41	107	117	119	1
政策決定の透明性	96	131	96	18	52	75	74	1
犯罪・暴力のコスト	118	109	118	80	126	124	108	10
警察の信頼性	89	132	89	10	69	124	123	3
企業の倫理	95	132	95	21	68	96	86	5
インフラ	88	122	74	30	83	69	97	4
マクロ安定性	48	60	109	19	72	28	63	35
保健・初等教育	59	94	79	69	72	65	91	13
高等教育・訓練	55	93	58	45	71	74	81	5
財市場の効率性	124	131	99	26	88	90	66	1
労働市場の効率性	123	131	80	41	79	115	77	1
金融市場の発展度	116	121	51	32	79	73	39	2
技術的対応力	68	128	46	42	66	71	77	6
市場規模	23	87	10	44	31	11	46	39
ビジネスの洗練度	73	131	32	39	60	62	68	14
イノベーションの程度	86	132	43	49	63	78	109	8

注：133カ国中のランキングを示す。一部の項目のみ掲載。
出所：World Economic Forum, *The Global Competitiveness Report, 2009-2010.*

制度の改善が強く望まれている。

　表1-1は，世界経済フォーラムによる各国の国際競争力のランキングであるが，制度とともに競争力に影響するさまざまな指標が示されている。参考のためにランキングの高いシンガポールも併記している。こうした指標は1つの判断材料にすぎないが，各国の制度的な発展度を知るうえで参考となる。この表から明らかなように，チリを除き，ラテンアメリカ諸国の制度的な成熟度は総じて低い。とくに，ボリビアは133カ国中120位ときわめて低いランキングである。

　しかし，制度に関する変革は，民主主義体制の深化と市場機構の発展によって進展することが期待される。民主主義が成熟するに従い，社会を形成するさまざまな主体・グループの政治的，社会的な参加が高まり，また，各経済主体

の市場参加と市場取引が拡大することによって，より効率的な市場の機能が要求され，インフォーマルな制度を含む制度変革が徐々に実現されると考えられるからである。換言すれば，民主主義体制の深化と市場機構の発展は，政治制度，法制度，官僚機構などの変革をもたらし，また，地方分権化や市民社会の発展をうながすことが期待される。

4　持続的成長のための課題

（1）　社会的公正

　ラテンアメリカ諸国が今後も持続的な成長を実現するためには，第1に社会的公正を改善することが条件となる。ラテンアメリカ諸国では，構造的要因に起因する深刻な貧困と不平等な所得分配が，社会的対立と政治的不安定をもたらし，適切な経済政策が妨げられる歴史を繰り返してきた。この意味で，対立ではなく調和のとれた社会が長期的な経済成長を実現するために不可欠である。しかし，市場自由化によって市場メカニズムに則った経済運営を追求すれば，市場競争がさまざまな格差をもたらすことを避けられない。競争によって，とりわけ労働者は深刻な影響を被る。競争に打ち勝つために企業は労働生産性の改善に迫られるが，労働生産性の改善は同時に雇用の削減を意味する。他方，企業が撤退や廃業に追い込まれれば労働者は解雇される。失業者は，多くの場合，インフォーマル部門に雇用を求めることになるが，インフォーマルな雇用の大部分は，零細な家内工業・商店，家政婦などの家事労働，露天商，その他の細々としたサービス業に従事するのが一般的であり，低賃金，劣悪な労働条件のもとで働くことになる。

　賃金に関しても，競争力を改善するために導入される新たな技術は，より高い学歴，より高い技能を有する労働者の賃金を相対的に高めることになり，非熟練労働者との賃金格差が拡大する。さらに，市場競争の激化に直面する企業は，労働コストの削減を強いられ，人員整理，外注化などとともに，非正規雇用の労働者を増加する傾向にある。非正規労働者やインフォーマル部門で働く労働者は，年金や医療などの社会保障の対象とはならないのが一般的であり，厳しい生活を強いられる。図1-6は，ラテンアメリカ諸国に関し，1996年，2001年，2005年の3つの時点で，技能水準に応じた労働者のインフォーマル雇

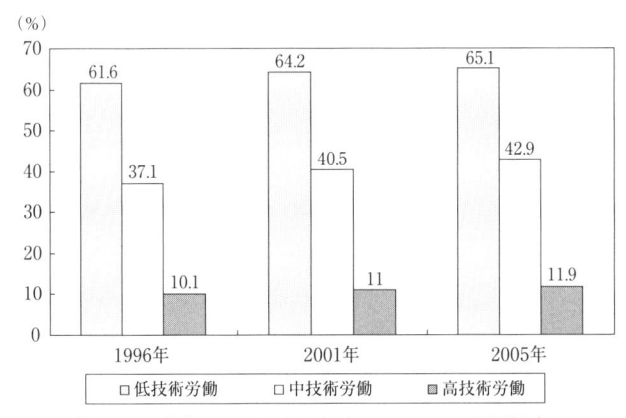

第1章　グローバリゼーションと市場自由化

```
(%)
70 ┤  61.6           64.2           65.1
60 ┤  ■              ■              ■
50 ┤  
40 ┤       37.1           40.5           42.9
30 ┤       ■              ■              ■
20 ┤
10 ┤              10.1           11           11.9
 0 ┤              ▨              ▨           ▨
       1996年         2001年         2005年
   □ 低技術労働　□ 中技術労働　▨ 高技術労働
```

図1-6　技能レベルに応じたインフォーマル雇用比率

出所：ILO, *Globalization and Informal Jobs in Developing Countries*, 2009, p. 32.

用の比率を示している。傾向としてインフォーマル雇用の比率が拡大していること，技能水準が低いほどインフォーマル雇用の比率が高いことが理解される。

　このように，非正規雇用労働者，非熟練労働者，インフォーマル部門の労働者などが，失業，低賃金，劣悪な労働条件などのかたちで市場自由化のコストを負わされることから，社会的不安定化を回避するためには，さまざまなかたちでの労働者の権利保護が必要である。まず，教育・職業訓練の充実は，雇用機会の拡大，労働移動，転職を容易にすることが期待される。また，労働者の組合活動・団体交渉権の確保，強制労働・児童労働の撤廃，性別などによる差別の廃止も必要である。さらに，中小企業の発展により雇用機会を拡大することや，貧困者への社会的セーフティ・ネットの構築，社会保障制度の改善も不可欠である。したがって，市場自由化によって経済成長と経済効率化を実現しながら，いかに社会的公正の改善を達成するかが，今日のラテンアメリカ諸国に課せられた最大の課題である。

（2）　成長制約要因

　生産性向上は，前述されたように短期的には雇用機会の減少という問題を有しているが，他方，長期的には経済成長のもっとも重要な要素の1つである。経済成長は基本的に生産要素の増加と生産性の改善によってもたらされること

第Ⅰ部　経済自由化とマクロ経済の進展

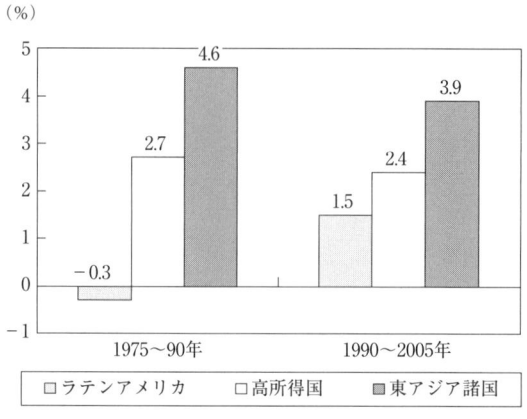

図1-7　労働生産性平均成長率（1950～2005年）

出所：Pagés（2010）.

から，持続的な成長を図るためには，ミクロ，マクロのいずれの意味においても生産性の絶えざる向上が必要である。しかし，ラテンアメリカ諸国が持続的成長を実現するためにはさまざまな制約要因を克服しなければならない。**図1-7**は，1975～2005年の期間で，高所得国と東アジア諸国との比較でラテンアメリカ諸国の労働生産性の成長率を示しているが，他の2つの地域との比較で大きく劣っている。

　ラテンアメリカ諸国の生産性の向上を妨げている要因は，インフラ，制度，教育などの非効率性にある。表1-1に見るように，すでに議論された制度的要因のみならず，生産性と直接的に関連すると考えられる項目が掲載されているが，インフラ，保健・初等教育，高等教育・訓練，労働市場の効率性，金融市場の発展度，技術的対応力，ビジネスの洗練度，イノベーションの程度などの発展度は総じて低い。インフラに関しては，道路，鉄道，港湾などの輸送システムが量的にも質的にも不十分であり，高い物流コストが貿易の拡大を阻害している。また，電力供給も経済の拡大の速度に追いつかず，経済成長の制約要因となる危険性を有しており，多くの国で発電能力の拡大が懸案となっている。教育・職業訓練も経済発展に必要な人材を供給するために不可欠であり，とくに初等教育，中等教育の普及には近年かなりの改善が見られるものの，依然として生産性改善のための重要な課題となっている。また，こうしたインフ

■□コラム□■

市場経済に関する世論調査

果たしてラテンアメリカの人々は市場経済に基づく経済運営をどのように考えているのであろうか。世論調査NGOラティノバロメトロの2005年の報告によると，ほとんどの国で60％前後の人々が市場経済を肯定し，政府が市場に介入するかつての経済運営より市場経済の方が経済発展に望ましいと考えている。しかし，市場経済に満足している人の割合は，すべての国で市場経済を肯定する割合より低く，ベネズエラの48％からペルーの12％まで，国によってその程度は大きく異なっている。人々は市場経済に基づく経済運営に大きな期待を寄せているが，実感としては不満足な成果しか得られていないと感じているようだ。市場経済の評価は，経済成長率，雇用，賃金水準などのマクロ的経済成果に大きく依存するが，経済成果が良好であったとしても経済格差が拡大すれば評価は低下する。また，福祉・医療・教育・年金などの社会政策や，経済格差を改善する政策のあり方も満足度に大きな影響を与えている。

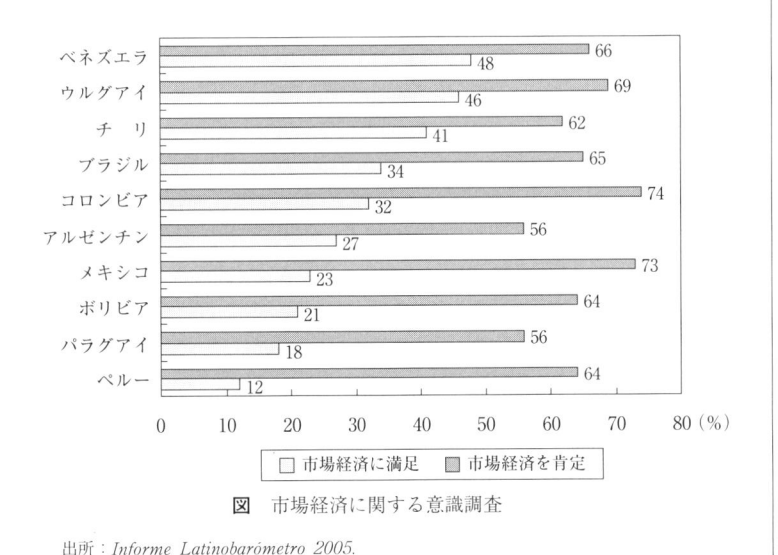

国	市場経済に満足	市場経済を肯定
ベネズエラ	48	66
ウルグアイ	46	69
チリ	41	62
ブラジル	34	65
コロンビア	32	74
アルゼンチン	27	56
メキシコ	23	73
ボリビア	21	64
パラグアイ	18	56
ペルー	12	64

図　市場経済に関する意識調査

出所：*Informe Latinobarómetro 2005.*

ラの改善には，大規模な投資が必要であり，健全な財政システムと長期資金を提供する金融市場・金融システムの発展も不可避である。このほか，持続的な成長のための制約要因として，マクロ経済の不安定性，イノベーションを阻害しているビジネス環境，都市ならびに内陸部の自然環境問題，治安・暴力など課題は多い。まさに，こうした制約要因の克服がラテンアメリカ諸国の持続的成長にとってもっとも重要な課題の１つである。

■ ■ ■

●参考文献─────
吾郷健二（2003）『グローバリゼーションと発展途上国』コモンズ。
小池洋一・西島章次編（1997）『市場と政府──ラテンアメリカにおける新たな開発枠組み』アジア経済研究所。
坂口安紀編（2010）『途上国石油産業の政治経済分析』岩波書店。
ジョセフ・スティグリッツ（2006）『世界に格差をバラ撒いたグローバリズムを正す』松井浩一訳，徳間書店。
西島章次編（2008）『グローバリゼーションの国際経済学』勁草書房。
西島章次・細野昭雄編（2003）『ラテンアメリカにおける政策改革の研究』神戸大学経済経営研究所研究叢書 62。
ジャグディシュ・バグワティ（2005）『グローバリゼーションを擁護する』鈴木主税・桜井緑美子訳，日本経済新聞出版社。
幡谷則子・下川雅嗣編（2008）『貧困・開発・紛争　グローバル／ローカルの相互作用』上智大学出版。
Lora, Eduardo (2001), "Structural Reforms in Latin America: What has been reformed and how to measure it," *IDB Working Paper*, No. 466, p. 52.
Birdsall, Nancy, et al. (2008), *Fair Growth: Economic Policies for Latin America's Poor and Middle-Income Majority*, Baltimore: Brookings Institution Press.
Pagés, Carmen, ed. (2010), *The Age of Productivity: Transforming Economies from the Bottom Up*, New York: Palgrave Macmillan.

（西島章次）

第2章
マクロ経済問題

　20世紀後半のラテンアメリカ経済は不安定であった。とくに，1970〜80年代は政府主導の工業化政策が積極的に行われた一方で，財政赤字によるインフレや債務危機に襲われ，きわめて不安定な経済状態が続いた。90年代には，新自由主義に基づく経済改革が進められたが，依然として高インフレや通貨危機などのマクロ的不安定に悩まされた。しかしながら，着実に進んだ経済改革と社会政策，新興国の経済成長によって，2000年代以降のラテンアメリカ経済は相対的に安定度を増している。

　この章では，1970〜80年代と，90年代以降のマクロ経済を比較し，現在の相対的な安定の原因（過去の不安定の要因）を明らかにするとともに，今後のラテンアメリカ発展に必要なマクロ政策運営について考察する。第1節では，過去40年間のマクロ経済を概観する。第2節では，1970〜80年代のマクロ経済政策とその帰結について，第3節では，1990年代以降のラテンアメリカ経済について考察を試みる。

1　ラテンアメリカのマクロ経済概観

　過去40年間のラテンアメリカについて，そのマクロ経済を眺めてみよう。図2-1は，ラテンアメリカ・カリブ諸国のGDP成長率をグラフで表したものである。また，棒グラフは主なラテンアメリカの9カ国のうち，GDP成長率がマイナスになった国の数を表している。直感的になるよう，下向きで表している。1970年代が高成長であったのに対し，80年代前半は大きく落ち込んでいる。これは，82年に起こった累積債務危機による大不況によるもので，83年には9カ国中7カ国がマイナス成長になってしまった。

　80年代後半から90年代にかけては，不安定な成長を繰り返しており，不況に陥る国の数も一定程度存在している。この時期，経済危機や通貨危機が頻発し

第I部　経済自由化とマクロ経済の進展

図2-1　ラテンアメリカ・カリブ諸国のGDP成長率とマイナス成長の国の数

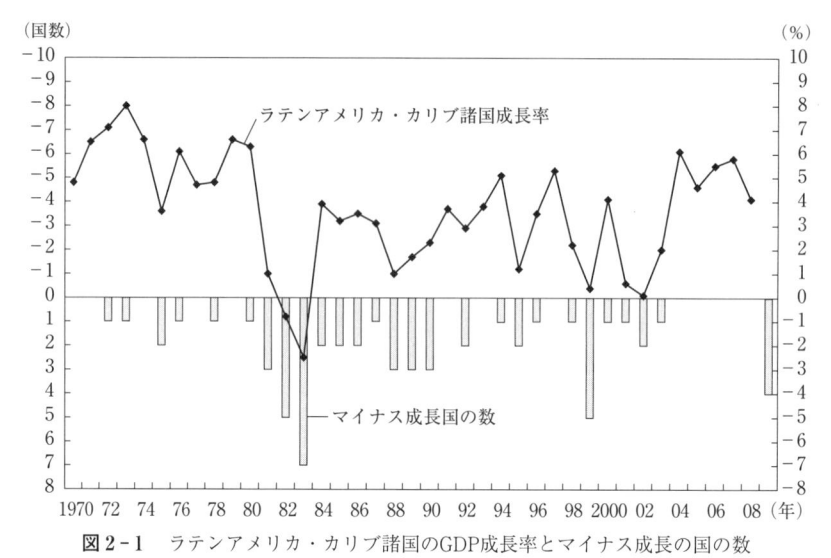

注：対象とした9カ国は、アルゼンチン、ボリビア、ブラジル、チリ、コロンビア、エクアドル、メキシコ、ペルー、ベネズエラである。
出所：IMF, *International Financial Statistics*, ECLAC（2010）データベースより。

ており、ラテンアメリカ地域の経済はきわめて不安定であったといえる。しかしながら、この時期は新自由主義に基づく経済改革が各国で進められており、経済政策の方向を債務危機以前に行われていた国家主導型の工業化政策から大きく転換した時期でもある。

2000年代に入り、アルゼンチンの経済危機があったものの、その後は比較的安定しているように見える。成長率も高い水準で推移しているうえ、マイナス成長が9カ国でまったく見られないのも、大きな特徴である。08年のリーマン・ショックによる影響で、09年は成長率が下がっているが、2000年代前半はラテンアメリカ地域が高い成長率を享受したといえる。

図2-2は、ラテンアメリカ・カリブ諸国の消費者物価上昇率をグラフに表したものである。消費者物価上昇率はインフレーションの指標として標準的に用いられているので、「インフレ率」と考えてよい。

インフレ率を見ると、ラテンアメリカ地域の特徴がよく現れている。70年代は、高いインフレ率が持続的に発生している。80年代に入ると、インフレの傾向はより強くなっており、90年代初頭には突然インフレ率が跳ね上がっている。

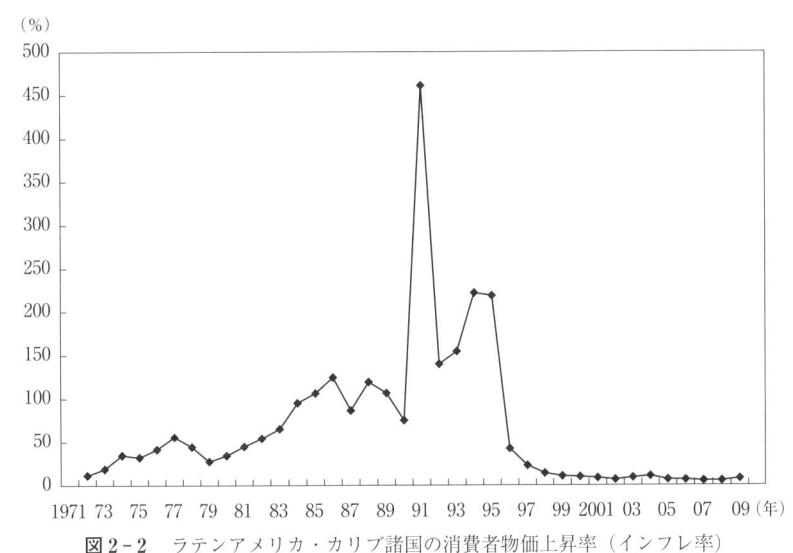

図2-2 ラテンアメリカ・カリブ諸国の消費者物価上昇率（インフレ率）
出所：IMF, *International Financial Statistics*, ECLAC（2010）データベースより。

この時期はアルゼンチン，ブラジル，ペルーがハイパー・インフレーションに見舞われた時期である。90年代後半からはインフレーションは沈静化しており，2000年代に入ると，それ以前に比べ相対的に安定している。

ラテンアメリカは伝統的にインフレ率の高い地域として知られている。70年代のインフレは「慢性的なインフレ」と考えられているのに対し，80～90年代には一部諸国できわめて高いインフレが生じたが，こうした高インフレは「ハイパー・インフレーション」として知られ，メカニズムが異なっていると考えられている（ハイパー・インフレのメカニズムは後述）。

このように経済成長の傾向とインフレーションの傾向を時代ごとに眺めてみると，ラテンアメリカのマクロ経済とマクロ政策は，**表2-1**のように，大まかに3つの時代区分に分けることができそうである。ただし，90年代は，2000年代への過渡期的な性格を有しているとも考えられるので，90年代は2000年代の助走という位置づけも可能であろうと思われる。

いうまでもなく，ラテンアメリカは多様な国々からなる地域なので，すべてをまとめて述べることはできないが，ある程度の傾向を見ることはできるであろう。そこで，以下ではラテンアメリカのマクロ経済について，時代ごとに特

表2-1　ラテンアメリカ経済の変遷

制度・政策	1980年代以前	1990年代	2000年代
成長戦略	政府主導輸入代替工業化	新自由主義経済改革	市場経済＋社会政策重視
財政収支	赤字基調	黒字基調	黒字基調
インフレーション	慢性的インフレ	高インフレ（一部ハイパーインフレ）	インフレ沈静
為替制度	固定レート	ドル・ペッグ	変動相場制
安定化政策	オーソドックス	ヘテロドックス	インフレ・ターゲティング
財政政策	積極財政	均衡優先	所得分配重視
社会政策	支持層優先	貧困対策	中流階層増加

出所：参考文献をもとに筆者作成。

徴を見出して考察する。

2　1970〜80年代のラテンアメリカ経済

　20世紀後半，とりわけ1970〜90年代のラテンアメリカ経済は，さまざまな不安定要因によって経済停滞を余儀なくされた。同じ時期に積極的な輸出戦略を行って飛躍的な成長を遂げたアジアと対照的に，ラテンアメリカは80年代初頭の債務危機に端を発する「失われた10年」と呼ばれた苦難の時代を経て，90年代には新自由主義に基づく経済改革のために，安定的とはいえない時代を経ることとなった。70〜80年代の主な不安定要因は，インフレーション，対外債務，為替政策，政策の非整合性などである。以下では，これらの不安定要因を考察する。

（1）インフレーション

　1960〜80年代のラテンアメリカは，政治面でも経済面でも不安定が際立った時期であった。クーデターや革命が頻発し，インフレーションによる経済混乱も各国で発生している。**表2-2**は，ラテンアメリカ各国が経験したインフレ率（消費者物価上昇率）の最高値を示したものである。参考までに日本とアメリカの最高値も表している。これを見ると，ラテンアメリカ諸国がいかに激しいインフレーションを経験しているかがわかる。コロンビアや中米諸国などの例外を除いて，ラテンアメリカの主な国はいずれも慢性的なインフレーションに苦しみ，しばしば高インフレやハイパー・インフレーションに見舞われるとい

表2-2 ラテンアメリカ各国の消費者物価上昇率の最高値

国 名	率（％）	年	国 名	率（％）	年
アルゼンチン	3,079.45	1989	メキシコ	131.70	1987
ボリビア	11,749.20	1985	コスタリカ	90.16	1982
ブラジル	2,947.73	1990	エルサルバドル	36.43	1986
チ リ	504.73	1974	グアテマラ	40.99	1990
コロンビア	33.05	1977	ホンジュラス	33.96	1991
エクアドル	96.10	2000	ニカラグア	7,485.24	1990
パラグアイ	38.15	1989	パナマ	16.89	1974
ペルー	7,479.01	1990	日 本	23.1	1974
ウルグアイ	112.53	1990	アメリカ	13.5	1980
ベネズエラ	99.88	1996			

出所：ECLAC（2010）データベースより。

う状況が，2000年代に入るまで繰り返された。

　チリは，70年からのアジェンデ政権による急激な社会改革が経済混乱を引き起こし，73年にクーデターによって政権が崩壊してから経済混乱が沈静化するまでの数年間は高インフレを記録している。また，戦後最高ともいわれるインフレ率がボリビアで85年に発生したが，1万1749％という驚異的な率で，慢性的なインフレとは異なるハイパー・インフレーションとして考えられている。後述する債務危機が82年に発生し，政府の経済政策が破綻し続けたことが，ハイパー・インフレーションを発生させた原因と考えられているが，同様のケースが，89年から90年のアルゼンチンやペルーなどでも見られ，いずれも1000～7000％という高率なインフレーションを経験することになった。

　また，ブラジルでは，88年から94年にかけて，1000％を超えるハイパー・インフレーションに断続的に見舞われている。これは，政府の物価安定化政策が短期間に何度も行われ，そのたびに失敗を繰り返してきたことによって発生したもので，ブラジルはクルザードやクルゼイロなど，数年間の間に4度にものぼる貨幣改定（デノミネーション）を行っているが，新通貨が導入されるたびに市場からの信認を得られず，混乱に拍車をかけるような状態であった。

　インフレーションが発生・波及する原因については，2つの考え方があった。1つは政府の財政赤字によるもので，「マネタリスト」と呼ばれる学派が主張した。もう1つはラテンアメリカ社会の構造に原因があるとするもので，「構造派」と呼ばれるエコノミストの主張によるものである。

　マネタリストによる主張は，政府が財政赤字であって，他の手段がなければ，

貨幣を増発する以外にファイナンスする方法がなく，貨幣の超過供給が発生し，通貨価値の目減り，すなわちインフレーションが発生するというものである。したがって，インフレを抑制するためには，何よりもまず財政赤字を解消し，貨幣供給を適切にコントロールするべきであると主張する。緊縮財政を柱とするインフレ抑制政策は「オーソドックス・タイプの安定化政策」と呼ばれる。

ラテンアメリカにおいては財政赤字が恒常化しており，その原因としては，階級対立が激しく，所得格差もきわめて大きいために，政治体制の安定を図る目的でさまざまな階級・政治勢力への政策的配慮を必要とし，いわゆる「バラマキ」的な財政支出を余儀なくされることが挙げられる。また，租税体系が不備であったり，徴税率が低いことから，十分な税収が確保されないために，慢性的な財政赤字に苦しむことになる。

一方，構造派は，ラテンアメリカの社会構造に原因を求めた。すなわち，一次産品の供給が非弾力的であることや，輸入能力が不足し不安定であること，市場が寡占的であることなどの供給側の制約が，都市化などによって増えた需要に対応できないことから，超過需要が出現し，インフレが起こるというものである。したがって，工業部門の供給能力を上げることによってインフレを抑制するという政策が提示されることになった。

（2） 輸入代替工業化政策と債務危機

構造派の主張に基づき，1960年代から70年代にかけて，ラテンアメリカ各国は積極的な工業化戦略を採用し，国内産業の育成のために「輸入代替工業化政策」を採用した。伝統的に一次産品の輸出に頼っていた産業構造から，工業化を進めることによって，供給能力を高めようというものである。輸入品から国産品へのシフトを図るために，保護貿易措置をとって輸入を制限し，国有企業による産業育成を進め，市場を拡大するためにラテンアメリカ地域で自由貿易協定を結ぶなどして，国内産業の育成を進めようとした。

ブラジルやメキシコでは国家プロジェクトによって，1960～70年代のラテンアメリカ経済は高い経済成長を達成した（図2-1）。とくにブラジルでは70年代初頭に年率10％を超える経済成長を達成し，「ブラジルの奇跡」と呼ばれた。

しかしながら，積極的な工業化戦略は，同時に政府の財政赤字を拡大させた。もともと財政赤字が恒常化していることもあり，70年代後半のラテンアメリカ

各国は財政赤字を大きく膨らませた。

一方で、70年代後半は石油危機の影響で、いわゆる「オイルダラー」と呼ばれる資金が国際金融市場に大量に流入していた。不景気の先進国市場に投資機会が少なかったために、積極的に工業化戦略を推し進めていたラテンアメリカ地域に資金が流入することになる。ラテンアメリカ政府も、工業化政策の資金として、また財政赤字をファイナンスする手段として、これらの資金を受け入れた。このため、海外からの借り入れである対外債務が急速に増加することとなった。

ところが、79年の第二次石油危機によるインフレを抑制するために、先進各国が金融引き締め政策をとったことから、金利が高騰した。ラテンアメリカ各国は利払いの負担が増加し、輸入代替政策をとっていたために、輸出収入によって外貨を獲得する手段に乏しく、資金繰りが急速に悪化した。82年にメキシコが債務不履行宣言（デフォルト）を出し、立て続けに各国が同様の宣言を出したために、ラテンアメリカ全体が債務危機に陥った。

（3） IMF主導の財政再建とハイパー・インフレーション

債務不履行となったラテンアメリカ各国は、IMF主導による経済改革を受け入れることとなった。巨額の対外債務を生み出した原因を財政赤字であると考えたIMFは、債務繰り延べや追加融資の条件として、財政赤字の解消につながる緊縮財政と、債務返済に必要な輸出収入を得るための実質為替レートの切り下げを各国政府に求めた。また、政府主導の工業化政策が財政赤字を拡大させた点も問題視し、「新自由主義」と呼ばれる考え方に基づく経済改革を進めることを提言した。具体的には、市場メカニズム志向型の経済システムへの変換を目標とした、民営化による小さな政府の実現、貿易自由化、金融自由化などである。

ラテンアメリカ各国は財政健全化のために支出を圧縮したが、このことがさらに景気を悪化させることとなった。財政赤字のファイナンスのために、他に財源をもたない政府は債務を中央銀行に引き受けさせたが、これは紙幣の増発（貨幣供給の増加）を意味している。貨幣供給が増大すると、民間部門が保有する貨幣の価値が目減りするので、いうなればインフレを通じて税の徴収をしたことに等しい。これはインフレ税と呼ばれる。ところが、人々は貨幣価値の目

減りを嫌って，自国通貨からドル保有に切り替えるなどの自己防衛に走る。すると，インフレ税の効果が縮小するので，政府はさらに貨幣を増発せざるをえないが，それによってさらに貨幣保有が減少するという悪循環の繰り返しが際限なく発生し，驚異的なインフレーションが巻き起こる。これが，ハイパー・インフレーションの発生メカニズムである。

　1980年代前半のボリビアでは，財政赤字による貨幣増発が繰り返された結果，年率で1万1749.2％という，戦後の世界で最高のインフレ率を記録した。アルゼンチンでは，階級対立の先鋭化などで，財政支出の削減によって実物面での痛みを伴うオーソドックス・タイプの安定化政策をとることができなかった。このため，独自の安定化政策として，実物面での影響をできる限り小さくしながら，賃金や物価，為替レートを凍結することによってインフレを抑制する「ヘテロドックス・タイプの安定化政策」を実施した。しかしながら，財政赤字が解消されないままでは，民間の政府に対する信用が失われる。このため，このタイプの安定化政策は失敗を繰り返すことになり，そのたびにインフレーションが高進し，最終的にハイパー・インフレーションが出現することとなった。同様のハイパー・インフレーションが，89年から94年にかけてブラジルで頻発した。

3　1990〜2000年代のラテンアメリカ経済

（1）混乱から安定へ

　債務危機やハイパー・インフレーションによって経済が混乱した1980年代までのラテンアメリカ経済は，90年代に入り新自由主義に基づく経済改革によって，徐々に立ち直りの兆候を見せるようになった。しかしながら，90年代から2000年初頭にかけて，メキシコ，ブラジル，アルゼンチンで相次いで通貨危機が発生するなど，地域の不安定性は残っていた。一方で，2000年代後半になると，ラテンアメリカは相対的に安定している。たとえば，ブラジルやチリの経済成長，経済危機に対する耐性の上昇など，堅調な成長を見せている。

　図2-3は主な国のGDP成長率をグラフで表したものである。90年代はブラジル，メキシコ，アルゼンチンともマイナス成長となった時期を経験し，相対的に不安定を残しているが，2001年のアルゼンチンにおける通貨危機を最後に，

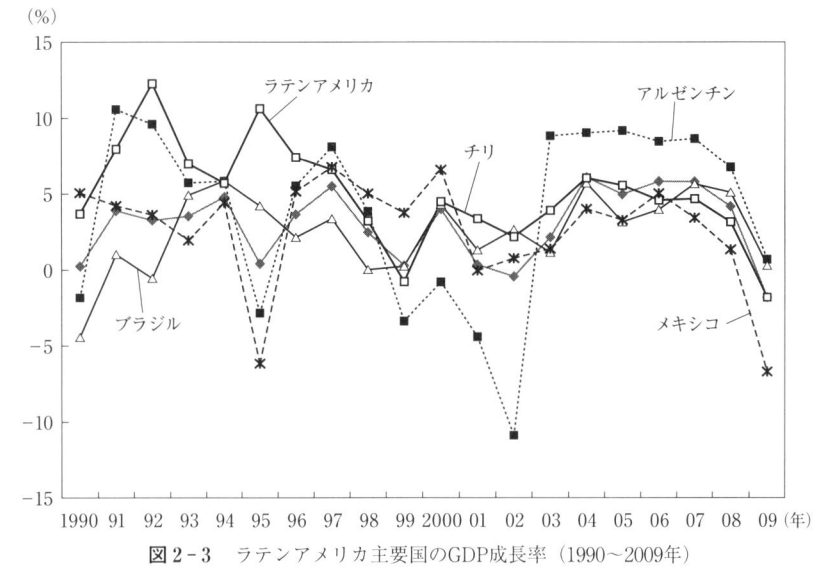

図2-3　ラテンアメリカ主要国のGDP成長率（1990～2009年）
出所：ECLAC（2010）データベースより。

　ラテンアメリカ地域は安定した成長を遂げている。ただし，08年のリーマン・ショックによる影響で成長率は大幅に鈍化しているが，その後も，以前の経済危機のような混乱を引き起こされてはおらず，この点は明らかに，1999年のブラジルや2001年のアルゼンチンの通貨危機で生じた経済危機のケースとは異なっている。
　では，それまでのラテンアメリカと異なり，他地域の経済危機に対してたくましさを見せることができるようになったのは，どのような要因によるものであろうか。本節では，1990年代から，どのような試行錯誤を経てラテンアメリカ各国が経済改革を進め，経済を安定化させたのかを検証し，2000年代の傾向についても大まかに眺める。

（2）　固定相場制から変動相場制へ

　前節で述べたように，20世紀後半のラテンアメリカ諸国は激しいインフレーションに悩まされてきた。インフレの抑制に腐心してきた政府や中央銀行が，通貨の信認を確保するための手段として用いられたのが，アメリカ・ドルを主

とした対外通貨とのリンクである。信認のあるアメリカ・ドルと自国通貨との間で，交換比率である為替レートを固定することによって，自国通貨の価値を一定の水準に固定する役割をもたせることができる。

　1990年代前半，アルゼンチンがとった制度は「カレンシー・ボード」と呼ばれる。通貨の発行に関してその根拠となるのが外貨準備としてのアメリカ・ドルで，アメリカ・ドルと同量のペソを発行できる。したがって，アルゼンチン・ペソとアメリカ・ドルは1対1で固定されることになり，事実上の「ドル化」ともいえる。91年3月に「兌換法」と呼ばれる法律が制定され，ペソがアメリカ・ドルにペグされた結果，前年1990年末に1000％を超えるインフレ率が，1991年には4％にまで抑制された。

　また，ブラジルでは，物価安定化政策の一環として，1994年に「為替アンカー制度」と呼ばれる為替制度が採用された。アルゼンチンのカレンシー・ボードと同じく，インフレーションを抑制するために，新しい通貨であるレアルをドルとペグし，1対1の交換比率を維持する制度で，90年代前半にハイパー・インフレーションに苦しんだブラジルは，この為替アンカーによってインフレの沈静化に成功している。

　さらにエクアドルでは2000年に，自国の法定通貨をアメリカ・ドルに切り換える政策を実施した。エルサルバドルでも01年に，自国通貨とともにアメリカ・ドルが法定通貨として認められることとなったが，これはもっとも極端な「ドル化」政策であるといえる。実際にこれらの国では，アメリカ・ドルが日常生活の中で用いられている。結局，90年代のラテンアメリカ諸国は，80年代の債務危機の経験を経たにもかかわらず，物価安定のために自国通貨とアメリカ・ドルの為替レートを固定する政策を続けるほかなかったといえる。

　しかしながら，国際金融理論では，3つの政策目標

・独立した金融政策（景気対策や物価安定政策を独自に実施すること）
・自由な資本移動（資金移動を自由にすることによって資金調達を容易にすること）
・安定した為替相場（為替レートを固定することによって為替リスクをなくすこと）

を同時に達成することは理論上不可能であるという，「国際金融のトリレンマ」（国際金融の「マンデル・フレミング命題」ともいう）と呼ばれる理論が存在するこ

表2-3 ラテンアメリカ各国の為替制度とその経緯

国　名	1990年代の為替制度	帰　結
アルゼンチン	カレンシー・ボード制	変動相場制へ移行
ブラジル	為替アンカー制度	変動相場制へ移行
チ　リ	固定バンド相場制	変動相場制へ移行
エクアドル	ドル化	ドル化継続
メキシコ	固定相場制	変動相場制へ移行
ベネズエラ	固定相場制	平価切り下げと二重レート制

出所：参考文献をもとに筆者作成。

とがよく知られている。たとえば資本の流出が起こると，自国通貨が売られ，外国通貨（たとえばドル）が需要される。変動相場制のもとでは自国通貨が減価することで需給が調整されるが，固定相場制のもとではそれが不可能となるので，自国通貨の超過供給が解消されず，切り下げ圧力にさらされる。もし政府が外貨準備（主にドル）を潤沢にもっているならば，ドル売りによって為替レートを維持することができるが，外貨準備が十分でない場合，買い支えることが困難となり，結局固定相場制を放棄せざるをえなくなる。このとき，国内の財政収支の状況や政治情勢が不安定であると，国内や国外の投資家による資本逃避などが発生し，為替レートが暴落する事態が発生する。

通貨の暴落は国内金融システムに混乱をもたらし，経済危機とインフレを招いてしまう。このようなタイプの金融危機が通貨危機と呼ばれる。94年のメキシコ，99年のブラジル，2001年のアルゼンチンと相次いで通貨危機に見舞われ，マイナス成長に陥る事態となった。これらの国はいずれも為替レートアンカーやカレンシー・ボードなど，事実上アメリカ・ドルとのペグによって固定為替相場制を維持していたといえるが，通貨危機によって固定為替レートを放棄せざるをえなくなり，いずれの国も変動相場制に移行している。

またチリは，債務危機発生まで固定為替相場制を採用していたが，一定の幅で為替レートの変動を認めるクローリング・ペグ制を採用し，その幅（バンド）を徐々に拡大することで，為替レートの調整を行ってきた。また，強制預託制度という制度によって，短期資本流入を規制し，為替の安定を図ってきたが，いくつかの制度を経て，99年には最終的に変動相場制に移行し，現在にいたっている（表2-3）。

(3) ラテンアメリカにおけるインフレ・ターゲティング政策

前節で述べたように，高インフレやハイパー・インフレーションに悩んだラテンアメリカ各国のうち，ブラジルやチリなどのいくつかの国では，変動相場制への移行に伴い自立的な金融政策が可能となりインフレ・ターゲティング政策を導入することによって，高いインフレ率を抑制し，物価の安定を手に入れている。

インフレ・ターゲティング政策とは，インフレーションによって発生する社会的なコストを受け入れることを明確にしながら，インフレ率を適切な目標値に誘導することを目的とした政策である。よく知られているように，インフレーションは社会的なコストを生み出す。名目利子率で行われる金融取引は，インフレ前とインフレ後で実質的な価値が変わるために，貸し手と借り手の間に不公平をもたらしてしまう。

一方で，インフレが激しくなり，物価が不安定になることによって経済活動が混乱すると，その社会的な損失は無視できない。むしろ，ある程度のインフレコストは受け入れつつ，経済活動の混乱を抑えた方が，社会的に見て望ましいと判断されるならば，はっきりとしたインフレ率の目標値を定め，金融当局がそれに向かって政策を遂行する方がよい，というのが，インフレ・ターゲティング政策の基本的な考え方である。

ただし，この政策は，金融当局に対する信認（クレディビリティ）が高くなければ実現できない。そもそも通貨（紙幣自体）に価値はないので，中央銀行による信認が価値の源泉となる。ところが，中央銀行にクレディビリティがなければ，価値が低下しインフレーションが発生する。基本的に金融当局の信認は，通貨価値の安定に必須の条件である。この信認の源泉として用いられてきたのが他国の通貨価値，すなわち為替レートである。

ブラジルやアルゼンチンなどのラテンアメリカ各国は，ドルに対して為替レートを固定する方法で自国通貨の信認を維持してきた。ところが，前述したように固定為替相場制度による弊害が無視できなくなり，結果として変動為替相場制に移行することとなった。そして，為替レートに代わる信認の源泉として，目標となるインフレ率が必要になったのである。

変動相場制の移行によって，ドルのような他国通貨の信認を味方につけることができない以上，インフレ目標値を明らかにすることによって，より金融当

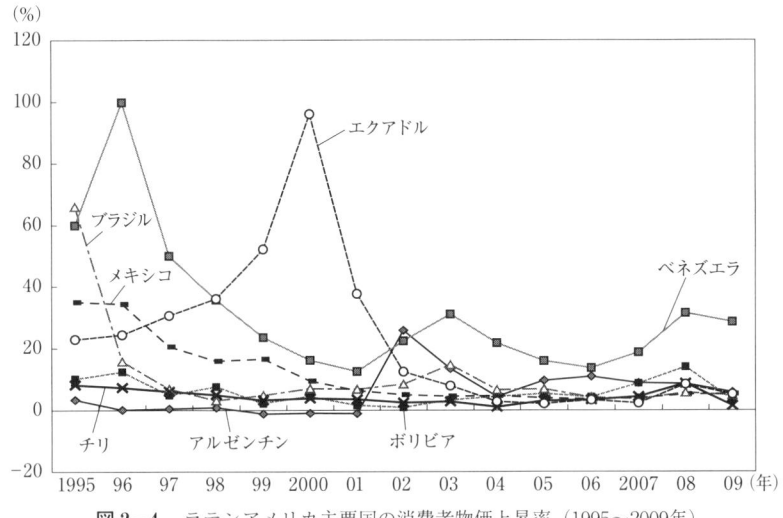

図2-4 ラテンアメリカ主要国の消費者物価上昇率（1995～2009年）
出所：ECLAC（2010）．

局の信認が必要となってくる。ブラジルでは，インフレ目標値（と許容幅）を大蔵大臣・計画予算運営省大臣・中央銀行総裁からなる通貨審議会が決め，中央銀行が政策を実施する。目標値が達成できなければ，中央銀行総裁が大蔵省へ，達成できなかった理由を書いた書簡を送り，公開しなければならない。また，実施される金融政策を明らかにする義務もある。

しかしながら，インフレ目標値を明らかにし，その目標値への厳格な履行義務を負うことによって，インフレ期待の指標を示すことができ，金融政策を行う中央銀行の信認が回復し，適切な利子率による金融政策が可能となる。したがって，金融当局の信認は，金融政策の透明性と目標値の明確さによって確保されているといえる。図2-4にあるように，インフレ・ターゲティング政策を実施しているメキシコ，チリ，ブラジルは，現在もインフレ率が安定して推移しており，ハイパー・インフレーションを頻発した20世紀半ばとは大きく様相が異なっている。

（4） 財政収支の改善と社会政策

経済の安定化のためには，財政収支を健全化することが不可欠となるが，ラ

テンアメリカ各国では，前節で述べたように，国家主導型の工業化政策による財政支出や，度重なる政権交代によるマクロ経済政策の非整合性，永年にわたる階級対立など，財政規律の厳格さを失わせるような要因が数多く存在し，1990年代までは財政赤字が恒常化していた。

しかしながら，2000年代に入り，中国やインドなどの新興工業国の経済成長がもたらした資源需要によって景気が拡大し，税収が増加するなどして，ラテンアメリカ各国は財政収支を劇的に改善させた。とくにブラジルやベネズエラ，チリなどの資源国は，鉄鉱石，原油，銅の価格高騰によって，外貨収入を大幅に増加させている。実際，ベネズエラやエクアドル，メキシコなどは，資源輸出による収入が財政収入の30％を超えており，アルゼンチンやチリなども15％前後で推移している。

図2-5は，ラテンアメリカの基礎的財政収支（プライマリー・バランス）を表したグラフである。1990年代は，前節で述べた新自由主義に基づく財政健全化政策によって政府の財政は比較的良好であったが，97年のアジア通貨危機以降，ブラジルやアルゼンチンの経済危機などもあって財政は赤字基調であった。しかしながら，2004年以降は資源価格高騰による財政収入の増加が続き，政府支出が増加しているにもかかわらず，それを上回る収入に恵まれた時期である。09年は前年のリーマン・ショックによる影響で，財政収支は赤字となっている。

財政収支の黒字化によって，対外債務に依存する必要性が低くなり，経済政策を発動しやすくなる。これまでの悪循環を繰り返すことなく，財政政策を裁量的に発動できるという点で，資源価格の高騰は，2000年代のラテンアメリカ各国にとって福音となった。

そして，2000年代のラテンアメリカ各国の財政政策上の大きな特徴は，社会階級の対立を解消するために，貧困層への社会政策が大幅に拡大され，実施されたことにある。

ブラジルでは，ルラ政権のもと，「ボルサ・ファミリア」と呼ばれる貧困層に対する直接支払い制度などが大規模に実施された結果，ブラジルにおける中流階級の基準に該当する人口が，2000年代初頭から後半にかけ倍増し，貧困層が大幅に減少した。不平等度を表す代表的な指標であるジニ係数（0が完全平等，1が完全不平等）は，1999年に0.640に達していたが，2008年には0.594まで徐々に下がってきた（ECLAC 2010）。

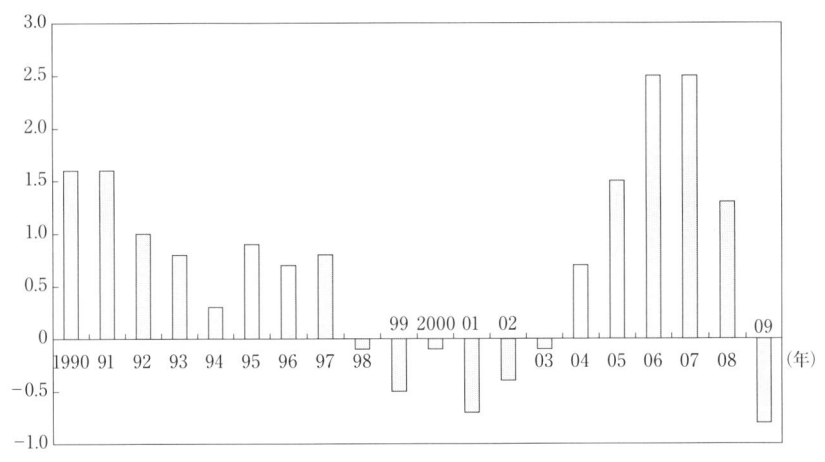

図2-5 ラテンアメリカの基礎的財政収支（GDP比，1990〜2009年）
出所：ECLAC, *Economic Survey of Latin America and the Caribbean, 2008-2009*.

　貧困層の減少と中流階層の膨張は，政治的安定をもたらし，安定的な政権運営を可能にするだけでなく，購買力の増加による内需拡大を発生させ，企業の収益を改善する効果もあわせもつため，正規労働に対する需要増も起こり，望ましい循環が生まれる。ブラジルでは，2008年のリーマン・ショックによっても中流階層が貧困層に転落する率がそれほど増えず，転落したとしても一段下の階層への移動にとどまったケースが非常に多いと見られており，中流階層が安定化しているとみなされている。

　チリにおいても，バチェレ政権において「チリ・ソリダリオ」と呼ばれる現金給付政策が実施され，貧困層が大幅に減少した。そして2010年には，先進国クラブともいわれるOECD（経済協力開発機構）に，南米の国としてはじめて加盟した（ラテンアメリカとしてはメキシコに次いで2カ国目となる）。

4　持続的成長へ向けて

　本章冒頭でも述べたように，過去40年間のラテンアメリカ経済は，表2-1のように時代区分が可能であるかもしれない。政府主導の工業化政策が推し進められた一方で，階級対立などもあって財政赤字が恒常化し，慢性的なインフ

■□コラム□■

ボリビアのハイパー・インフレーション

　ボリビアは，1985年に年率1万1749.2パーセントというインフレ率を記録した。これは戦後の世界最高記録である。ボリビアでは，79年から82年にかけて軍事政権と民主政権の政権交代が9度も行われ，汚職や麻薬も横行するなど，きわめて不安定な政治・社会状況が続いたところに，82年の債務危機がボリビアを襲った。同年に誕生した左派政権は，労働者・公務員の賃上げを再三実施するなど，非整合的な安定化政策を行い，財政赤字が巨額になった。結局，紙幣の増発によって赤字をファイナンスする以外になく，貨幣価値は下がり続け，1985年5月から8月にかけて，年率換算で1万％を超えるハイパー・インフレーションが出現した。

　当時の報道によれば，人々は自国通貨であるペソを受けとるやいなや，両替商に駆け込み，すぐにドルに交換するという生活に追われたようである。ドルとの為替レートが1ドル50万ペソから，数日後には1ドル90万ペソに下落しているというような状況が続いた。これは，ある教師の給与が月額2500万ペソであるとすると，ドルに交換するのを怠ると，彼の給与がわずか数日で50ドルから27ドルに目減りするということを意味している。商店で客がペソを支払うのを横で待ち構え，支払われるとすぐさま両替商に走ってドルに換えるというアルバイトが流行った。すぐにドルに交換しなければ，あっという間に紙くず同然になってしまうからである。

　85年8月に右派政権が誕生すると，政府は変動相場制への移行，公務員給与の凍結，食料価格統制の廃止などの厳格な緊縮財政プランを実行した。労働者によるゼネストが1カ月ほど続いたが，物価は急激に落ち着き，市場に商品が出回り，ドルを交換するために走り回る必要がなくなった。

レーションに苦しめられ，最終的にそのモデルが破綻した1980年代まで。そして，新自由主義に基づく経済改革に転換が行われたものの，さまざまなモデルが模索され，その中でハイパー・インフレーションも発生した1990年代。そして，世界的な成長に支えられ，財政収支が改善した結果，市場経済を維持しながら，社会政策によって所得分配を改善することができ，インフレーションも克服した2000年代。

　いうまでもなく，ラテンアメリカには数多くの国があるので，それらの国すべての特徴を一言で表すことはできない。しかしながら，かつてクーデターや革命などの政治危機が年中行事のように繰り返されてきた時代に比べて，現在

は政治的混乱が減少傾向にあるうえ，変動レートに移行している国が多数になってきているなど，ある程度の傾向が認められる。重要な点は，ラテンアメリカがかつてのように高インフレやハイパー・インフレーションに苦しめられることが少なくなり，財政収支の健全化と，貧困層・不平等度の圧縮がある程度達成されたことである。

　しかしながら，2008年のリーマン・ショックによる影響を見る限り，ラテンアメリカの脆弱性が完全に克服されたとは言い切れない。政府の機能をより健全化し，国内市場の整備を推し進めることによって，グローバリゼーションが進むなかでも，他地域のショックに十分に耐えることのできる経済を構築できるよう，体質を強化する必要があるといえるであろう。

● 参考文献
宇佐見耕一・小池洋一・坂口安紀・清水達也・西島章次・浜口伸明（2009）『図説ラテンアメリカ経済』日本評論社。
白井早由里（2002）『入門　現代の国際金融』東洋経済新報社。
西島章次（1993）『現代ラテンアメリカ経済論——インフレーションと安定化政策』有斐閣。
西島章次・Eduardo Tonooka（2002）『90年代ブラジルのマクロ経済の研究』神戸大学経済経営研究所研究叢書 57。
西島章次・細野昭雄編（2003）『ラテンアメリカにおける政策改革の研究』神戸大学経済経営研究所研究叢書 62。
ECLAC (2010), *Statistical Yearbook for Latin America and the Caribbean, 2009.*

（道下仁朗）

第3章
金融グローバリゼーション

　ラテンアメリカ諸国では，先進国や高成長を続けるアジアの新興国と比べて，金融の発展が遅れている。銀行が預金を集めて投資資金を貸し付ける金融仲介機能は弱い。また，債券や株式を発行して資金を調達する企業は少なく，投資家の数も限られている。このことは，ラテンアメリカの経済成長にマイナスに作用してきたと考えられる。金融部門の発展が遅れている背景には，これまで経済が不安定であったことや金融危機が頻発したことがある。一方，同地域では，資本取引の自由度が高く，近年，政府や企業は海外での資金調達や海外資産を増やしてきた。また，外国銀行の進出が進んでいる。このように国際的な金融統合が進むと，国内の投資資金が増加し経済発展がうながされる可能性がある反面，国内金融市場ひいては経済活動の不安定性や脆弱性が増し，危機発生の可能性も高まる。したがって，金融統合の利点を活かすような改革を進めながら，金融の発展をうながすことが重要である。

1　ラテンアメリカの金融制度の特徴と問題点

（1）　ラテンアメリカの金融制度の特徴

　金融と経済発展の関係は古くから論じられてきたが，近年は金融が経済発展に大きな役割を果たすという理解が支配的になっている。金融機関は，一定のリスクをとりながら，預金などのかたちで集めた資金を資金が不足している部門へ効率的に配分する金融仲介機能をもっている。また，金融資本市場は，借り手が発行する株式や債券を貸し手が直接購入するかたちでの資金提供を行うことにより，効率的に資金を配分する役割を担っている。金融が発展し，金融仲介機能や金融資本市場の機能が向上すると，より多くの資金をより高収益の事業に融通することが可能になり，高い経済成長が実現すると考えられる。

　ラテンアメリカにおいては金融部門が未発達であることが経済成長にマイナ

スに作用してきたことが，多くの研究で明らかにされている。実際にラテンアメリカ諸国の金融発展度がどのような状況にあるのかを**表3-1**から確認してみよう。この表は，世界経済フォーラム（World Economic Forum：WEF）の金融発展度報告書（*The Financial Development Report*）2009年版から，ラテンアメリカ8カ国（アルゼンチン，ブラジル，チリ，コロンビア，メキシコ，パナマ，ペルー，ベネズエラ），先進3カ国（アメリカ，イギリス，日本），アジア新興3カ国（中国，韓国，インド）計14カ国について，主要な指標を取り出し比較したものである。この表から，以下のようなラテンアメリカの金融制度の特徴が浮かび上がる。

①金融資産の規模が経済規模に比べて小さい。金融資産（銀行預金残高，債券発行残高，株式時価総額の合計）のGDP比率を見ると（上段），ラテンアメリカ諸国の比率は日本（512.7％），イギリス（435.9％），アメリカ（412.8％）のみならず，中国（371.4％），韓国（304.9％），インド（262.4％）をも下回る。域内最高のブラジルで246.1％と日本の約2分の1，最低のベネズエラでは日本の約10分の1，52.5％にとどまる。

②ラテンアメリカの金融制度は銀行が中心であり，企業の資金調達源としては銀行借入，家計の金融資産としては銀行預金がもっとも重要な形態となっている。しかし，銀行の金融仲介機能は弱い。銀行預金／GDP比率は（上段），先進国およびアジアが60～200％台であるのに対し，ラテンアメリカは10～80％台であり，とくにアルゼンチン，コロンビア，メキシコ，ペルー，ベネズエラの比率が低い。また，対民間信用（貸出）／GDP比率は（下段），先進国およびアジアの40～200％台に対し，ラテンアメリカは10～80％台にとどまる。なかでもアルゼンチン，ベネズエラ，ペルー，メキシコの比率が低い。

③銀行の経営は非効率である。効率性を示す経費率（銀行経費／銀行総資産比率），および収益性指数（下段）を見ると，前者については，コロンビア（7.22％），ベネズエラ（6.76％），メキシコ（6.13％）などが，ラテンアメリカ以外の国々を大きく上回っている。一方，収益性指数が低いのは，メキシコ（1.00），チリ（2.54），アルゼンチン（2.52）である。コストが高く，収益性が低いメキシコの銀行は，ラテンアメリカのなかでもとくに効率性に問題があると考えられる。

④債券市場では，発行残高・取引ともに，公的債券が中心となっている。公

第Ⅰ部　経済自由化とマクロ経済の進展

表3-1　金融制度の規模と特徴

	金融資産 (2007年) (10億ドル)	金融資産／GDP(%)(2007年)					
			債券	うち公的債券	うち民間債券	株式	銀行預金
アルゼンチン	312.9	120.2	64.4	56.5	7.9	33.3	22.4
ブラジル	3,281.3	246.1	69.5	45.1	24.4	102.8	73.8
チリ	347.6	212.1	25.9	4.1	21.8	129.9	56.2
コロンビア	235.1	113.0	45.7	43.7	2.0	49.0	18.4
メキシコ	1,049.0	102.3	40.9	19.9	20.9	38.8	22.7
パナマ	34.2	175.5	60.6	53.9	6.7	31.8	83.7
ペルー	173.5	161.7	36.4	29.7	6.7	98.8	26.6
ベネズエラ	119.6	52.5	24.5	19.3	5.2	na	28.0
アメリカ	58,119.1	412.8	194.7	36.3	158.4	141.7	76.4
イギリス	12,205.0	435.9	147.1	43.0	104.1	137.8	151.1
日本	22,457.8	512.7	217.8	170.6	47.2	101.7	193.2
中国	12,564	371.4	34.9	17.7	17.2	184.1	152.4
韓国	3,357	304.9	70.5	63.3	7.2	165.2	69.2
インド	2,754	262.4	97.4	29.4	68.0	107.1	57.9

	対民間信用 ／GDP (2007年) (%)	銀行経費／ 銀行総資産 (2008年) (%)	銀行収益性 (2005～07 年平均)	株式売買代 金回転率 (2007年) (%)	金融発展度 ランキング (2009年) (55カ国中)	IPOによる 資金調達の 世界シェア (2006～08 年平均) (%)	債権者・債 務者の権利 に対する法 的保護 (2008年) (1～10)
アルゼンチン	12.5	5.54	2.52	9.9	51	0.37	4
ブラジル	43.6	5.64	3.67	56.1	34	6.57	3
チリ	80.2	3.84	2.54	22.8	31	0.06	4
コロンビア	36.1	7.22	4.22	13.0	46	0.47	5
メキシコ	20.0	6.13	1.00	30.7	43	0.94	4
パナマ	77.5	4.99	4.58	2.0	29	0.00	6
ペルー	18.2	5.09	3.51	8.8	42	0.05	7
ベネズエラ	18.3	6.76	4.85	10.0	55	0.00	3
アメリカ	202.4	2.86	3.24	214.8	3	16.90	8
イギリス	176.3	1.37	3.42	267.7	1	5.66	9
日本	96.8	0.76	2.99	140.3	9	3.94	7
中国	163.1	1.78	3.78	180.2	26	19.33	6
韓国	100.9	3.58	3.82	200.5	23	1.41	7
インド	43.4	3.22	4.07	83.9	38	2.71	8

注：1.「銀行経費／銀行総資産」は非利子営業支出／前年の資産。数値が小さいほど，効率的なことを示す。

2.「銀行収益性」は純金利マージン，総資産利益率(ROA)，自己資本利益率(ROE)の3指標の2005～07年の年平均値に基づく指数。数値が大きいほど収益性が高いことを示す。

3.「債権者・債務者の権利に対する法的保護」は数字が大きくなるほど権利が保護されていることを示す。

4.「na」はデータなしを示す。

出所：World Economic Forum, *The Financial Development Report 2009*.

的債券の比重がとくに高いのは，アルゼンチン，コロンビア，パナマである（上段）。これらの国々では，政府が財政赤字の補塡や投資にあてる資金を調達するため大量の国債を発行し，その結果，民間企業が十分な資金調達を行えず投資が抑制されている可能性がある。

⑤株式市場は，規模（GDPに対する比率）がブラジル，チリを除き，先進国やアジアより小さいうえに（上段），取引も不活発である。08年の株式売買代金回転率（年間の売買代金を平均時価総額で割ったもので，数値が大きいほど取引が活発であることを示す）は，イギリス267.7％，アメリカ214.8％，韓国200.5％，日本140.3％，中国180.2％，インド83.9％に対し，ラテンアメリカで最高のブラジルは56.1％にすぎない（下段）。また，取引が少数銘柄に集中する傾向が強い。世界取引所連合（World Federation of Exchanges）によると，08年の時価総額上位10社が総売買高に占めるシェアは，ニューヨーク証券取引所の20.1％，東京証券取引所の18.3％，ロンドン証券取引所の46.3％に対し，サンパウロ証券取引所は52.5％，メキシコ証券取引所は69.5％，ブエノスアイレス証券取引所は74.8％であった。

09年の総合的な金融発展度ランキングを見ると（下段），10位以内に入っている新興国・経済はシンガポール（4位）および香港（5位）の2カ国であり，残り8カ国はイギリス（1位）をはじめとする先進国である。ラテンアメリカでは，パナマが最上位の第29位で（前年は第32位），これに，チリの第31位（前年は第30位），ブラジルの第34位（前年は第40位）と続く。パナマは，オフショア金融市場であり，ラテンアメリカの金融センターとして機能してきたという歴史的経緯から，銀行部門の規模が大きい。オフショア金融市場とは，オフショア取引（非居住者から調達した資金を非居住者に貸し付けるなど，原則として運用・調達とも非居住者と行う取引）が認められており，法律の適用が緩やかで，金融取引にかかわる規制が少なく，課税がないか税率が低い金融市場である。パナマは，①1902年以来，通貨としてアメリカ・ドルが流通しているという利便性，②為替管理はなく，資本の持ち込み・持ち出しおよび利益の送金が自由といった高い開放性，③北米と南米の中間に位置するという地理的優位性をもつ。ラテンアメリカ諸国が強い金融規制下にあるなか，外国銀行が多数進出し，地域の金融センターとして発展してきた。しかし，80年代後半以降はラテンアメリカ諸国の金融自由化・対外開放が進んだことから，パナマの相対的地位は低下

している。

　一方，債券・株式市場が発展しているのはチリである。ラテンアメリカ諸国のなかではもっとも早い80年代はじめに年金制度が民営化され，民間年金基金が機関投資家として育ったことが貢献している。

　以上見てきたように，ラテンアメリカの金融部門は総じて，規模や効率性，競争力において，先進国はもとよりアジア新興国にも見劣りがする。しかし，過去に比べれば近年着実な発展を遂げている。その背景には，03年ごろからの世界的な景気拡大，一次産品価格の上昇，国際金融市場の拡大を背景とする資金流入がある。とくにブラジルの金融発展が目覚ましい。対民間信用／GDP比率が03年の22.0％から07年には41.3％へ（ブラジル中銀統計）と高まったほか，株式市場時価総額／GDP比率は02年の24.1％から07年には102.8％へと上昇した。07年以降，多数の新規株式公開（IPO）が実施され，ブラジルは海外からの資金を引き寄せた。実際，06年から08年に世界で実施されたIPOによる資金調達額に占めるブラジルのシェアは6.5％と，イギリスと日本を抜き，中国，アメリカ，ロシアに次ぐ第4位であった（下段）。

（2）　金融部門の発展が遅れている要因

　ラテンアメリカの金融の発達が比較的遅れている要因としてよく指摘されるのは，以下の点である。

　第1に，マクロ経済の不安定性が挙げられる。マクロ経済の不安定性は，物価の不安定性に象徴される。ラテンアメリカ諸国は1990年代半ばまで，一部の国で4桁の高インフレが続いてきた。高インフレ経済では，インフレ率の変動も大きく，企業や金融機関は投資案件の評価を適切に行うことが難しくなり，投資家は長期の投資を控えるようになる。また，インフレ率が預金金利を上回って実質マイナス金利となる場合が多く，人々は貯蓄より消費を選好するようになる。ラテンアメリカでは，高インフレが収束した90年代半ば以降も，金利や為替レートの見通しに対する不確実性や，過去に預金凍結を行ったような経済政策の予測困難さなどが，投資と貯蓄の障害となった。

　図3-1は，80年代以降の地域別国内貯蓄／GDP比率の推移を示したものである。中・東欧を除けば，ラテンアメリカの貯蓄率が最も低く，他地域との差は2000年代に入り拡大した。

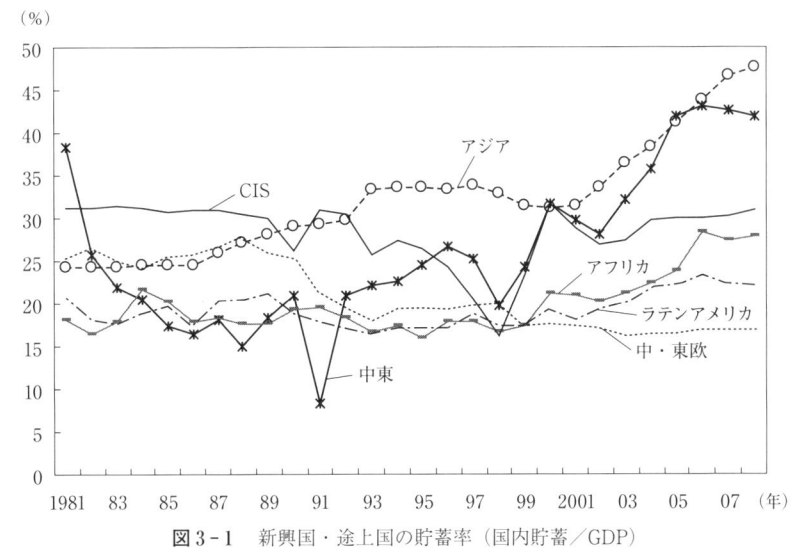

図3-1　新興国・途上国の貯蓄率（国内貯蓄／GDP）
出所：International Monetary Fund, World Economic Outlook Database, October 2009.

　第2に，70年代以来金融危機が頻発し，金融発展の妨げになった。とくに，90年代にほとんどの国が，金融危機，あるいは主要金融機関が経営危機に陥る「金融ディストレス」を経験した。多くの場合，金融機関の監督体制が整わないまま金融自由化が進められた結果，リスク管理の欠如やずさんな融資が放置された。その結果，金融機関が多額の不良債権を抱えたり資本不足に陥ったりするようになる。そうした状況のもとで，急激な資金流出や金利の高騰といったショックが発生すると，これが引き金となって金融危機にいたるという経緯をたどった。その典型的な例は，94年末〜95年初めに発生したメキシコ通貨危機が金融危機を誘発したケースである。通貨危機後，ペソ暴落，金利高騰，国内不況を受けて，主要民間銀行のほとんどが政府による介入や資本注入を必要とするにいたった。銀行救済のため投じられた公的資金はGDPの20％に達したと推定されている。その後メキシコ経済は順調に回復した。しかし，銀行の金融仲介機能の回復は遅れた。対民間信用／GDP比率は危機前の94年には30％程度であったが，08年には17％と低迷している。また，アルゼンチンでは，同国史上最悪といわれる01年の経済危機の際に銀行が深刻な打撃を受け，貸出能力が低下した。近年の民間信用／GDP比率は12％程度とラテンアメリカ主要国

中最低となっている。

第3に，金融を取り巻く制度の問題が挙げられる。金融危機後のラテンアメリカでは，再発防止に向け規制監督体制が強化された。また，制度改革（会計制度，情報開示規則，信用情報システム，債権者・投資家の権利を保護する法律などの改革）が進められた。しかし，実際に法律や規則が厳格に執行，遵守されているとはいいがたい。たとえば，表3-1の下段に示したように，債務者・債権者の権利は十分に保護されておらず，このため，貸し手も借り手も金融機関や資本市場の利用に消極的になっていると考えられる。

第4に，株式・社債市場の発展が遅れてきた理由としては，①国内に大手優良企業の資金需要に応えられる機関投資家や高中所得層が不足する一方，大手優良企業は国際金融市場において有利な条件で資金を調達することが可能であったこと，②中小企業は情報開示やその他費用負担を避けるため自己資本により資金需要を満たす伝統があったこと，③金融機関や投資家の資金運用先として，相対的にリスクが小さく流動性（資産を適正な価格で現金または他の資産に交換しようとする場合の容易さ）が高い国債の発行・流通市場が存在していたことなどが挙げられる。

2　国際的な金融統合

（1）制度上の金融統合度

近年，グローバル化が一段と進展するなか，ラテンアメリカでも国際的な金融統合（financial integration）が進んでいる。金融統合は個別国が国際資本市場へのつながりを強めることである。これに対して国境を越えた資金フローを通じて世界的なつながりが高まることを金融グローバリゼーション（financial globalization）と呼ぶ（Prasad, Rogoff, Wei and Kose 2003）。

本節では，金融統合の度合いを「制度上」と「事実上」の2つの尺度で測ってみる。2つの尺度を使うのは，資本取引規制がほとんどないにもかかわらず資本流入がごくわずかしかない国がある一方で，1970年代，80年代のラテンアメリカに見られたように，資本規制があっても，対外資産・負債が累増し，事実上の金融統合が進んだ例もあるからである。

制度上の金融統合度を測るために多くの研究者が利用しているのは，対外資

表3-2　資本移動の自由化指数

	1970年	1980年	1990年	2000年	2006年
高所得国	0.21	0.61	1.08	1.70	1.85
東アジア・大洋州	－0.44	－0.32	－0.05	－0.17	－0.13
東欧・中央アジア	－1.13	－1.80	－0.78	－0.30	0.46
中東・北アフリカ	－1.03	－0.47	－0.38	0.33	0.60
南アジア	－1.05	－1.24	－1.00	－0.47	－0.42
サブサハラ・アフリカ	－0.93	－9.00	－0.86	－0.52	－0.53
ラテンアメリカ	0.21	0.07	－0.82	1.09	1.54
アルゼンチン	0.72	－0.09	－1.13	1.73	－0.76
ブラジル	－1.80	－1.80	－1.80	－1.13	1.27
チ　リ	－1.80	－0.09	－1.80	－1.13	2.54
コロンビア	－1.80	－1.80	－1.13	－1.13	－0.09
メキシコ	2.54	2.54	－0.76	1.19	1.19
パナマ	2.54	2.54	2.54	2.54	2.54
ペルー	－0.71	0.00	－1.80	2.54	2.54
ベネズエラ	0.60	1.87	－0.09	2.94	－0.71

注：指数が大きいほど自由化されていることを示す。
出所：Galindo, Izquierdo and Rojas-Suares (2010).

本フローに対する規制の度合いを調べた国際通貨基金（IMF）の「為替制度および為替規制に関する年次報告」（*Annual Report on Exchange Arrangements and Exchange Restrictions*：*AREAER*）である。**表3-2**は，同報告に基づき作成された資本移動の自由化指数を地域別，国別に示したものである。ラテンアメリカ地域の自由化指数は，70年から90年にかけて低下しマイナスとなったが，以後上昇し，2006年には高所得国に次ぐ値となっている。ただし，国ごとに状況は異なり，パナマでは一貫して資本移動の自由度が高かった一方，アルゼンチン，ベネズエラの指数は，1990年から2000年にかけて大幅上昇した後低下した。

（2）　事実上の金融統合度

　事実上の金融統合度の尺度としてよく知られているのは，対外総資産および総負債推計額のGDPに対する比率である。資産・負債というストック（残高）が参照されるのは，それがフロー（流入額から流出額を差し引いた額）より安定しており，計測誤差が少ないからである。ガリンドら（Galindo, Izquierdo and Rojas-Suarez 2010：13-14）によると，ラテンアメリカの対外総資産および総負債推計額のGDP比率は，1970年の約50％から07年の150％へと上昇傾向をた

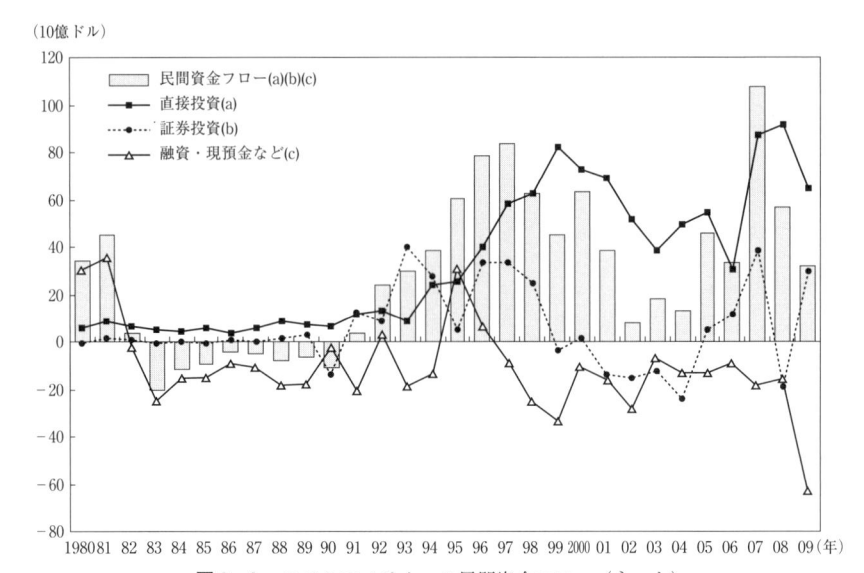

第Ⅰ部　経済自由化とマクロ経済の進展

(10億ドル)

図 3-2　ラテンアメリカへの民間資金フロー（ネット）

出所：International Monetary Fund, World Economic Outlook Database, April 2010.

どってきた。2004年から07年は約40％ポイントと急速な上昇を見せている。

　フローにおいても金融統合度の高まりが確認できる。**図 3-2** は，80年以降の民間資金フローの推移を形態別（①生産拠点の設立や企業買収など「直接投資」，②株式や債券の売買など「証券投資」，③銀行融資・預金など）に示したものである。なお，それぞれ，海外投資家に対するラテンアメリカ諸国の「負債」の増減とラテンアメリカ諸国の政府・民間が海外に保有する「資産」の増減を合計した金額であることに留意が必要である。

　80年代は対外債務危機の影響で新規融資がほとんどなくなったため，融資・預金など(c)の流出超（マイナス）が続いた。直接投資(a)の流入超（プラス）額はこれを下回り，証券投資(b)は流出入がほぼ均衡していた。その結果，民間資金合計では流出超で推移した。しかし，90年代には，直接投資の流入超の急拡大を主因に，民間資金フローは大幅な流入超に転じた。証券投資と融資・預金などは国際金融情勢や投資国の経済状況に応じて大きく変動しているものの，おおむね証券投資は流入超，融資・預金などは流出超となった。80年代末から90年代前半にかけて，アメリカ政府が発案した債務削減策ブレイディ・プラン

表 3-3 資本収支（LAC 7）

	2001年	2002年	2003年	2004年	2005年	2006年	2007年	2008年
資本収支(a+b)	38,690	-4,843	775	-8,247	18,491	-1,838	101,974	46,668
資産(a=h+j+l+n+p)	-20,776	-17,221	-23,544	-45,922	-57,822	-96,334	-128,788	-80,981
負債(b=i+k+m+o+q)	59,466	12,379	24,318	37,676	76,313	94,497	230,762	127,649
資本収支(c+d+e+f+g)	38,690	-4,843	775	-8,247	18,491	-1,838	101,974	46,668
直接投資(c=h+i)	61,799	45,118	31,522	42,339	46,411	18,896	75,783	76,139
対外(h)	-4,211	-4,972	-6,198	-16,903	-18,313	-41,765	-20,779	-32,952
対内(i)	66,010	50,089	37,720	59,242	64,725	60,661	96,562	109,092
株式投資(d=j+k)	-1,871	-2,756	-3,387	-4,404	6,328	6,105	17,593	-14,957
資産(j)	-4,349	-4,199	-6,665	-3,797	-5,881	-5,191	-11,986	-5,277
負債(k)	2,477	1,444	3,278	-607	12,210	11,296	29,579	-9,680
債券投資(e=l+m)	717	-9,119	-884	-7,824	4,102	-11,931	41,737	7,223
資産(l)	2,855	2,533	-1,723	-2,549	-3,551	-15,663	-6,872	-1,573
負債(m)	-2,139	-11,652	838	-5,275	7,653	3,731	48,609	8,795
金融派生商品(f=n+o)	-689	-591	-134	-951	-165	548	-826	-923
資産(n)	567	2,722	2,523	1,106	1,752	2,034	2,696	7,905
負債(o)	-1,256	-3,313	-2,657	-2,058	-1,917	-1,486	-3,523	-8,828
融資，預金など(g=p+q)	-21,266	-37,495	-26,342	-37,406	-38,186	-15,456	-32,313	-20,814
資産(p)	-15,638	-13,305	-11,480	-23,779	-31,828	-35,750	-91,847	-49,085
負債(q)	-5,627	-24,190	-14,862	-13,627	-6,358	20,294	59,534	28,270

注：LAC 7 は，アルゼンチン，ブラジル，チリ，コロンビア，メキシコ，ペルー，ベネズエラ。
出所：International Monetary Fund, *International Financial Statistics*, March 2010（CD-ROM）より筆者作成。

により対外債務問題が事実上決着した。これにより，ラテンアメリカ諸国の政府・企業は，国際資本市場において資金を調達できるようになり，主に債券発行を積極化させた。しかし，90年代後半になると，97年のアジア通貨危機，98年のロシア危機，99年のブラジル通貨危機などを受け，海外投資家の新興国に対する投融資姿勢が厳しくなった。さらに2000年から02年までの間は，アメリカでいわゆるITバブルが崩壊したこと，ラテンアメリカが景気低迷期にあったことなどから，民間資金の流入超額は減少した。その後は，世界的な景気拡大や金余り現象を背景に，ラテンアメリカへの投融資は回復し，07年の民間資金流入超額は1121億ドルと，過去最高を記録した。

　フローを資産と負債に分けてみると，08年に世界的な金融危機が深刻化するまでの6年余りにわたって，負債のみならず資産（ラテンアメリカの政府・企業・個人による対外投融資）も拡大傾向を辿ったことが注目される（表3-3）。とくに，近年，融資・預金などの資産(p)が大幅な流出超となっている。これは，一次産品価格高騰を背景として，資源国の政府・民間部門が海外資産を増やし

ていることが主な要因と考えられる。また，ラテンアメリカ企業の海外事業展開に伴い，対外直接投資流出超額(h)は，01～02年の40億ドル台から06年には400億ドル台へと急増した。

このほか，90年代以降の金融統合の進展を象徴する動きに，海外証券取引所への上場がある。民間企業の国際資本市場における伝統的な資金調達方法は，債券発行であったが，90年7月にチリのCTC（Compañia de Teléfonos de Chile）がニューヨーク証券取引所にアメリカ預託証券（ADR：株式の代替として海外で発行される証券）を上場したのを皮切りに，複数の海外証券取引所に上場する「クロス・リスティング」が急増した。上場先はアメリカ，ドイツ，スペインなど先進国のみならず，ラテンアメリカ域内にも広がっている。海外上場には厳しい審査を通過する必要があるほか，上場維持に多額の費用もかかるが，それにもかかわらず多くのラテンアメリカ企業がクロス・リスティングを続けているのは，知名度・信認の向上による業績や資金調達へのプラス効果が大きいためと考えられる。

また，ラテンアメリカ国内銀行部門については，外国銀行のプレゼンスが大きいことが知られている。銀行の総資産に占める外資の比率は，07年時点で，エルサルバドルで93.1％に達するほか，メキシコでは85.4％，パラグアイでは58.9％，ペルーでは50.6％となっている（Galindo, Izuquierdo and Rojas-Suarez 2010）。

以上見てきたように，ラテンアメリカでは，制度上，事実上の両尺度から金融統合が進んでいることが確認できる。

（3） 国際的な金融統合が新興国・途上国の経済発展に及ぼす影響

ラテンアメリカでは国際的な金融統合が進んでいる。これは，同地域の経済発展にどのような影響を及ぼしてきたのであろうか。

国際的な金融統合は，新興国・途上国一般の経済発展に次のようなプラス効果をもたらし，経済成長を押し上げると考えられる。まず，マクロ経済面では，海外資金の流入拡大に伴い，国内貯蓄が補完され，投資が促進される。政府や企業にとって，資金の供給量が拡大するとともに，調達源が多様化するため，より安定的な資金調達が可能になるからである。一方，国内投資家にとっては，資産多様化の機会が増大し，より少ないリスクで一定の収益を得られるように

なり，資本のコストが削減される。また，銀行部門においては，外国銀行の進出が，国内競争や，革新的な経営・金融技術の導入をうながす。その結果，銀行が提供する金融サービスの質・価格・入手可能性が向上する。株式市場の国際化は，流動性が低く分断された市場を，統合された流動性の高い市場に変化させる。さらに，政策面で，投資を阻害するような不適切な政策の採用が抑制される「規律づけの効果」も期待される。

　一方，マイナス面としては以下のような点が指摘されている。第1に，国内の金融資本市場を世界市場へ開放することにより，金融・経済の不安定性が増すおそれがある。国際金融市場とのつながりが強まる結果，巨額の資本が流入すれば，為替相場の過大評価や，インフレ，資産価格バブルが発生しやすくなる。そして，何らかのマイナス・ショックにより資金が急激に流出すれば，通貨・金融危機発生のリスクが高まる。1994～95年のメキシコ通貨危機，97年のアジア通貨・金融危機，2008年秋口以降の中・東欧の金融・経済危機などはこのような過程を経て発生した。第2に，外国銀行の進出は次のような問題点がある。外国銀行は富裕層や大企業・外国企業など良質な顧客層しか相手にせず，中小企業や一般大衆にはサービスを提供しない。また，外国銀行は長期的な視点から途上国と関係をもとうとせず，何らかの問題が進出先あるいは母国で発生した場合，短期間に取引関係を縮小したり撤退したりして進出国の金融制度を不安定化させる。第3に，株式市場においては，企業の海外上場が増加すると，国内の株式取引高が減少するとともに，他の銘柄の株式から，海外に上場した優良企業株式への投資の乗り換えが起こり，企業の資金調達が困難になる可能性がある。

　これまで多くの実証研究が行われてきたが，新興国・途上国の金融統合と経済成長との明白な因果関係は見出されず，金融統合がより高い成長をもたらすという理論的主張は支持されていない。その理由について，たとえばプラサッドら（Prasad, Rogoff, Wei and Kose 2003：18）は，金融統合の過程における金融危機・通貨危機の発生により成長への効果が観察しにくくなったこと，金融統合がプラスの効果を発揮するには相応の前提条件を満たしている必要があることなどを指摘している。そして，前提条件の候補として，よいマクロ経済政策の枠組みと制度を挙げている。具体的には，持続可能な為替相場制度と慎重な財政政策，法制度の整備および適切な執行，金融インフラ（決済システム，信用

情報サービス，担保登記など，金融仲介機関の効率的な運営を可能にする仕組み。広い意味では，金融に関連する法・規制の枠組みを含む）の整備，ガバナンス（透明性を確保する会計制度や情報開示規則，汚職防止など）の改善が必要と考えられる。

なお，ガリンドら（Galindo, Izquierdo, Roas-Suarez 2010）は，ラテンアメリカにおいては，03年以降の金融統合による成長促進効果が，08年秋口以降の世界的な金融危機の深刻化によるマイナスの影響を上回ったようだと，肯定的な結論を出している。

3　世界的な金融危機への対応

（1）　世界金融危機とラテンアメリカへの影響

2008年9月のアメリカのリーマン・ブラザーズ証券破綻を契機とする金融危機の深刻化に伴い，世界経済は1929年の大恐慌以来最悪といわれる景気後退に陥った。ラテンアメリカも例外ではなく，金融面，実体面で大きな影響を受けた。

今回の危機の一因は，高度な金融技術を用いた高リスクの金融商品（信用力が低い個人向けローンを証券化した商品など）が，当局の監督が及ばない金融機関を通じて世界中に拡散されたことにあった。これを踏まえて，国際機関，主要先進国の間で，包括的な金融規制監督の改革についての議論が行われている。ラテンアメリカ諸国にとっても，国際的な金融統合を進めるうえで今回の世界的な金融危機は貴重な教訓を残した。そこで，簡単に，ラテンアメリカへの影響と各国政府の対応を振り返っておきたい。

リーマン・ブラザーズ破綻後，世界的なリスク回避の動きにより，新興国から急激に資金が流出し，各国の対ドル為替レート，株価，債券価格は大きく下落した。国際資本市場では企業の債券・株式発行はほぼ不可能となり，シンジケート・ローン（銀行団による融資）の組成は激減した。各国政府の国際資本市場へのアクセスは保たれたものの，債券発行条件は大幅に悪化した。

各国国内金融市場でもリスク回避の動きが強まって，流動性低下，金利の高騰等が見られ，それまでの国内信用の拡大にブレーキがかかった。

国別の状況を見ると，アルゼンチンでは，企業・個人がペソ預金を引き出し，ドル資産を求める動きが広がった。ブラジルでは外国金融機関の与信削減や，

海外資金調達コストの上昇，通貨レアルの下落などにより，貿易信用（輸出入にかかわる機械や原材料を購入するための借り入れなど）の利用がきわめて難しくなった。また，一部の中小銀行が資金繰り不安に直面した。メキシコにおいては，通貨ペソの急落に伴い，先行きペソ高を予想して為替デリバティブ取引を行っていた企業の損失が膨らみ，ドル需要が急増した。損失拡大への懸念から，企業が資金を調達するコマーシャル・ペーパー市場の機能は麻痺した。また，資金確保のため，長期国債を売って流動性が高い短期国債を買う動きが活発化し，その結果長期金利が高騰した。チリの金融市場への影響は比較的小さかったものの，資金が調達できなくなることをおそれた金融機関や企業が手元資金を確保しようとしたため，短期金融市場でドル，ペソとも出し手が急速に減って短期金利が上昇した。

実体経済面では，一次産品の価格急落および世界的な需要の後退，貿易信用の逼迫に伴い輸出が急減した。これを受けて，輸出産業を中心に幅広い業種で減産や雇用調整の動きが広がり，企業の設備投資意欲は減退した。金融不安により，銀行の融資姿勢は慎重になり，消費者心理は冷え，自動車をはじめとする耐久消費財の買い控えが広がった。また，欧米からの労働者送金が減って多くの国で低所得層が影響を受けたほか，観光客の激減はカリブ海諸国に打撃を与えた。その結果，08年第4四半期から09年第1四半期には，大半の国がマイナス成長（季節調整済前期比年率）を記録した。経済規模でラテンアメリカの4割弱を占めるブラジルの成長率は，08年第2四半期の5.7％から第4四半期は－13.8％へと急降下し，09年第1四半期も－3.5％と後退を続けた。経済規模第2位のメキシコは，危機の震源地であるアメリカへの依存度が高いため，とくに大きく落ち込んだ。すでに08年第2四半期に景気が悪化しはじめていたが，第3四半期には0.4％のマイナス成長となり，マイナス幅は09年第1四半期には24.9％へと拡大した。

（2）　ラテンアメリカ諸国の対応

ドル不足に対しては，各国中央銀行が外国為替市場でのドル売り，為替スワップ（一定期間後買い戻す条件付きでドルを売る取引），レポ取引（証券を担保として金融機関などにドルを供給する取引），直接貸付，預金準備率（銀行は顧客から集めた預金の一定比率を中央銀行に支払準備金として預ける義務がある。この支払準備

金の預金に対する比率) 引き下げなどを実施した。政府・中央銀行は，ドル資金手当のため，外貨準備の取り崩しのほか，国際資本市場での国債発行，連邦準備理事会 (アメリカの中央銀行) との通貨スワップ協定の締結 (ブラジル，メキシコ), IMF融資枠の設定 (メキシコ，コロンビア) などの措置を講じた。自国通貨の流動性，信用逼迫への対策としては，国債の買い戻しや発行抑制，中央銀行によるその他の流動性供給オペレーション，預金準備率引き下げのほか，公的金融機関を通じた資金供給が行われた。

今回の危機に際し，ラテンアメリカ諸国は，大規模な景気対策を実施した。財政面の施策は，減税，社会支出の維持・拡大，中小企業支援，インフラ投資の拡大などで，財政出動の規模は，最大のチリでGDP比3％程度にのぼったと推定される。金融政策に関しても，コロンビア中央銀行が12月末に利下げに転じたのを皮切りに，各国中央銀行が引き締めから緩和へと舵を切った。

欧米諸国が迅速・大規模な金融安定化策と景気対策を打ち出したことにより，09年春ごろから，欧米の金融不安が後退し，世界経済の回復期待が広がった。それに伴い，リスク資産や商品市場へと投資資金が戻り，ラテンアメリカ諸国の通貨・株価は，他の新興国通貨・株価とともに，上昇基調を辿った。実体経済面でも，アジアをはじめとする主要輸出先の需要回復および一次産品価格の上昇を受けた輸出の持ち直し，各国政府の景気対策の効果などにより，09年後半には景気回復過程に入った。IMFは，10年4月の世界経済見通しで，ラテンアメリカの実質GDP成長率が09年の−1.8％から，10年は4.0％のプラスへ回復すると予測している。

以上のように，ラテンアメリカは，比較的早期に回復を遂げつつある。その最大の要因として指摘できるのは，第1に，同地域のマクロ経済状況が改善してきたことである。過去数年の一次産品価格高と資金流入を背景に外貨準備は積み上がり，経済政策が改善されたこともあって，財政，国際収支などの大きな不均衡はなかった。その結果，世界的な金融危機に際して，ラテンアメリカ諸国ははじめて，財政出動や金融緩和などの景気対策を実行することができた。第2の要因は，第1節で述べたような金融部門の特徴が幸いしたことである。銀行中心で，市場型金融の発展が遅れていることは，当局の規制監督が及ぶ範囲が広く，金融システム全体のリスク管理が比較的容易なことを意味する。実際，ラテンアメリカの金融機関は欧米金融機関が保有していた高リスク商品へ

の投資を拡大しなかった。中・東欧諸国の銀行が対外借入への依存により脆弱性を高めたのと対照的に，ラテンアメリカの銀行は，貸出原資を主に安定した国内預金に求めてきた。ここ数年，急激な信用拡大，資産価格上昇が見られたが，金融機関のリスク管理や監督当局の監視が行き届いていたことから，健全性指標が大きく悪化することもなかった。

4　今後の課題

　ラテンアメリカ諸国では金融の発展が先進国や高成長を続けるアジアの新興国と比べて遅れている。その一方で，金融面での対外開放度が高く，急激な海外投資家心理の悪化や金利の上昇といった外的なショックから大きな打撃を受けやすい。このことは，ラテンアメリカの経済成長が新興市場のなかで相対的に低いことと関連していると考えられる。

　したがって，金融の発展をうながす改革が必要である。その際，問題となるのは，ラテンアメリカ諸国がいかにして金融統合のプラス効果を引き出し，マイナス面の発生を防ぐか，という点であろう。これまでの研究からは，よいマクロ政策枠組みと制度を備えることが金融統合の成長促進効果を引き出す前提条件として示唆されている。

　マクロ経済の安定は，貯蓄と投資の促進に不可欠である。近年，ラテンアメリカ諸国では，持続可能な為替相場制度および慎重な財政・金融政策を含む，健全なマクロ経済政策枠組みが確立されつつある。これを後戻りさせないことが重要である。また，制度面では，金融規制監督制度について，国際社会で議論されている改革の方向性に即した強化を優先すべきである。ラテンアメリカの金融制度の特徴である不安定性を勘案すると，先進国より厳しい規制監督体制が必要になると考えられる。また，一般に政府の信用度が先進国より低いため，外貨準備の増強，預金保険制度の整備などより強いセーフティ・ネットを構築する必要もあるだろう。

■□コラム□■

外国銀行のラテンアメリカ進出

　1990年代後半から2000年代前半にかけて，スペイン系をはじめとする外国銀行のラテンアメリカへの進出が急速に進んだ。この背景には，金融危機後のラテンアメリカ諸国が金融再建に外資導入を必要としていたことがある。一方，スペインの銀行が進出に積極的であった理由としては，①EU域内の競争激化から収益機会を域外に求めたこと，②共通の文化・言語を有するラテンアメリカでの事業展開が比較的容易と考えられたこと，③顧客，投資先であるスペイン企業がラテンアメリカに進出済みであったこと，④銀行サービスの浸透度が低いラテンアメリカは発展の余地が大きいと考えられたことなどが挙げられる。

　ビルバオ・ビスカヤ・アルヘンタリア銀行（BBVA）とサンタンデール・セントラル・イスパノ銀行（SCH）の2大スペイン銀行は，乗用車・海外旅行・宝飾品などの高価な懸賞付き預金などを使った積極的なマーケティング手法をラテンアメリカにもちこんで，個人向け金融サービスを拡大させた。その結果，01年には両行の総資産の約30％，業務純益の45％をラテンアメリカが占めるにいたり，ラテンアメリカのビジネスは両行の重要な収益源となった。

　スペイン系以外では，カナダのノバスコシア銀行（Nova Scotia），イギリスの香港上海銀行（HSBC），オランダのABNアムロ銀行（ABN AMRO）なども事業を拡大している。さらに近年は，チリ，メキシコなどの小売業傘下の金融会社が周辺国に進出する例も見られ，ラテンアメリカの金融界は「グローバル化の見本市」といった様相を呈している。

● 参考文献

岡部光明・光安孝将（2005）「金融部門の深化と経済発展——多国データを用いた実証分析」慶應義塾大学大学院21世紀COEプログラム，総合政策学ワーキングペーパーシリーズ，第69号，32頁。

桑原小百合（2003）「ラテンアメリカの金融部門への外資参入」『ラテン・アメリカ論集』ラテン・アメリカ政経学会，第37号，43-61頁。

西島章次（2003）「ラテンアメリカの金融システムと経済発展」西島章次・細野昭雄

編『ラテンアメリカにおける政策改革の研究』神戸大学経済経営研究所叢書 62。
細野昭雄（2003）「ラテンアメリカの金融システムと企業」西島章次・細野昭雄編『ラテンアメリカにおける政策改革の研究』神戸大学経済経営研究所叢書 62。
Galindo, A. J., A. Izquierdo and L. Rojas-Suarez (2010), "Financial Integration and Foreign Banks in Latin America : How Do They Impact the Transmission of External Financial Shocks?," *IDB Working Paper Series* #IDB-WP-116, Washington, D. C. : Inter-American Development Bank, p. 37.
Prasad, Eswar, Kenneth Rogoff, Shang-Jin Wei and M. Ayhan Kose (2003), "Effects of Financial Globalization on Developing Countries : Some Empirical Evidence," *IMF Occasional Paper 220*, Washington, D. C. : International Monetary Fund, p. 86.

（桑原小百合）

第4章
地域統合の進展と課題

　ラテンアメリカにおける地域統合はすでに半世紀に及ぶ深化・拡大を経て，現状は複雑多岐にわたる。そこで，まず，地域統合が通常たどる深化のプロセス，途上国間の地域統合であるがゆえの特徴と課題，グローバリゼーションが大きく進んだ1990年代以降の新たな進展の特徴と課題の3つの視点から，複雑な現状の概要をつかむこととしたい。第2節では，ポスト冷戦期において，新たに創設された，南米南部共同市場（MERCOSUR），統合プロセスを大きく転換させたアンデス共同体，最近の南米諸国連合（UNASUR），地域インフラストラクチャー統合構想（IIRSA）を中心に南米諸国の地域統合を考察する。第3節では，地域統合と同時に，アメリカとの自由貿易協定（CAFTA-DR），メソアメリカ統合・開発プロジェクトを推進し，これらのシナジー効果をねらう中米諸国の地域統合について論ずる。第4節では，先進国との自由貿易協定（FTA）を優先させたチリとメキシコの戦略について論ずるとともに，他の諸国も域外の諸国とFTAを締結するようになり，統合プロセスが重層化してきていることを考察する。最後に，ラテンアメリカとアジア太平洋の関係について述べ，結語に代える。

1　グローバリゼーションと地域統合

（1）　ラテンアメリカの地域統合を分析する3つの視点

　ラテンアメリカの地域統合は，1960年代から推進され，すでに半世紀を経ている。この間，統合は深化・拡大し，現状はかなり複雑である。そこで，ラテンアメリカの統合プロセスの特徴を次の3つの視点から論じ，複雑な現状の概要をつかむこととしたい。その1つは，時代を超え，地域を越え（とくに先進国，途上国を問わず）統合プロセスが通常たどる深化のプロセスから見た特徴である。第2は，途上国間の地域統合であるがゆえの特徴と課題に焦点をあてた

視点である。第3の視点は，グローバリゼーションが大きく進んだ90年代以降の，途上国の地域統合の特徴と課題に焦点をあてるものである。

ラテンアメリカで初期の地域統合が発足した時期は，ヨーロッパで経済統合が進められ，統合に関する研究が本格的に行われるようになった時代でもあった。ラテンアメリカはヨーロッパにおける統合に大いに触発されたといってよい。この時期の代表的研究にベラ・バラッサの『経済統合の理論』があるが，経済統合は，次のように深化していくものと想定している。第1フェーズは，自由貿易地域であり，地域統合を進める国々からなる地域内での財の貿易は自由化するが，各国は域外の諸国に対しては，それぞれの関税率やその他の貿易制限を課すことができる。第2フェーズは，関税同盟であり，域内の貿易を自由にするのみならず，域外の諸国に関しては，共通の対外関税を課すことが求められる。第3フェーズでは，これらに加え，域内の資本・労働の移動を自由化し，これは，共同市場と呼ばれる。第4フェーズでは，経済政策に関する協調を行うことが加わり，これを経済同盟とバラッサは呼んだ。そして，さらにより進んだ，超国家機関をも有する経済統合が第5フェーズである。今日のEUはまさに，この第5フェーズに到達していると考えられよう。これら5つの地域統合のフェーズはその深化の程度を示すものとして知られているが，このとおりに統合が進むわけではない。また，これらとは異なる地域統合も考えられる。

ラテンアメリカにおける最初の地域統合は，ラテンアメリカ自由貿易地域（LAFTA，スペイン語ではALALC）と中米共同市場（CACM，スペイン語ではMCCA）であり，61年に正式に発足している。前者には，南米の10カ国（アルゼンチン，ボリビア，ブラジル，チリ，コロンビア，エクアドル，ペルー，パラグアイ，ウルグアイ，ベネズエラ）とメキシコの11カ国が加盟し，後者には，中米の5カ国（コスタリカ，エルサルバドル，グアテマラ，ホンジュラス，ニカラグア）が加盟した。上記，バラッサの分類によれば，LAFTAは自由貿易地域，CACMは関税同盟としてスタートした。

後に述べるように，68年より，アンデス地域統合が開始されるが，関税同盟をめざすとともに，貿易や外国投資，産業振興などに関する共通政策の実施をめざした。これにはアンデス5カ国（チリ，コロンビア，エクアドル，ペルー，ベネズエラ，このうちチリは後に脱退）が参加した。ほぼ同時期にカリブ地域では，自由貿易地域としてのカリブ自由貿易連合（CARIFTA，68年）が発足し，73年

には共通対外関税を設けて、カリブ共同体（CARICOM）として再編される。

一方，90年代に入って，アルゼンチン，ブラジル，パラグアイ，ウルグアイの4カ国からなるMERCOSUR（メルコスル：南米南部共同市場）が95年，関税同盟として発足する。また，90年代に入ると，多くの2国間または多国間の自由貿易協定（FTA）が結ばれるようになる。チリが先行するが，94年には，アメリカ合衆国，カナダ，メキシコの3国のFTAであるNAFTA（北米自由貿易協定）が発効する。これらFTAは，上記バラッサの分類では，自由貿易地域であるが，内容は労働，環境などの分野や，サービス分野に関する詳細な規定を含むものとなっている。日本とメキシコの経済連携協定（日墨EPA）もFTAを含むが，より進んだ経済の緊密化をめざすものである。ただし，FTA/EPAは関税同盟や共同市場とは異なる。また，LAFTA，CACM，アンデス地域統合，MERCOSURがラテンアメリカの諸国間での統合であるのに対し，チリやメキシコが積極的に締結を推進したFTAの多くは，先進諸国との経済緊密化ないし統合をめざすものであった。さらに，この2カ国とペルーはAPECにも加盟するが，APECは周知のとおり，開かれた地域主義のもとでの自由化をめざしている。

（2） 途上国間の地域統合の特徴と課題

WTOのような多国間の世界貿易の自由化が進められているにもかかわらず，なぜ地域統合をめざすのか，地域統合の目的は何かなどに関しては，さまざまな議論がある。それは，とくに先進諸国間の統合であるヨーロッパの統合に関連して従来行われてきたといってよい。近年は，同様な議論がFTAに関しても行われてきている。また，地域統合，FTAを一括して，地域貿易協定（RTA）という呼び方も行われるようになった。後述のようにRTAが急速に増えてきた1990年代以降，それが，必ずしもマルティラテラリズムを基本とするWTOに相反するものではなく，多くの場合補完的なものであるとの見方も強まってきた。すなわち世界規模での自由化に先行するRTAという考え方も可能である。それがAPECのようにAPEC内の自由化が非加盟国にも裨益するものであればなおさらである。また，WTOにおいては合意を得ることが困難な国際的ルールでもRTAにおいては達成することができるというケースが少なからずあり，それらは「WTOプラス」のルールとして推進すべきであるとの

考え方も有力である。

　このような観点から，GATT24条がWTO/GATTのマルティラテラリズムと両立しうるRTAの条件を定めている（サービス貿易については，GATS5条）。地域統合における自由化は事実上すべての分野で行われなければならないこと，対外共通関税の一般的水準は，それが形成される以前の水準よりも高くなってはならないこと，完全な統合への移行期間を10年以内とすることなどがそれである。

　しかし，途上国の間での地域統合については，これら規則は厳格には適用されてはいない（GATTの79年了解，いわゆる「授権条項」などを根拠とする）。それは，途上国の場合，地域統合によって達成しようとする目的が先進諸国間の場合とは異なることを認め，途上国に配慮したものであるといえよう。おそらく両者の最大の相違は途上国の場合，工業化や経済発展を達成することを，地域統合の重要な目的の1つと考えている点であろう。

　したがって，途上国間の場合，地域統合を通じていかに発展を実現していくのかについての，参加国の間での一定の合意が必要であると考えられる。他方，途上国の間での地域統合には，先進諸国間のそれと比較して，通常，より多くの困難が伴う。途上国間では，物流を効率的に行うインフラが整備されていないことが多く，途上国相互の距離は近いのに先進国に輸出するのと比較して輸送コストが高いといった困難が指摘される。また，地域統合に参加する国々の発展の格差が大きく，かつ，統合による効果が一部の国（たとえば，工業化がより進んだ国）に偏り，深刻な対立に発展することも少なくない。

　ラテンアメリカの地域統合にあっても，これらのさまざまな問題や困難に直面した。統合プロセスそのものが，それらによって大きな変更を余儀なくされたこともあった。ラテンアメリカの地域統合の進展の重要な制約の1つは明らかに域内の物流にかかわるインフラの不足や非効率にあった。このことはしだいに認識され，この課題に取り組んだのが，南米では，地域インフラストラクチャー統合構想（IIRSA）であり，メキシコ・中米では，メソアメリカ・プロジェクト（旧，プエブラ・パナマ計画）であった。その詳細は，それぞれ，次節と第3節で述べる。

　ラテンアメリカ諸国が直面した最大の困難は，地域統合を通じて，どのように経済発展を実現するかの具体的方法についての合意形成が容易ではなく，か

つ，このことと深くかかわっているが，統合によって生ずる効果には，加盟国間で顕著な格差があり，それが地域統合推進の障害となった。

LAFTAでは，工業化が進んでいた国と遅れていた国の間で利害対立が生じ，とくに不満を募らせたアンデス諸国が，より進んだ地域統合システムのもと，積極的な産業の発展戦略をめざして，域内統合を進めるため，アンデス地域統合をスタートさせた（正確な名称としては，カルタヘナ協定に基づく，アンデス準地域統合と呼ばれたが，英語では，アンデス共同市場の略語であるANCOMも使われた）。それはLAFTA発足から8年後のことであった。

アンデス地域統合のもとでめざした工業化の具体的プログラムは，部門別工業計画と呼ばれ，加盟国の分業体制を含む計画を定めたがその実施は容易ではなく，期待された効果は得られなかった。また，アンデス地域統合は，外国からの投資が特定国に集まることで，統合の成果に格差が生ずる可能性などから，多国籍企業に対し，加盟国で共通の規則を定める必要があるとし，外国からの直接投資に関する規則（決定24号として知られる）を定めた。この決定24号などに反対の立場から，チリは，ピノチェト政権発足後，アンデス地域統合からの脱退に踏み切る。

一方，当初から，関税同盟として出発した，中米共同市場加盟の諸国はいずれも，主要輸出品が，綿花，砂糖，コーヒーなどの一次産品からなる国々であり，地域統合を行うことで工業化を実現することが統合の大きな目的であった。しかし，各国がいくつかの産業に特化していく「統合産業」方式は，それがめざした均衡ある域内の工業化を達成することはできず，実際には，グアテマラやエルサルバドルでの工業化が先行するかたちとなった。ホンジュラスの域内諸国に対する貿易赤字は拡大する一方であった。これに対するホンジュラスの不満が，エルサルバドルとホンジュラスの，69年に勃発した，いわゆる，「サッカー戦争」の背景にあったとする見方は強い。この戦争をきっかけとしてホンジュラスは一時CACMから脱退する。

（3） グローバリゼーションと地域統合の新たな進展

ポスト冷戦期に移行する1990年代以降，世界の政治と経済に大きな変化が生ずるが，地域統合の動きにも新たな展開が見られた。その最大の特徴の1つは，WTO/GATT体制のもとでのマルティラテラリズムを維持しつつも，RTAが

急速に増加したことであった。90年代末で120を超え，その後も増加が続いている。そして，EUを中核とするヨーロッパの統合はさらに深化と拡大を進め，米州では，NAFTAが発足して，何らかのRTAに加盟していない国はごく少数となった。

ポスト冷戦期においては，また，グローバリゼーションが進み，国際的な投資が，急速に拡大した。途上国においては，外国からの直接投資（外国直接投資：FDI）が，生産と貿易の拡大に大きく寄与することとなった。90年代の10年間で途上国向けFDIは約8倍の増加となった。90年に305億ドルであった途上国向けFDI総額は，2000年には2400億ドルに達した。このうち，東アジア向けが1430億ドル，ラテンアメリカ向けは880億ドルであった。

こうしたなかで，先に述べたバラッサの定義するような地域統合の制度的な深化という観点からは，より進んでいたはずのラテンアメリカよりも東アジアの方が，貿易総額に占める域内貿易の割合でみた実質的な地域経済統合ははるかに先行するという現象が見られた。物理的インフラの整備の遅れが，実質的統合の障害となっていたラテンアメリカと比較して東アジアでは海上輸送による効率的物流が可能であり，また，それが港湾の整備などにも支えられて域内貿易を容易にした。しかし，それ以上に重要であったのは，東アジアでは，「雁行型発展」と呼ばれる域内分業の展開が日本をはじめとする国々からのFDIの増加などにより着実に進んだことであり，かつそれが東アジア諸国の産業の国際競争力を高めたことであったと考えられる。

東アジアでは，グローバリゼーションのもと，域内の実質的統合が先行するようなかたちで地域統合が進み，それをさらに推進しようとするかたちで地域統合の制度が整備されていくプロセスが見られたのに対し，ラテンアメリカでは，一般に，先に統合にかかわる制度を整備して実際の統合をうながすというプロセスであったといえよう（Saavedra, Hosono and Stallings 2001）。いずれにしても，とくにグローバリゼーションが進んだポスト冷戦期における地域統合については，統合を可能にする制度的整備・深化と実質的統合の2つの面からその統合プロセスを見る必要がある。国連ラテンアメリカ・カリブ経済委員会（ECLAC）は，前者を政府によって推進される制度的統合（integration de jure）と呼び，後者を市場による実質的統合（market-led integration）と呼んでいる（CEPAL 2008）。

ラテンアメリカにおいては82年の債務危機以降の「失われた10年」を経て，80年代末〜90年代に行われた対外自由化，民営化などの諸改革とグローバリゼーションが相まって，FDIが90年代の半ばから後半に加速する。こうしたコンテクストのもとで，ラテンアメリカ諸国の地域統合には，新たな展開が見られた。この時期以降，FDIの誘致が地域統合の重要な目的の1つに加わっていく。これは，地域統合によって達成しようとした，工業化や経済発展をFDIの増加によっても実現しようとする新たな動きであるといえる。既述のアンデス諸国の決定24号の共通外資政策とは大きく異なる戦略である。地域統合は，加盟する各国よりも大きな市場の形成を可能にし，FDIをうながす効果がある。途上国の間での地域統合が制度的に進めば進むほど，FDIにとっては魅力的となり，かつ，FDIが統合をさらに進めるという相乗効果が期待される。地域統合を進めつつ，アメリカとのFTAによる経済関係強化をめざす中米はまさにこの相乗効果をねらっている。一方，途上国での相互間の地域統合を行わなくとも，先進諸国との2国間または多国間のFTAにより，FDIや貿易の拡大を達成できることから，先進国とのFTAを優先し，それを対外経済政策の中心に据える戦略（以下「FTA戦略」と略す）を選択する国々（メキシコとチリ）もある。他方，南米では90年代にMERCOSURが発足した。

こうした動きと深くかかわっていたのが，米州全体にまたがる広域的な自由貿易地域を形成することによってラテンアメリカとの経済関係緊密化を進めようとした，アメリカの政策であった。この方針に沿って，94年のマイアミサミットにおいて，米州各国首脳は，05年までにキューバを除く南北アメリカ大陸とカリブ海地域のすべてを「米州自由貿易地域」（FTAA，スペイン語ではALCA）とするための交渉を完了することに合意した。このFTAA構想は実現しなかったものの，ラテンアメリカ諸国の地域統合やこれら諸国の域外の諸国とのFTA締結の動きなどに少なからぬ影響を与えた。たとえば，MERCOSURを中心とする南米諸国のその後の動きは，このFTAA創設の動きを牽制しようとする側面をもっていたことは否めない。

本章では，MERCOSURをはじめとする南米諸国の地域統合について次節で，中米諸国の地域統合については第3節で，「FTA戦略」については第4節で述べる。

2　南米諸国の地域統合

（1）　南米南部共同市場

　1990年代に，世界的に新たなRTA，FTAを発足させる動きが起こったことはすでに述べたが，ラテンアメリカにおいてそれを象徴したのが，南米南部共同市場（MERCOSUR）の発足である。85年のブラジルとアルゼンチンの両国首脳会談により，その創設に向けた準備がはじまり，91年，両国に加え，パラグアイおよびウルグアイが加わり，アスンシオン条約により，正式に発足した。まず，発足直後の91〜94年に一括かつ自動的に域内関税を撤廃するスケジュールが定められ，95年以降，域内貿易の大部分が無税となった。さらに同年から，対外共通関税（0〜20％）に各国の関税率を収斂させていくプロセスが開始された。また，97年にはサービス貿易に関する取り決めが行われ，域内資本移動の自由化に関しても合意している。MERCOSURの発足による域内貿易拡大への効果は顕著であった。その域内向け輸出は，90年代年平均15.6％で増加し，総輸出に占める割合も8.9％から20.4％へと大幅に上昇（98年にはいったん25％まで上昇）した。

　しかし，99年のブラジル危機，02年のアルゼンチン危機のため，MERCOSURの統合プロセスは，一時的に停滞を余儀なくされた。今世紀に入ると，資源価格の高騰などから，対域外輸出額の増加が著しく，総輸出に占める域内輸出の割合は，90年代よりも低下した。しかし，この間，2000年に，アルゼンチンとブラジルの間の自動車の貿易収支の均衡，自動車に対する高い対外共通関税（原則35％，域内で類似品が生産されている自動車部品14〜18％）などを内容とする共通自動車政策に合意し，この政策は，両国の自動車産業の発展に寄与した。また，マクロ経済政策協調をも含む協力を行うことにより，MERCOSURを関税同盟から，共同市場へと深化させる方針についても合意した。

　MERCOSURにおいても，アンデス共同体やCACMで見られた，統合の効果，経済政策の相違などをめぐる加盟国間の利害対立が生じている。とくに，小国パラグアイとウルグアイの不満が強い。一方，ベネズエラのMERCOSURへの加盟プロセスが進み，一部の国での批准を残すのみとなっている。

(2) アンデス共同体

1969年発効のカルタヘナ協定により地域統合を開始したアンデス諸国も，ポスト冷戦期の新たな潮流のもと，1990年代に地域統合を強化する新たな取り組みをはじめた。たとえば，90年の決定258号の採択がそれである。この決定は，完全自由化，共通対外関税の実施をめざすものであった。また，96年にはカルタヘナ協定修正議定書により，アンデス共同体（CAN）となった。しかしながら，その後，複数の加盟国における相次ぐ政治の不安定化や政策の変更などに翻弄された。たとえば，ペルーはフジモリ政権による92年の自主クーデターの後，アンデス共同体を一時脱退した。ペルーは，97年に復帰したが，06年には，チャベス政権のベネズエラが脱退した。その背景には，コロンビア，ペルーなどが近年，アンデス共同体の加盟国でありながら，個々にアメリカとのFTA交渉を進めたことにある。両国は，06年にアメリカとのFTAをそれぞれ締結，ペルーは07年に批准した。

アンデス共同体は，こうした紆余曲折を経つつも，MERCOSURの創設やNAFTAの発足などに刺激され，しだいに地域統合としての制度を整備してきている。アンデス諸国の地域金融機関として創設されたアンデス振興公社（CAF）は，その活動を着実に拡大し，融資先を域外にも広げるにいたっている。アンデス議会や仲裁裁判所なども創設されており，これらは，中米地域の中米統合機構（SICA），中米議会，中米経済統合銀行などに対応するものといえる。しかしながら，アンデス共同体にあっては，アメリカとのFTAを各国が個々に進めてきたことが中米の場合と異なっている。

(3) 南米諸国連合

2008年半ば，アンデス諸国，MERCOSUR諸国，チリ，ガイアナおよびスリナムは，UNASUR創設条約に合意した。UNASURは，政治，経済，金融，社会，文化，エネルギー，インフラの分野における地域統合をめざすものであり，条約によれば，その目的は，社会経済的格差をなくし，社会的包摂と市民社会の参加，民主主義の強化，各国間の格差を減らすことをめざすことにあるとされる。UNASURは，04年のクスコ会議にはじまる一連の会議における協議を経て，実現したものであり，首脳会議などの決定機関と事務局をもつこととなっている。

UNASUR合意の背景として，MERCOSURとアンデス共同体の間での自由貿易地域の創設に関する決定がそれに先立って行われたことがある。この自由貿易地域の創設については，03年のMERCOSURアンデスサミットで合意され，それに基づき自由化が進められている。これにより，事実上の南米自由貿易地域が形成されることとなった。しかしながら，UNASUR創設に関する条約には，この地域全体の経済統合をどのように行うかは明確には規定されていない。

（4） 南米におけるインフラ統合

 南米における地域統合にとっての障害の１つが加盟諸国間にまたがるインフラの整備が十分に行われていないことにあることは，早くから指摘されてきた。この課題に取り組み，輸送，通信，エネルギーの３つの分野で南米12カ国を統合するインフラの構築をめざすのが，「地域インフラストラクチャー統合構想」（IIRSA）である。IIRSAの構想に沿った31のプロジェクトからなる実行計画が，2004年の南米首脳会談で採択された。これらプロジェクトは10の開発軸（スペイン語でEjeと呼ばれる）を推進するもので，東アジアで，開発回廊ないし成長回廊と呼ばれている構想に近いといえよう。

 そのなかで，MERCOSUR軸は，南米経済の中心都市を結ぶ道路，鉄道を整備し，地域経済の統合を進めて国際競争力を高めることが期待されている（浜口 2009）。北米におけるような大陸横断鉄道や道路は南米では可能であろうか。南米の北部においては，アンデスの東斜面から広大なアマゾン流域が広がり，大陸横断は容易ではない。そこで，北部については，ベネズエラからボリビアにいたるアンデスの東麓を縦断するアンデス軸が構想され，これと交差するかたちで，アマゾン軸（基本的には水系軸）が構想されている。他方，アンデスを越えて大陸横断が可能なのは，ペルー南部から南である。もっとも北の大陸横断ルートが，ここからボリビアを経てブラジルにいたる中央回廊軸（開発軸の呼称の日本語訳は浜口〔2009〕による，以下同じ）である。その南には，チリ北部からアルゼンチン北部，パラグアイを経てブラジルにいたる南回帰線軸，チリ中央部からアルゼンチン中央部（ブエノスアイレスを含む），ウルグアイを経てブラジルにいたるMERCOSUR軸，および，チリのプエルトモントからアルゼンチン南部にいたる南部軸が構想されている。また，これらと交差するかたちで，南アンデス軸が南北に縦断する開発軸として構想されている。これらの構

想は，先に述べたUNASURの創設でより積極的に推進されることが期待されている。

3　中米諸国の地域統合

（1）　中米和平後の地域統合の再出発

　中米地域も，1990年代のポスト冷戦期への移行のもと，新たな地域統合の取り組みをはじめる。中米の場合，冷戦の終了はまさに，中米和平の実現につながったといっても過言ではない。ニカラグアにおけるビオレタ・チャモロ政権の発足，エルサルバドルの和平協定の締結は，その後のグアテマラにおける和平実現とともに，10年を超える戦争を乗り越え，中米地域の新たな統合への取り組みを可能にしたといえる。現在の中米の地域統合のプロセスは，92年のエルサルバドルの和平協定の年に発効した，テグシガルパ議定書により設立された中米統合機構（SICA）の発足，翌年の93年に，中米6カ国が中米経済統合条約（「グアテマラ議定書」）に合意したことを出発点としている。同条約は，グローバリゼーションの進む世界の動向を視野に新たな経済統合の目標を定めたものであった。従来の中米での経済統合と異なり，地域ブロックとしての自由貿易地域への参入（自由貿易協定への参加）や通貨統合までをも念頭に置いた，共同市場よりも統合度の強い中米経済同盟の形成につき合意した点が重要であり，80年代の中米内戦で停滞していた中米経済統合の活性化をめざしたものである。その後，域内貿易は順調に拡大し，同時に金融，商業，航空などの部門における域内での国境を越えた投資が活発化した。また，制度面では域内統一関税分類の発効や紛争解決メカニズムの統一，税関統合に向けた具体的措置（医薬品登録の相互承認，農牧分野の行政措置など）に一定の進展が見られている。

　しかしながら，対外共通関税は現在，約8割が共通化されるにとどまっており，各国のコミットメントが曖昧な品目が残っていること，税関統合，域内における財および財関連サービスの移動の完全自由化，域外貿易による関税収入にかかわる運営・配分などのメカニズムの設定といった統合の深化プロセスにおいて遅れが生じているなど，経済統合としては，引き続き取り組むべき課題も少なくない。

　他方，中米統合機構（SICA）のもとでの，首脳会談の定期的開催，中米議会

第 4 章　地域統合の進展と課題

の設置など，地域統合は，経済以外の分野でも進められており，中米の統合プロセスは，途上国間の地域統合としては，世界のなかでももっとも進んだものの１つと見られている。また，中米経済統合銀行（CABEI，スペイン語ではBCIE）も着実に活動を拡大してきている。さらに，以下に述べるように，中米地域を含むメソアメリカのインフラ統合などを含むさまざまな具体的協力を進めるメソアメリカ・プロジェクトによる，物流，エネルギー，通信などの分野の効率化を通じての実質的統合の推進，アメリカと中米諸国，ドミニカ共和国との自由貿易協定（CAFTA-DR，DR-CAFTAとも表記される）も発効しており，これらが中米統合とのシナジー効果を発揮することが期待されている。

（2）　メソアメリカ統合・開発プロジェクト

　中米地域統合やCAFTA-DRにより生ずる実質的な経済統合（とくに貿易と投資）の可能性を効果的に発揮させるためには，インフラの強化，労働者の能力向上などが必要とされる。一般に途上国の間での統合に関して，それが重要であることはすでに述べたが，中米の場合は，中米における10年を超える戦争のため，インフラの整備や産業人材の養成が遅れており，これらが行われない場合，地域統合やCAFTA-DRのもとで生ずる有利な機会が十分に生かされないおそれがある。

　この観点から期待されるのが，メソアメリカ統合・開発プロジェクト（旧プエブラ・パナマ計画〔PPP〕，以下，メソアメリカ・プロジェクトと略す）で，中米を中心にメキシコ南部から，パナマにいたるいわゆるメソアメリカ全体にまたがるインフラの整備や社会開発，環境分野での協力などをめざす壮大なプランである。

　PPPは，2001年にメキシコのフォックス大統領の提唱により，スタートしたものであり，メキシコ南部の９州と中米５カ国（コスタリカ，エルサルバドル，グアテマラ，ホンジュラスおよびニカラグア，CA5とも呼ばれる）および，パナマ，ベリーズを含む，メソアメリカと呼ばれる地域の諸国の統合と開発のための，８つの分野での協力の推進をめざすものである。05年には，エルサルバドルに執行事務局が創設された。また，06年に，コロンビアが加盟した。

　メソアメリカ・プロジェクトでとくに注目されるのは，輸送，エネルギー，通信のインフラ分野での協力である。なかでも，輸送イニシアティブが重要で

79

あり，そのなかの，メソアメリカ国際道路網（RICAM）は，その代表的プロジェクトとなっている。RICAMは，太平洋コリダー（回廊・ルート），大西洋コリダー，補完連絡道路からなっており，この内，太平洋コリダーは，まさに，プエブラからパナマにいたる3159キロメートルのハイウエーであり，この完成により，従来よりも，300キロメートル短縮されることとなる。大西洋コリダーは，メキシコのコアツァコアルコスからホンジュラスのコルテス港にいたり，そこから，カリブ海を離れて南に進み，太平洋側のラ・ウニオン港（クッコ港）近くにいたる1746キロメートルのハイウエーである。

　エネルギー・イニシアティブでは，とくに中米諸国送電網システム（SIEPAC）が重要であり，CA5にパナマを加えた6カ国が参加し，230キロボルトの1830キロメートルの送電網の建設が中心となっている。電気通信イニシアティブでは，メソアメリカ情報ハイウエー（AMI）の構築をめざしている。以上のインフラプロジェクトは，中米における，物流・ロジスティックの発展・効率化，エネルギーのより低コストでの安定供給，通信の効率化などを可能にし，制度の整備と相まって，中米統合の実質的進展をうながすであろう。

（3）　アメリカ・中米・ドミニカ共和国自由貿易協定

　中米諸国にとっては，NAFTA発足以来，メキシコと比較して米国市場への輸出が不利となっていることを回避するため，NAFTAと同等の内容のFTAをアメリカと締結すること（NAFTAパリティの確保）が悲願であった。中米はすでに一般特恵制度（GSP）および環カリブ・イニシアティブ（CBI，カリブ開発計画とも訳されている，アメリカ市場への中米・カリブ諸国からの特恵輸入制度）による特恵を享受していたが，それをNAFTA並の内容の市場アクセスを保障するFTAに切り替えることが重要な目標であった。一方，アメリカはNAFTA並みかNAFTAよりも進んだFTAを，条件の整っている国に広げていくことにより，自由貿易圏を広げていく方針を有し，その意味ではNAFTAよりも進んだアメリカ・チリFTAをCAFTAのベンチマークとしようとした経緯がある。

　交渉が進められるなか，WTOのカンクン会合が成功せず，他方，FTAA（米州自由貿易地域）交渉も進展せず，その内容も当初期待されていたものとは程遠いものとなり，実現したとしても，いわゆる「FTAA light（FTAA簡略版）」にとどまらざるをえなくなるとの見方が強まった。このため，アメリカ

にとっては，NAFTAより進んだ内容（NAFTAプラス）の中米とのFTAの早期合意の意義はより高いものとなった。CAFTA-DRは2003年基本合意し，04年のエルサルバドルの批准を皮切りに順次各国ごとに発効した。CAFTAで定められた，市場アクセスについては，次の点が重要である。①自由化にかかわる経過措置（関税引下げスケジュール），②アメリカによる輸出補助の撤廃（乳製品など），③アメリカの農業補助金に対する補償・相殺措置としてのセーフ・ガードの規定，④保税区および輸出還付金（WTOが認める09年まで）の存続。

中米諸国は，CAFTA-DR締結の後EUと交渉を行ってきたが，2010年5月，中米諸国（CA5およびパナマ）の6カ国とEUはFTA締結につき合意した。

4 ラテンアメリカ各国のFTA戦略

（1） 重層化する地域統合プロセス

1990年代にはじまった世界的なRTA/FTAの深化・拡大は今日も続いており，ラテンアメリカもその例外ではない。しかし，RTA/FTAに関する戦略は異なっている。**表4-1**は，ラテンアメリカの7カ国に関してそれぞれの国々が，現在どのようなRTA/FTAを結んでいるか，そしてその相手国数，締結条約数を示したものである。まず，共通していえることは，各国とも域内諸国と何らかの統合を進めつつ，域外の諸国とのFTAなどによる経済関係の緊密化を進めていることである。それは，複雑多岐にわたり，かつ，さまざまなレベルの統合，関係の緊密化をめざす，いわば，重層的なプロセスである。一方，国ごとに戦略が大きく異なることも明らかである。たとえば，チリがRTA/FTAを進めている相手国は，54カ国，メキシコの場合も42カ国にのぼり，他の諸国に比較し圧倒的に多い。アルゼンチン，ブラジルは，9カ国にとどまっており，そのうち，3カ国は，MERCOSURの国々，残る5カ国はアンデス共同体の4カ国と，MERCOSURに準加盟のチリにとどまっている。しかし，アルゼンチン，ブラジルを含むMERCOSURは，域外国とのFTAをめざしており，一時交渉が中断されていたEUとのFTA交渉は2010年になって再開の運びとなっている。周辺国との統合を優先するか，先進諸国とのFTAを優先するかの相違はあるとはいえ，チリ，メキシコも，アルゼンチン，ブラジルも域内諸国，域外諸国とのRTA/FTAのいずれも推進しているといえる。前

第Ⅰ部　経済自由化とマクロ経済の進展

表 4-1　ラテンアメリカ諸国の地域統合の概要

	域内統合（FTAを含む）	域外国との統合（FTAを含む）	協定数	相手国数
アルゼンチン	MERCOSUR（3）；アンデス共同体（5）；チリ	MERCOSURとEU交渉中	4	9
ブラジル	同上	同上	同上	同上
メキシコ	コスタリカ；ニカラグア；チリ；ボリビア；ウルグアイ；コロンビア	NAFTA（2）；EU（25）；ヨーロッパ自由貿易連合（4）；イスラエル；日本	12	39
チリ	MERCOSUR（4）；アンデス共同体（5）；CACM（5）；キューバ；メキシコ	EU（25）；ヨーロッパ自由貿易連合（4）；アメリカ；カナダ；韓国；ニュージーランド；シンガポール；ブルネイ；中国；インド；日本	18	54
コロンビア	アンデス共同体（4）；MERCOSUR（4）；CARICOM（14）；チリ；メキシコ	アメリカ（未発効）；カナダ（交渉終了）	7	26
ペルー	アンデス共同体（4）；MERCOSUR（4）；チリ	アメリカ；タイ；カナダ（交渉終了）；シンガポール（交渉終了）	5	11
コスタリカ	CACM（4）；チリ；メキシコ；ドミニカ共和国；パナマ；トリニダッド・トバゴ	CAFTA-DR；カナダ	8	11

注：MERCOSURの主要国としてブラジル，アルゼンチン，アンデス共同体の主要国としてコロンビア，ペルー，FTA戦略国のチリ，メキシコおよび，中米諸国の一例としてコスタリカを選び，地域統合の状況を比較した。統合体に続く括弧内の数字は相手国数（2007年末の状況）。
出所：CEPAL（2008：83）の資料に基づき筆者作成（メキシコについては一部修正）。

節で述べた，中米諸国やコロンビアなどは，域内統合とともに，近年先進諸国とのFTAに積極的であり，ペルーの最近の動きにも同様な特徴が見られる。これら諸国は，チリ，メキシコとアルゼンチン，ブラジルの中間にあるともいえよう。本節では，先進諸国とのFTAを優先させる戦略をとってきたチリとメキシコについて，その戦略の背景と特徴について考察することとしたい。

（2）　チリのFTA戦略

チリにとって，他の中南米諸国のように，周辺国との経済統合により，市場を拡大する選択肢もなかったわけではない。1970年代はじめまでは，域内統合をめざす政策を掲げていた。しかし，73年クーデター後のアウグスト・ピノチェット政権にいたり，この政策は事実上中断される。そのもっとも重要な要因は，同政権の経済政策にあった。チリは周辺諸国と，山脈や砂漠に隔てられ

ているばかりでなく，その経済規模などから，チリにとってその周辺諸国は必ずしも魅力的市場ではなかったが，これに，基本的経済政策の相違という新たな要因がピノチェット政権になって加わったのである。

　チリは，ピノチェット政権発足後，いち早く，経済改革，自由化政策を実施し，ラテンアメリカでもっとも早く，新自由主義経済政策を実施した国である。貿易自由化（自由化の当初から，一律関税方式を採用し，徐々に引き下げて今日では，一律6％の低い水準の関税率となっている），為替自由化，外国直接投資の自由化，各種規制緩和を行い，これらは，「シカゴ・ボーイズ」の改革として知られる。しかし，82年に債務危機に陥り，85年以降は，変動相場制の導入，民営化などが行われた。90年に民政に移行するが，自由主義経済政策の基本的な部分は変更せずに今日にいたっている。

　こうした経済政策，とりわけ，一律関税のチリの政策は，従来からの傾斜関税を継続する周辺のアンデス諸国の経済政策，MERCOSUR諸国の経済政策とは異なるものであり，チリはこれら諸国との統合は行わないことを選択したのである。この立場は，基本的には今日でも変わっていない。また，外資政策についても大きな相違があったことは先に述べた。チリは，ピノチェット政権下で，アンデス共同体からの脱退に踏み切った。一方，MERCOSURへの加盟は見合わせており，今日でも準加盟にとどまっている。

　こうした立場を堅持したうえで，民政移行後のチリは，90年代から，自由貿易協定（FTA）を多数の国と締結する政策を採用した。これは，上述した冷戦後の世界的潮流と軌を一にするものであるが，チリの場合には，それに加え固有の事情があった。軍政下では，一方的に自国の自由化（ユニラテラルな自由化）だけを実施してきたチリが，民政下では，FTAを推進するにいたった理由は次のとおりである。すなわち，レシプロカル（相互的）でバイラテラル（2国間での）な自由化を約束しあうFTAにより，自らの自由化と引き換えに相手国への有利な市場アクセスを確保できるというメリットがあり，しかも，包括的なFTAになるほど，サービス貿易，投資，紛争処理など多様な分野もカバーすることができる。これらのことから，6％まで一律関税を引き下げた後の自由化政策としては，FTAによるいっそうの自由化を推進することが，より望ましい選択肢であると判断したからである。

　こうして，チリは，ラテンアメリカのFTA先進国と呼ばれるようになった。

第Ⅰ部　経済自由化とマクロ経済の進展

チリは，周辺国との経済統合を行うよりも，チリにとって重要な市場となりうる，世界の主要国とFTAを結ぶことで，自由化による，貿易・投資の拡大を行って経済発展をめざす戦略をとってきたといえる。すでに，チリは，アメリカ，EU，日本とFTAを発効させており，また，中南米諸国の多くともFTAを締結している。

　チリの経済政策，FTA戦略と深くかかわっているのが，チリのアジア太平洋地域を重視する立場である。APECに加盟したり，APECの主要諸国とFTAを結んで経済関係の緊密化を進めることは，優先的目標であり，チリのアジア太平洋との関係強化の政策の重要な柱となっている。現在，チリがFTAを発効させているアジア太平洋諸国は，アメリカ，カナダ，メキシコのほか，日本，中国，韓国，シンガポール，ブルネイ，ニュージーランドの9カ国に及び，また，インドともFTAが発効している。アジア太平洋諸国とのFTAの数は，ラテンアメリカ諸国のなかでは，チリがもっとも多い。また，チリは，ブルネイ，ニュージーランド，シンガポールとともに環太平洋戦略的経済連携協定（TPP）を推進してきた（2006年発効）が，アメリカを含む5カ国が参加の意向を表明したことで脚光を浴び，わが国でもTPPへの参加をめぐる議論が活発化している。

（3）　メキシコのFTA戦略

　メキシコの対外経済関係は，他の中南米諸国と比較して際立った特徴を有している。その最大のものは，アメリカとの強い関係である。2007年のメキシコのアメリカ向け輸出は，その総輸出額の82.2％に達し，これに対し，アジア太平洋地域向けの割合は，3％と非常に低い。このような，圧倒的なアメリカとの関係と，その関係を軸とした発展という点で，メキシコはラテンアメリカ諸国のなかで際立っている。こうした貿易構造のもとで，メキシコは，アメリカ以外の国や地域との関係を必ずしも重視してこなかった。したがって，メキシコにとって，ラテンアメリカ地域は，ヨーロッパ地域，アジア地域と同様，アメリカへの過度の依存を緩和する方策の1つとして，経済関係を多角化するために，それらとの関係強化が重要であるとの文脈でとらえられてきたといっても過言ではない。

　メキシコにとってのラテンアメリカ地域の重要性は，他のラテンアメリカ諸

国にとっての同地域の重要性と大きく異なっている。したがって，メキシコにとってのラテンアメリカの地域統合のもつ意味も，他の諸国のそれと大きく異なっている。ラテンアメリカの主要国がいずれも南米に位置するのに対し，メキシコだけは中米地域に隔てられ，南米からいわば飛び地のような位置にあることがその1つの重要な要因である。61年にLAFTAが発足したときメキシコはこれに加盟したが，この地域統合プロセスは，期待された成果を挙げることができず，とりわけ，そのなかで飛び地にあったメキシコが受けたメリットは小さかった。そして，90年代に入ると新たに，メキシコが加わらないMERCOSURが発足した。こうして，ラテンアメリカにおける地域統合は，メキシコにとって，実質的に経済発展の推進力となるような存在とはなりえず，また，そのような期待もほとんどもちえないプロセスにとどまった。この点では，他のラテンアメリカの主要諸国とは異なる立場に立っていたといえよう。

　メキシコは，こうした背景のもとで独自のFTA戦略を選択した。その開始の時期も，ポスト冷戦に移行した90年代前半であった。この時期はまた，メキシコで「サリーナス革命」とも呼ばれる自由主義改革が進められた時期でもあった。メキシコは，この改革を後戻りさせないためにも国際約束を通じて，それを確固たるものとするねらいをアメリカ，カナダとの自由貿易協定，NAFTAに込めたのである。経済政策とFTA戦略との密接な関連が存在するという意味では，同じく，積極的にFTAを進めたチリと共通しているといえよう。

　90年6月に当時のアメリカのジョージ・ブッシュ大統領と，メキシコのカルロス・サリーナス大統領とが両国のFTAの可能性について協議をはじめるとの声明を発表したが，それは，メキシコが推進しつつあった自由化のプロセスを後戻りさせないという明確なメッセージを世界に発信するという意味を有していたと指摘されている。当時，チリもその「FTA戦略」をスタートさせていた。その動機は，先に述べたとおりであり，メキシコとチリは，ほぼ同じ時期に他のラテンアメリカ諸国に先駆けてFTAの推進を行った，FTA先進国であった。したがって，ラテンアメリカ諸国間の最初の2国間FTAの締結が，メキシコとチリの間で行われたのもけっして偶然ではなかった。メキシコ・チリFTAは92年に発効した。NAFTAの2年前であった。NAFTA発効の直後，メキシコ，コロンビア，ベネズエラの3カ国からなるFTAの交渉が行われたが，その際にはNAFTAが参考にされた。続いて，メキシコはラテンアメリカ

の多くの諸国とのFTAを結ぶとともに，メキシコ・チリのFTAもNAFTA型の包括的FTAとすべく再交渉が行われ，99年に発効している。さらに，メキシコは域外国とも交渉を行い，EUとのFTA，日本との経済連携協定（EPA）が発効している（章末コラム参照）。

（4） NAFTAの特徴と効果

NAFTAとそれに先立つアメリカとカナダのFTAは，世界でもはじめての包括的FTAであった。包括的FTAとは，単に加盟国間の貿易の自由化を行うにとどまらず，GATTで定められた取り決めを大きく超える貿易・投資にかかわるさまざまなルール，基準，規則などを定めるものであり，したがって，EUのように完全統合をめざすものではないものの，バラッサがその理論で述べた，もっとも初期の統合のフェーズとしての自由貿易地域を創設するにとどまるものではなく，GATTプラスとも呼ばれるさまざまな取り決めを含むものである。こうした包括的FTAを財・サービスの自由化のみならず，資本・労働移動の自由化，制度面での整備，通貨面での協調体制，財政面での調整のようなさまざまな角度から地域統合としてどの程度強いものかを比較分析した研究がある。これによれば，対外共通関税を有し，関税同盟としての性格を有するMERCOSURよりも，NAFTAの方がはるかに，包括的で深化の度合いが高いという結論が導かれている（ただし，それは，この研究が行われた1990年代末の状況で見たものである〔細野 2001：82〕）。

このような観点からのNAFTAの特徴としては，財の貿易の自由化に加え，これに関連する原産地規則を詳細に定めていること，WTO/GATTにおいて，十分に規則が定められていない金融，通信やサービス貿易，知的財産権や海外からの直接投資に関しての規則を詳細に定めていること，また，加盟国間の紛争処理の方法についても，WTO/GATTよりも進んだ規則が定められていることなどを挙げることができる。

メキシコとアメリカとの関係は従来から強かったが，上記のような特徴をもつNAFTAは，それをいっそう強めたといえる。NAFTAの発効は，「サリーナス革命」のもとでの規制緩和，民営化，対外自由化，とくにFDIの自由化などからなる経済改革と相まって，メキシコへの外国からの投資，とくに，アメリカからの投資と，アメリカとの貿易の急速な拡大を引き起こした。アメリカか

らの対メキシコ直接投資は，80年代には，20〜30億ドルの水準にあり，大きな増加は見られなかったが，90年代に入ると，NAFTA締結を見越して増加しはじめ，91〜93年には，50億ドル弱に達した。さらに，発効後の94〜96年には100億ドル前後となり，2000年には130億ドルを超え，その後も増加が続いている。メキシコの対米輸出額も発効後，目覚ましい増加となった。

　この結果，メキシコは北米における自動車産業の一大生産基地となり，アメリカ中央部から両国国境地帯を経てメキシコ中央部にいたる自動車コリダーが形成されたといって過言ではない。こうした変化は，電機・電子産業，繊維・アパレル産業をはじめ多くの他の産業にも及んでいる。グアダラハラから，ティファナを経て，アメリカ側に入り，サンディエゴ，サンノゼ，ロスアンジェルスにいたる地帯には，メキシコ・カリフォルニア・エレクトロニクス・ITコリダーが形成された。こうして，実質的統合が進んだのである。他方，メキシコにおける大型ショッピングセンター，金融などの分野へのアメリカ資本の進出も目覚ましい。

　同時に，メキシコはカナダに次いでアメリカにとって世界第2の貿易相手国となった。メキシコの輸出総額は07年で2719億ドルに達し，ブラジルのそれ（1606億ドル）を大きく上回る。経済規模は同年，ブラジルが世界10位であったのに対し，世界14位となった。このように，米墨間の投資と貿易の拡大は，90年代半ば以降のメキシコの成長の最大の要因となったことはいうまでもない。

　なお，アメリカとメキシコがNAFTAを推進し，その発効の結果，メキシコが目覚ましい発展を遂げるにいたった1つの背景として，それに先立つ，日本の自動車産業のアメリカへの進出，アメリカでの生産の拡大があったことを指摘すべきであろう。アメリカ自動車メーカーは日本企業への対抗上，コストを引き下げる目的でメキシコに生産拠点の一部を移す戦略をとったからである。「日本発の世界市場への挑戦は，旧ビッグスリーのグローバルな経営資源の再配分を促し，ラテンアメリカに波及したといえる」（堀坂・細野・古田島 2002：105）。もとより，NAFTAの背景としては，メキシコからのアメリカへの不法移民対策，既述の「サリーナス革命」を後戻りさせないために，NAFTAによってそれを「ロックイン」しようとしたサリーナス政権の意図があったことなど，他にもさまざまな重要な要因が指摘されていることはいうまでもない。

5　ラテンアメリカとアジア太平洋地域

　ラテンアメリカ諸国のなかで，APECに加入しているのは，メキシコ，チリ，ペルーの3カ国であるが，コロンビア，パナマなどの諸国は，APECへの加盟を強く望んでいる。これら諸国のアジア太平洋への関心は，しだいに高まっているといえる。とくに，世界の交通の要衝にあるパナマ運河の利用は，中国，日本などアジア諸国の占める割合が圧倒的に高く，パナマのアジア太平洋への関心は高い。また，コロンビアもアジア太平洋地域への関心を強めている。他方，東アジア諸国の中南米に対する関心も，すでに伝統的な関係を構築してきている日本のほか，中国や韓国，一部ASEAN諸国などでしだいに高まってきている。

　シンガポールの発案により，1999年，東アジア・ラテンアメリカ協力フォーラム（英語ではFEALAC，スペイン語ではFOCALAE）が創設された。APECに加盟していない，ブラジル，アルゼンチンのような国々が加わっており，また，APECが本来経済分野にかかわる組織であるのに対し，FEALACは，広く，政治，経済，文化，科学技術等にまたがる関係の緊密化をめざしている。2010年には，東京で第4回外相会議が開かれた。また，太平洋に面するラテンアメリカの国々からなる，「太平洋の弧（アルコ・デル・パシフィコ）」が06年8月に結成された。コロンビア，チリ，エクアドル，メキシコ，ペルーと中米6カ国の11カ国からなり，貿易面での共同歩調，インフラやロジスティックス，投資の推進と保護，競争力を強化するための，経済・技術協力をその目的としている。

　こうして，アジア太平洋諸国もラテンアメリカ諸国のいずれも，一般に両地域の関係に関する関心を近年高めてきており，それは，APECの場のみならず，FEALAC，「太平洋の弧」グループなどを通じて，関係強化に向けた活動を活発化させてきていることによっても示されている。日本は，東アジア・ラテンアメリカの両地域において，幅広い関係と協力の実績・経験を有することから，両地域の協力と交流の拠点としての役割を果たしうるであろう（細野 2010）。

■□コラム□■

日本メキシコ経済連携協定の背景と効果

　ラテンアメリカ諸国と日本との間の経済連携協定としてはもっとも早く実現した，日本メキシコ経済連携協定（以下，日墨EPAと略す）は，今後の日本とラテンアメリカの経済関係を考えるうえで重要である。日墨EPA実現の背景は，この点で興味深く，発効後の効果は注目に値する。

　メキシコにとって日本は，アメリカ市場にメキシコ製品を輸出するための投資を行う国としてきわめて重要である。日墨EPAは，日本の強いアメリカでのプレゼンスから，日本とEPAを締結することにより，メキシコが日本企業のアメリカ市場向け生産のプラットフォームとしての地位を強めることができることへの期待が強かったと思われる。それは，すでに長年にわたる国境地帯のマキラドーラ（米墨国境地帯の保税加工地帯）における日本企業の投資と，そこからのアメリカ市場への輸出の拡大を，メキシコ全土に広げることを意味していたといえる。

　他方，日本にとっても，メキシコは，アメリカへの輸出製品を有利な条件で生産するための，「輸出プラットフォーム」としてきわめて重要であった。日本企業にとって，NAFTA発効の結果，貿易や投資において，差別される事態を速やかに回避する必要があった。このような観点から，両国は貿易自由化を含む経済連携協定の交渉を開始することに合意したといえる。

　予想されたとおり，日墨経済連携協定の効果は大きかった。日本の対墨輸出は，発効前の2003年には，36億ドルまで低下していたが，04年拡大に転じ，発効後の06年には93億ドルに達し，発効前の2倍以上となった。その後さらに増加している。とくに，日本からメキシコへは，自動車，自動車部品，テレビ部品などの輸出が増加し，メキシコから日本へは，鉱産資源，豚肉，牛肉，コンピュータ部品などの輸出の増加が目立った（日墨の貿易はアメリカ経由で行われる部分も多く，これを含めると06年の日本の対墨輸出額は130億ドルに達する）。日本からの対メキシコ投資額も約3倍となり，進出している日系企業数は累積で350社に達する。また，経済連携協定の効果的な運用のため，定期的に両国の政府と民間の会議が開催されている。

　なお，メキシコに次いで，チリとのEPAが発効している。06年2月からその交渉が開始され，07年9月に日智経済連携協定が発効した。また，日本とペルーのFTAは09年に交渉が開始されている。

●参考文献

浜口伸明（2009）「地域統合」宇佐見耕一・小池洋一・坂口安紀・清水達也・西島章次・浜口伸明『図説ラテンアメリカ経済』日本評論社。

ベラ・バラッサ（1963）『経済統合の理論』中島正信訳，ダイヤモンド社。

細野昭雄（1995）『APECとNAFTA――グローバリズムとリージョナリズムの相克』有斐閣。

細野昭雄（2001）『米州におけるリジョナリズムとFTA』神戸大学経済経営研究所叢書 59。

細野昭雄（2007）「CAFTAと日本・中米経済関係」ラテン・アメリカ政経学会『ラテン・アメリカ論集』第41号，1-18頁。

細野昭雄（2010）「アジア太平洋地域と中南米」渡辺昭夫編（2009）『アジア太平洋と新しい地域主義の展開』千倉書房。

堀坂浩太郎・細野昭雄・古田島秀輔（2002）『ラテンアメリカ多国籍企業論――変革と脱民族化の試練』日本評論社。

CEPAL (2008), *Oportunidades de Comercio e Inversión entre América Latina y Asia-Pacífico : El Vínculo con APEC*, Santiago：CEPAL.

ECLAC (2008), *Latin America and the Caribbean in the World Economy*, Santiago：ECLAC.

Saavedra, N., A. Hosono and B. Stallings eds. (2001), *Regional Integration and Economic Development*, London and New York：Palgrave.

（細野昭雄）

第Ⅱ部

産業社会の発展と環境問題

第5章
産業と企業

　ラテンアメリカの産業，そしてその担い手である企業は，半世紀に及んだ保護主義的な輸入代替工業化期を脱し，開放経済のもとで大きく変容を遂げつつある。小麦，大豆といった食料や鉄鉱石・非鉄金属，石油・天然ガスなどのコモディティの国際市況高騰で資源輸出国としての強みが発揮されたほか，国内では大衆層の購買力がつきスーパーマーケットや通信，金融などのサービス産業が活況を呈している。製造業は自動車や製鉄を中心にグローバリゼーションの荒波を受け産業再編成の渦中にあり，産業インフラ（社会資本）の整備が喫緊の課題となっている。再び胎動をはじめたラテンアメリカに，欧米日の多国籍企業に加え中国，韓国，インドの新規の外資が参入する一方，ラテンアメリカ企業もM&A（合併・買収）によって企業規模を拡大し，世界を視野に入れて事業展開する企業（トランス・ラティンス）が出現した。こうしたなかで官の役割を再考しようとの動きもあり，企業（ミクロ）および，同一の商品（財貨）やサービス（用益）を生産・提供する企業の集合体である産業（セミマクロ）レベルに踏み込んだ研究が必要とされている。

1　アジアとの対比と20世紀末までの足どり

(1)　産業構造の特質
　産業は，その地域にある原材料（動植物や鉱産物，エネルギーなど）を材料に，道具・機械などを使って行う人間の営利的な生産活動のことである。人々のニーズや技術革新によって，産業の内容や重要度は時間の経過に伴い発展や衰退を繰り返す。それとともに，原材料や労働力が豊富かどうかや，機械・技術等の入手可能性などにより，産業が立地する地域の状況が色濃く反映される分野である。このことは，「発展途上国」であっても，国情によって産業の中身が違ってくることを意味している。とりわけ，東アジアとラテンアメリカでは

大きな構造上の違いが見られる。

　産業のもっとも基本的な分類は，第一次，第二次，第三次産業の3分類である。国際比較で使用される分類では，第一次産業は農林・水産，牧畜狩猟業，第二次産業は鉱業，製造業，建設業，電気・ガス・水道業，第三次産業は商業，金融・保険，運輸・通信，公務，家事使用人労働，その他サービス業からなる。第一次産業を「農業」で，第二次産業は「工業」，第三次産業は「サービス業」で代表させて表記している場合もある（日本の統計では，建設業，電気・ガス・水道業を第三次産業に含めている場合があるので，比較する場合は注意を要する）。

　表5-1は，世界金融危機発生年の2008年時点における産業構造を，国連貿易開発会議（UNCTAD）の発表データをもとに作成したものである。小国の多い中米とカリブ海は，それぞれ中米共同市場（CACM）とカリブ共同体（CARICOM）としてまとめた。

　国内総生産（GDP）に占める各産業の比率は，アジアと比べると，ラテンアメリカは第一次，第二次産業がともに低く，第三次産業が高い。先進国のパターンにより近いといえる。国民1人あたりの所得がアジアの平均よりも倍近く高いことにもよろう。成長率の高さや人口の大きさから日本ではアジア市場への関心の度合いが高いが，所得水準の面から見れば，ラテンアメリカの消費市場を再評価する余地はありそうである。

　アジアとの比較では，とくに製造業の比率の低さが目立つ。多国籍自動車メーカーの一大生産拠点となっているブラジル，メキシコ（08年時点で世界6位と10位）の場合でも，製造業の比率は18％前後にすぎない。中国の42％台はもとより韓国，ASEAN（東南アジア諸国連合）と比べても大きく下回っている。チリやボリビア，エクアドル，ベネズエラの場合は，第二次産業と製造業の間のギャップが大きいが，この差は，石油や天然ガスを含む鉱業のウエイトが大きいことに起因する（第6章参照）。

　輸出を見ると，アジアとラテンアメリカの違いはより顕著である。GDP対比の輸出比率は，ラテンアメリカの平均が24％であるのに，アジアは49％に達する。なかでもASEANや韓国の輸出はGDPの78％，53％の規模に達している。これに対し，MERCOSUR（メルコスル：南米南部共同市場，なおポルトガル語での表記はMERCOSUL）を結成するブラジルやアルゼンチン，あるいは先進国のアメリカ，カナダとNAFTA（北米自由貿易協定）を締結するメキシコでも，輸出

第5章　産業と企業

表5-1　産業構造と輸出比率および輸出品目構成（2008年）

(%)

	GDP（億ドル）	同1人あたり（ドル）	産業構成（GDP比）				輸出の対GDP比	輸出構成	
			第一次産業	第二次産業	うち製造業	第三次産業		一次産品	工業製品
ラテンアメリカ	40,229	7,189	6.1	34.2	(17.6)	59.7	24.0	—	—
アルゼンチン	3,301	8,278	9.7	35.1	(23.0)	55.2	26.5	67.2	30.8
ボリビア	174	1,794	12.9	36.9	(13.8)	50.2	44.9	94.3	5.7
ブラジル	15,527	8,088	6.8	28.1	(17.6)	65.2	13.6	53.8	43.7
チリ	1,696	10,093	4.2	45.3	(14.6)	50.4	45.2	85.1	11.6
コロンビア	1,973	4,384	8.7	36.5	(16.0)	54.9	18.2	68.9	31.1
キューバ	—	—	5.0	20.0	(10.0)	75.0	20.0	77.7	22.2
エクアドル	510	3,781	7.0	36.5	(2.0)	56.6	38.1	92.4	7.6
メキシコ	9,485	8,737	3.5	35.3	(18.6)	61.2	28.5	26.7	72.9
パラグアイ	157	2,515	23.0	22.4	(14.8)	54.4	54.3	92.1	7.9
ペルー	1,286	4,460	7.0	35.6	(16.4)	57.4	27.4	86.8	13.2
ウルグアイ	306	9,147	10.5	25.9	(17.2)	63.6	28.3	74.2	25.8
ベネズエラ	3,320	11,805	3.9	56.0	(15.7)	40.1	31.8	96.0	4.0
中米共同市場	1,102	2,953	11.3	28.3	(20.1)	60.4	35.4	—	—
カリブ共同体	632	3,792	6.0	37.1	(12.7)	56.9	49.4	—	—
先進国	414,982	40,758	1.5	25.5	(15.7)	73.0	28.5	—	—
発展途上国	166,811	3,107	9.8	40.2	(23.7)	50.0	42.1	—	—
アジア	110,996	2,894	10.2	42.4	(27.7)	47.4	49.1	—	—
中国	43,483	3,308	11.6	48.3	(42.8)	40.1	37.8	7.0	92.9
韓国	8,471	17,591	3.1	37.7	(27.6)	59.2	52.9	12.4	87.6
ASEAN	1,498	2,607	11.9	41.7	(26.9)	46.3	77.7	—	—
インド	12,529	1,061	19.0	28.6	(16.1)	52.4	21.7	44.5	53.9

注：GDPおよび1人あたりGDPはUNCTADの産出方法や推計が含まれており，本書の他の個所に使用されている数値と必ずしも一致しない。輸出比率は財およびサービスの輸出比率。輸出品目の分類はUNCTADによるもので，「一次産品」は標準国際貿易分類（SITC）の0（食料品および食用動物），1（飲料など），2（非食品原材料），3（鉱物性燃料），4（動植物性油脂）番台などの総和，「工業製品」は5（化学製品），6（工業製品），7（機械類，輸送用機器），8（雑製品）番台などの総和。構成は国によっては未分類のものがあり100％とはならない。―は不明。

出所：UNCTAD, *Handbook of Statistics*, 2009.

比率は10～20％台にとどまる。

　輸出品目の構成を見るとラテンアメリカとアジア，とりわけ東アジアとは好対照である。中国，韓国の場合，輸出品目の90％前後が工業製品で占められている。これに対し，ラテンアメリカ諸国の大半は，一次産品が圧倒的な比率である。例外は，アメリカとの国境地帯に「マキラドーラ」と呼ばれる対米輸出専用の工業地帯を有するメキシコ（工業製品比率73％）と，BRICsの1国であるブラジル（44％）の2カ国である。表5-1では割愛されているが，中米やカ

リブ海諸国のなかにも，対米輸出拠点として工業製品比率の高いエルサルバドル（74％）やドミニカ共和国（75％）のような国が含まれる。こうした事例はあるが，東アジアがいわば世界の「工場」とすれば，ラテンアメリカは世界にとって食料や鉱産物，エネルギーなど一次産品の供給地的特性をもつ。

（2） 20世紀末までの3段階の産業発展

ラテンアメリカの産業史をひもとけば，それぞれの産業に固有のドラマがあり興味がつきない。今世紀にいたるラテンアメリカの産業の発展過程を分けると，およそ以下の3つの段階になる。

　　第1段階は，15〜16世紀の新大陸発見から1930年ごろにいたる「一次産品輸出経済」の時代。
　　第2段階は，1930年の世界大恐慌を契機として本格化し，80年代初頭の対外債務危機にいたる「輸入代替工業化」の時代。
　　第3段階は，対外債務危機が契機となってはじまった「開放経済」の時代。

以下，それぞれの時代について，産業発展を考えるうえで重要だと思われるポイントについて述べておこう。

まず第1段階の「一次産品輸出経済」との絡みだが，ラテンアメリカはスペインやポルトガルによる発見の当初から，一次産品供給地としてその当時の世界経済にがっちりと組み込まれていたという事実である。この点は，それぞれ独自の経済圏を有していたアジア諸国とは大きな違いである。メキシコやアンデス高地の銀や金，あるいはブラジルの熱帯農産物である砂糖は，スペイン，ポルトガルの植民地体制下で開発され，これらの国の重商主義を支えた。

先住民のインディオを大量徴発したスペイン統治下でのエンコミエンダ制（スペイン植民地初期の統治制度で保護と引き換えに，先住民の無償労働を可能とした制度）にしろ，アフリカから黒人を奴隷として大量導入したポルトガル統治下のブラジルのプランテーションにせよ，その生産様式は賃金労働に基づくものではなく，前資本主義的な産業制度であった。

国際商品への特化（モノカルチャ）を強制された一次産品輸出経済は，19世紀初頭のラテンアメリカ諸国の政治的独立や，先住民や奴隷に代わる自由民労

働者としての移民の導入，あるいは産品がコーヒーや綿花，ゴム，錫といった品目に代わっても，容易に変わるものではなかった。世界経済の「中心」に対する「周辺」という従属論的構図が，ラテンアメリカの産業を長期にわたって規定した。

　第 2 段階の「輸入代替工業化（import substituting industrialization：ISI）」だが，これは，関税や輸入制限などの手段を使って国内市場を保護しながら工業製品の国産化を図ろうとする経済政策である。日本をはじめ東アジアにおいても，経済発展の初期段階ではこうした過程を経ているが，外貨獲得の必要性もあって，かなり早い段階から工業製品の輸出へと乗り出した。

　ラテンアメリカの場合は，世界大恐慌時の需要減退と市場価格急落による一次産品輸出経済の危機が，輸入代替工業化に踏み切らせる引き金となった。国際市況に振り回されない国民経済を形成すべく，国家主導のもとに各種産業の育成に着手し，国家も自ら経済主体となって製鉄や鉱業などの国営企業や国営の開発銀行が設立された。外資が支配していた電力，通信，鉄道などの基幹インフラや石油産業が国有化されたのも，この時代である。

　ブラジル，メキシコ，アルゼンチンなどの主要国は，消費財中心の第一次輸入代替工業化から，製鉄，石油化学などの生産財を国産化する第二次輸入代替工業化の段階へと，国内産業を高度化させた。60年代の自動車の国産化も，政府の主導のもとに，外資に生産認可を与えて実現したものである。

　こうした過程は，表 5 - 1 で示した産業構造からも跡づけられる。たとえばブラジルの場合は，第一次石油危機の73年から87年まで，第二次産業の比率はGDP対比で40％前後を占め，製造業も同30％前後にあった。問題は，工業化の資金が国内貯蓄で賄われず，主として海外からの借り入れに依存したことにある。輸出振興策もとられたが，結果的にはコーヒーや鉄鉱石など一次産品輸出に依存するところが大きく，国際市況に左右される状況からは抜け出せなかった。

　第 3 段階の開放経済体制への移行は，82年に発生し，ラテンアメリカ諸国の大半を飲み込んだ対外債務危機が契機となった。その過程については第 2 章に詳しいが，ラテンアメリカの産業や企業にとっては，関税・非関税の貿易保護引き下げや，民営化・民活化の断行，資本自由化による外資の進出で，グローバリゼーションの波に一気にさらされることになる。それと同時に，外資の手

によって大量の資金と技術が投入され，通信や金融，商業といった第三次産業の分野で革新的な変化が起こり，産業構造を一変させた。

この点は，先に述べた産業比率となって現れた。70年代から80年代半ばまでGDP対比50％前後であった第三次産業の比率が，92年以降，一気に60％前後の水準となった。

（3） バラエティに富む企業社会

以上述べた3つの産業分野におけるそれぞれの事業活動を担っているのが企業である。事業内容は，農業，鉱業，製造業，商業，金融業と，分野によって異なり，大企業，中小企業といった規模別の違いもある。その国の産業構造によって，企業社会の景観は異なってくる。一様には論じられないが，社会主義のキューバなど一部を除き，ラテンアメリカの企業社会にかなり共通した特徴として，資本の所有形態から見た3つの企業群とその連携関係がある。

企業は一般に，資本の所有形態から見て，個人が出資する「私企業」（いわゆる民間企業）と政府が出資する「公企業」（国営企業），それに両者が合同した「公私合同企業」に分類される。この点は，ラテンアメリカでも同じであるが，ラテンアメリカの場合には，民族系，すなわち自国の私人が出資する「私企業」（民族系民間企業）とほぼ同等に，外国資本（外資）が出資する「私企業」，すなわち外資系企業（多国籍企業）が重要な存在となっている。自動車メーカーは，そのほとんどが多国籍企業の子会社である。IT，機械機器，電気電子，薬品など技術集約的産業は外資を抜きには語れない。保護主義的な輸入代替工業化の時代にも，先端技術をもつ外資の参入は容認され，かつ，ひとたび先行投資を果たした外資は輸入代替工業化政策のもとで保護された。

公企業もまた国営企業だけとは限らなかった。有力な州が出資して企業や開発銀行を設立するケースが見られた。この点で，政府系企業と呼んだ方が適切な状況であった。

ブラジルでは，民族系民間企業，政府系企業，外資系企業を，産業を支える「3つの脚（tri-pé）」と呼んできた。**図5-1**はその概念図であるが，3つの企業群の存在に加え，それらの企業間には多数の合弁事業がつくられた。アルミ精錬や紙パルプなど，日本とブラジルが共同で組織した資源関連の会社は，外資（日本企業グループの投資会社）と政府系企業（ブラジル国営企業）の合弁会社

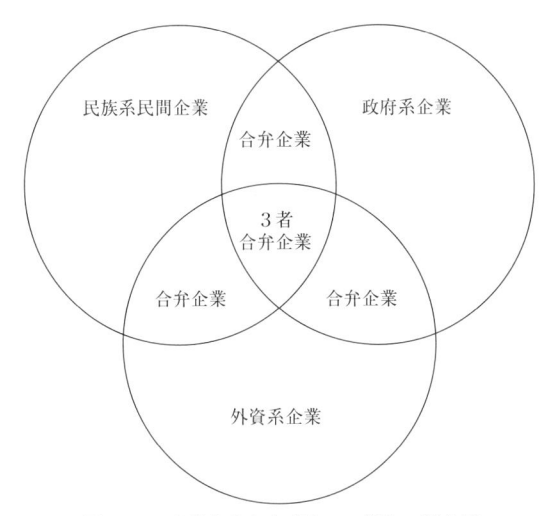

図 5-1 産業を支える「3つの脚」の概念図
出所：筆者作成。

であった。図の中央にある3者合弁企業も，特殊な事例ではあるが，政府主導のもとブラジルの石油化学部門でつくられた。

　しかも，これら3つの企業群の間で産業の棲み分けも見られた。すなわち，外資系企業については技術集約的産業が多いと述べたが，民族系民間企業は地元密着の労働集約的産業が，政府系企業は民間では手の出しにくい大規模な投資を伴う資本集約的な産業および国益重視の産業が，主たる産業分野であった。企業の数としては，民族系民間企業が圧倒的に多いが，産業の中核部分では，これら3つの企業群によって，事実上「3者同盟（the triple alliance）」が結成されていたとの見方もある。

　「3つの脚」はブラジルが典型ではあるが，他のラテンアメリカ諸国においても，経済規模や発展段階においてその度合いは異なるものの，おおむね存在していた。

　こうしたかたちで外資を取り込んだことで，ラテンアメリカの企業社会には多数の国の資本が，早くから参入している点に特徴がある。「開放経済」に入り，外資導入が自由化されると，たちまち多国籍企業による地場企業のM&A（合併・買収）や投資ラッシュが発生したのも，こうした土壌を抜きには考えら

れない。

　そもそも民族系民間企業のなかにも，ヨーロッパや中東，アジアなどさまざまな国から移り住んだ，移民出身の企業経営者がいる。これらの経営者によって多様な文化的背景をもった経営が持ち込まれている。「日本式経営」のように一言で言い表すことができないのが，ラテンアメリカの企業経営の特徴といえる。

　それぞれの国を代表する民族系民間企業のなかには，「ファミリービジネス」と呼ばれる，創業者一族ないしはその関係者が，資本・経営面で支配的な力をもつ同族性の強い企業が少なからずある。

2　21世紀の産業

（1）　コモディティの復活

　新世紀に入ると，ラテンアメリカの産業と企業が置かれた状況は一変する。債務危機（1982年）以降の，激しい景気変動，3桁，4桁のハイパー・インフレーションに，相次ぐ為替切り下げといった"暴風雨状態"から解放され，中長期の展望を描けるような状況になった。2003年から世界金融危機発生の08年までの6年間，ラテンアメリカ全体で見れば，年平均5％弱，人口1人あたりでは年3％を上回る経済成長が続いた。消費者物価上昇率も1桁台に収まっている。

　産業面から見ると，成長軌道をもたらした要因の1つが，中国に牽引された世界的なコモディティの需要と，それに伴った国際価格の高騰である。コモディティは，一般には食料や衣服，機械など幅広い商品を指す単語だが，産業界で使われる場合は，国際商品取引所などで大量に売買される一次産品のことをいう。すなわち金銀銅アルミなどの非鉄金属や，小麦，大豆，とうもろこし，コーヒーといった農産物，原油などの石油関連商品など，ラテンアメリカが供給力をもつ貿易品が多い。

　コモディティ価格は，2度のオイルショック（73年，78～79年）を挟んで80年代末まで激しく乱高下した。その後，90年代は低位で安定していたのが，2003年ごろから一気に上昇に転じたのである。80年を100とする日経国際商品指数でその経緯を見ると，1990年代は年平均60.1であった。それが，2003年度には

70.8となり，04年度86.4，05年度108.1と上昇し，07年度には161.3をつけた。その後も08年度158.8，世界金融危機の影響が残った09年度においても151.1と高止まりである。

個別商品を挙げてみると，銅は2000年の平均トンあたり1813.8ドルから09年は平均5172.5ドルに，原油はバレル30.26ドルから62.09ドル，砂糖はポンド8.15セントから17.86セントに上昇するといった具合であった。

コモディティの需要増大と価格上昇がともに押し上げ効果となって現れ，ラテンアメリカの輸出は6年間で2.5倍となった。とくにブラジル（大豆，砂糖，アルミ，鶏肉），アルゼンチン（大豆，とうもろこし，小麦），チリ（銅），ペルー（銅，亜鉛），ベネズエラ（石油），ボリビア（天然ガス）などの有力な一次産品をもつ南米諸国の伸びが大きい。

これらの国にとっては，「一次産品輸出経済」の復活ともいえるが，1930年代までの状況とは大きく異にする。まず販路と商品群が大幅に拡大している。伝統的な市場である欧米に加え，中国，インド，ロシアなどの巨大な新興市場が出現し，外国資本の商社を巻き込んで，市場の安定的な確保をめざすサプライ・チェーンづくりが志向されている。商品群としては，サトウキビから精製されるガソリン代替燃料のエタノール（ブラジル）や，燃料電池の生産に不可欠なレアメタル（希少金属）のリチウム（チリ，ボリビア，アルゼンチン）といった次なる候補が控える。これまで長期契約で輸出されていた鉄鉱石（ブラジル）にも，市場価格を反映しやすい四半期ごとの短期価格改定といった，コモディティ化の動きが見られる。

「アグリ・ビジネス」や「アグロ・インダストリー」といった新しい発想も生まれてきている。農業（アグリカルチャ）とそれに関連する産業を全体的にとらえる，あるいは他の産業と結びつけてとらえることで，付加価値の高い産業群に育て上げようとするものである。ブラジル中央高原部の大豆生産とそれを飼料穀物とする大規模養鶏・鶏肉生産の組み合わせや，同国の砂糖・エタノール産業とリンクしたフレックスエンジン，すなわちガソリンとエタノールを自由に混入できるエンジン搭載車の生産は，こうした発想の産物といえよう。さらに天然資源の分野にもクラスター（産業集積）形成の発想がもちこまれている。

コモディティは，市場の動きに左右されるところがある。しかし新興市場の

登場で需給タイトの世界的な基調は続くだろう。こうしたなかでアジアやアフリカ，オーストラリアへと海外に進出し，資源確保に動くラテンアメリカ企業も現れはじめた。21世紀の一次産品産業はきわめてダイナミックである。

（2） 産業再編続く製造業

　製造業は，産業再編成の最中にある。輸入代替工業化の終焉で，軽工業，重化学工業を問わず，保護・育成策がとりはずされ，一気にグローバルな競争に投げ込まれた。市場開放による輸入品との競合からはじまり，外資の直接投資によるM&A（合併・買収）の攻勢にさらされ，技術力や資本力で劣勢に置かれる事例が少なくない。

　メキシコや中米の縫製業のように，輸出先のアメリカ市場で，安い中国製繊維製品との激しい価格競争に巻き込まれ，市場シェアを失うケースも出ている。大量輸出国の輸出を規制していた多国間繊維取り決め（MFA）が2005年に廃止されるなど，自由競争拡大の世界的な潮流も追い打ちをかけた。観光地の土産物といった手工芸品は別として，国際的な産業動向を無視してはもはや製造業は成り立たず，外圧がきっかけとなって弱小企業の市場からの退出がうながされ，合併や整理統合にいたる事例も少なくない。

　こうしたなかで地域統合は，地場産業にとって市場規模を確保するうえで一定の役割を果たしている。MERCOSUR（南米南部共同市場）の場合，加盟4カ国の輸出の5割近くは一次産品であるのに，域内貿易についてはその9割を工業製品が占める。地域統合は，中堅企業にとって，経営国際化の第一歩の意味合いをもつ。隣国がイベリア半島の流れを汲む同じ文化圏にあるということが，それを容易にもしている。半面，加盟各国間で，工業製品の競争条件をめぐる貿易摩擦が絶えないのも，それぞれの国の製造業が置かれた厳しい現状を反映してのことだ。

　グローバルな観点からその動静に注目が集まるのが，自動車産業と製鉄業である。ともに主役は日米欧の世界的企業に，中国，韓国，インドなどの新興国の企業が加わり，生産拠点確保の戦略的な思惑が絡む。

　自動車の場合は，部品生産から組み立てまで統合した生産システムを有するのはメキシコ，ブラジル，アルゼンチンの3カ国である。このほかベネズエラ，コロンビア，エクアドル，ウルグアイには特定車種のパーツをもちこんで組み

立てるノックダウンの自動車工場がある。生産規模は、04年にブラジルが、06年にはメキシコが年200万台を突破し、08年にブラジルは300万台の大台に乗せた。ただ両国は販路面から見ると、ブラジルが国内を主たる市場としているのに対し、メキシコは生産の8割がアメリカを中心とする輸出で、際立った対照性を見せる。ブラジル、メキシコおよび年産50万台規模のアルゼンチンの3国が締結する自動車協定が、相互貿易を活性化させている。

　製鉄は、ブラジル、メキシコ、アルゼンチン、ベネズエラ、チリが銑鉄から鋼材まで一貫して生産する製鉄所を有する。このうち、動きがもっとも活発なのが、製鉄の原料である鉄鉱石の世界最大の埋蔵量（約22%）を誇るブラジルである。90年代の民営化で国営製鉄会社8社が国家の手を離れた。それはちょうどヨーロッパではじまった、90年代半ばからの世界規模の鉄鋼業再編の時期にあたる。しかも鋼板は競争が激しさを増す自動車生産の重要な素材でもある。

　そのうえ、今世紀に入って一気に世界の4割を超す製鉄国として中国が浮上した。ブラジルの製鉄規模は年産3000万トン台で、世界シェアの2.5%にすぎないが、世界の製鉄メーカーを呼び込んで製鉄所の新設が続く状況である。

　市場が産業の盛衰を決めるようになるなかで、政府や開発銀行の産業政策は、金融支援を伴った企業誘致、中小企業育成によるサポーティング産業や集積効果をねらったクラスター（産業集積）づくり、さらには雇用や貧困対策と結びつけたマイクロファイナンスに重点が置かれるようになってきた。

（3）　消費テコに伸びるサービス産業

　サービス産業にとっては、経済の安定化に伴い、それまではいわば眠っている状態であった人口の最も多い層である低所得者層や若年層、いわゆるボリューム・ゾーンが消費者層として顕在化したことが、事業拡大の最大の誘因となった。その典型がスーパーマーケットといえる。90年代の市場開放がきっかけとなり、アメリカのウォールマート、フランスのカルフールやカジノ、オランダのロイヤル・アフォルド、ドイツのマクロなど、欧米大手がそれぞれ進出先の国や地域を選択し、一斉にラテンアメリカ経営に乗り出した。

　その過程で、吸収され姿を消す地場の小売業やスーパーマーケットが少なくなかったが、ブラジルのポンジアスーカル、メキシコのコメルシオ・メヒカーナ、チリのセンコスッドやファラベーラのように、先進国市場から技術や資本

の一部，あるいは設備資金を導入しながら，多国籍企業と互角に戦う民族系民間企業の小売大手も出現している。

　消費の拡大は，中間所得層が世帯の半数に達したといわれるブラジルのように市場そのものの拡大と，低価格戦略によって底辺層の消費の掘り起こしによる部分がある。金利の低下で割賦販売やクレジットの利用がしやすくなったこともプラス要因で，家電などの量販店，携帯電話，パソコンなどのIT関連サービス，さらには銀行の窓口サービスなどにも市場拡大の現象が現れている。

（4）　立ち遅れたインフラ整備に拍車

　生産・消費の急速な立ち上がりに伴って明白になってきたのが，産業インフラの決定的な立ち遅れである。インフラは，日本独特の，用語を短縮化した言い方で，正確にはインフラストラクチャ（infrastructure）といい，人間の諸活動を下支えする社会資本のことである。このうち産業インフラは経済活動を支えるもので，通信手段や，道路，鉄道，港湾などの輸送手段，電力，ガスなどのエネルギー供給などからなる。産業の発展に先駆けて整備が求められる分野である。

　ラテンアメリカの場合，1980年代前半まではGDPの5～6％の規模でインフラ投資が行われていたが，90年代になると1％未満に落ち込んだ。長引く経済危機で政府に投資余力がなくなり，莫大な資金を必要とするインフラ整備が先送りにされたからだ。インフラの未整備は産業の競争力にも深刻な影響を及ぼしかねない問題である。

　たとえば，米州開発銀行（IDB）の調査によると，ラテンアメリカの輸入にかかる輸送コストは，平均して輸入額の6.6％に達する（2006年時点）。これはアメリカ（3.4％）の倍近い数値という（Pagés 2010：109-110）。自由化によって関税は大幅に引き下げられたが，近代化の遅れた輸送手段や能率の悪い港湾設備が輸入品の価格を高くする。結果的には，輸入原材料を使う生産者の競争力を失わせることになる。この点は輸出においても同様で，対米輸出を例にとると，ラテンアメリカの大半の国が地理的には近いにもかかわらず，中国や東アジア諸国に比べ割高な輸送コストを負担しているという。

　ブラジルのルーラ政権が，政権第2期入りの07年に総額6380億レアル，日本円にして約33兆円の成長加速計画（PAC-1，対象期間07～10年）を，さらに政権

最後の年にあたる10年に，総額9589億レアル（49兆円，11～14年）のPAC-2を相次いで発表したのも，こうした危機感からであった。PAC-1，PAC-2は輸送，エネルギー関連の産業インフラが柱で，それに庶民の住宅など社会・都市環境整備が含まれる。

　ブラジルの場合，14年にサッカー・ワールドカップ，16年には夏季オリンピックの開催が控えている。それだけに，よりいっそうインフラ整備が急がれる。リオデジャネイロ—サンパウロ近郊間の高速鉄道，世界第３位となるベロモンテ水力発電所の建設など，海外企業も注目する大型案件が含まれる。

　ブラジルほど巨額でないものの，08年に国家インフラ基金を創設したメキシコなど，他のラテンアメリカ諸国も一様にインフラ整備に力を入れつつある。ただ80年代までと違うのは，公共投資に民間資本を呼び込み，できるだけ国家の負担を小さくしようとの姿勢だ。官民パートナーシップ（PPP）と呼ばれる手法や投資ファンド，コンセッション（経営委託）など多様な方法が試みられている。

　インフラを地域統合の手段の１つとして活用しようとしている点も，80年代までのラテンアメリカとは異なる。2000年に南米12カ国によって「南米インフラ統合計画」（IIRSA）が，01年にはメキシコと中米諸国によってプエブラ・パナマ計画（現メソアメリカ計画）がスタートした。いずれも国境を越えて道路や電力網などのリンケージ（結合）を図り，物流や人の流れを活発化させ国域をまたいだ産業の新たなサプライ・チェーンづくりを意図している。アジアとの関連では，14年の完成を目途にパナマ運河の拡張工事が進行中である。

3　21世紀の企業

（1）　多国籍企業の再進出

　視点を企業のレベルにおいてみると，ここでも劇的な変化が起きている。その１つが，1982年の債務危機とその後の長引く経済危機のなかで撤退，ないしは様子見の状態にあった外資系企業（多国籍企業）が再びラテンアメリカ投資を活発化させ，それまで以上に存在感を増したことである。

　図５-２は，国連ラテンアメリカ・カリブ経済委員会（ECLAC）が作成した1990年代以降のラテンアメリカ諸国に対する外国直接投資（対内直接投資）と，

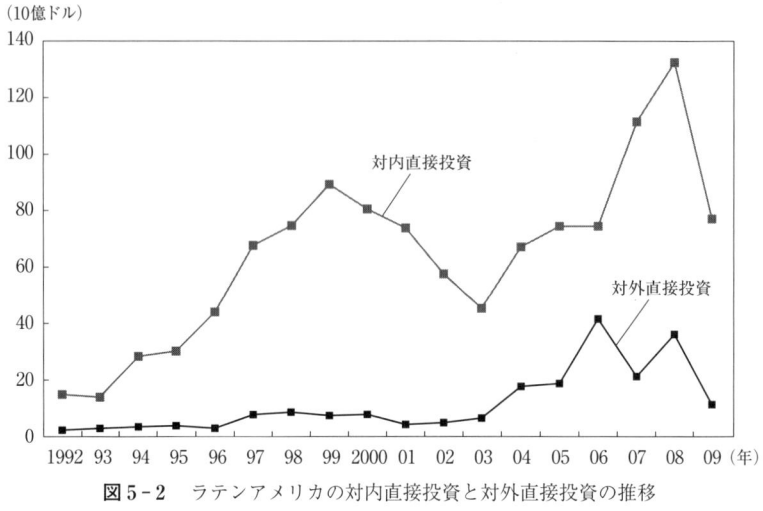

図5-2 ラテンアメリカの対内直接投資と対外直接投資の推移

出所：ECLAC (2010).

後述するラテンアメリカ諸国による海外直接投資（対外直接投資）の推移を示したものである。

外国直接投資は，2つの上昇局面からなる。1つが，経済自由化が本格化した90年代半ばから増えはじめ，99年にピークを打つものであり，もう1つが，ブラジル（99年），アルゼンチン（2001〜02年）と続いた通貨・金融危機から脱して，04年から上昇に転じ，08年にピークを打つものである。外国直接投資の金額は，07年には総額1000億ドルを超え，リーマン・ショック発生の08年には1300億ドル台に達した。この年の先進国を含めた全世界の外国直接投資に占めるシェアは9％である。ちなみにアジア・太平洋の途上国地域のシェアは23％，アフリカは5％であった。

最初の上昇局面で，外国投資復活の導引力となったのが，民営化・民活化である。輸入代替工業化の過程で国家独占となっていた基幹分野（国によって内容に差異はあるが，鉱業，石油，製鉄，石油化学，通信，航空，鉄道，電力など）が一斉に民間に解放された。国営など政府系企業の政府の持ち株が，また携帯電話や油田開発など新規の分野では市場参入や開発の権利が，国際入札にかけられた。鉄道や有料道路などは，施設の改良投資とともに，数十年にわたって経営を任せるコンセッション（経営委託）方式がとられた点はすでに述べたとおり

である。

　チリをトップバッターに，アルゼンチン，メキシコ，ブラジルと，ラテンアメリカのほぼ全域でつぎつぎとはじまった民営化が，まず欧米資本を引きつけた。民営化案件に対する日本企業の関心は総じて低かったが，それでも日本が協力して設立した歴史をもつブラジルの国営製鉄会社ウジミナスの民営化には，新日本製鉄を中心に出資グループが結成され，民営化企業の株主となっている。

　民営化の結果，第1節の第3項で解説した「3つの脚」から，石油産業，電力などの例外を残しながら，政府系企業のひとまずの退出となった。「ひとまず」としたのは第4項で述べるような国営企業の巻き返しがあるからだが，ラテンアメリカ経済は，民族系と外資系の「2つ」の民間企業群が市場経済を支えるかたちへと変貌を遂げている。

　しかもアルゼンチンの石油産業の場合，国営のYPF社が民営化され，さらにそれがスペインの石油会社Repsolに売却された。戦略部門とはいえ，民営化によって脱民族化されるケースも出てきた。債務危機（1982年）の際に，信用防衛策として国営化されたメキシコの民間銀行も同様で，民営化と同時に，その大半はアメリカのシティバンクやスペインのビルバオ・ビスカヤ・アルヘンタリア銀行など外資の手に渡った。

　さらに，外資の投資領域がそれまでの製造業や鉱業から，従来見られなかった通信，電力，スーパーマーケットといったサービス分野（第三次産業）全般へと裾野を広げたこと，米欧日の伝統的な投資国に，スペインやポルトガル，韓国や中国，そして周辺のラテンアメリカ諸国の「新顔」が加わったことが，90年代後半の特徴として指摘できる。

　2つ目の2000年代の上昇局面では，民営化・民活化はほぼ終わっている。それに代わって，世界的なコモディティ需給の逼迫を受けて資源や食糧の権益確保のための資源関連投資や，経済安定化のなかで購買力を増した大衆層をターゲットとする消費関連の投資，そして自動車産業や製鉄業にその典型が見られる企業のグローバル戦略に基づく拠点づくりに特徴が見られる。

　これらの3つの投資誘因，すなわち「資源確保」，「市場確保」，「国際競争力のある生産拠点確保」はいずれも，先進国から発展途上国，とりわけ新興国への投資シフトがいわれる世界金融危機後の企業動向に合致している。09年こそ危機の余波を受けて大幅な減退（08年比42％減）に見舞われたものの，一過性

で終わる可能性が少なくない。2000年代の上昇局面で,投資国の裾野がさらに広がった。アメリカの投資比率は37％（ECLACによる98～08年の集計）に低下し,次いでスペイン9％,カナダ7％,フランス,イギリス,ドイツ,日本が各5％とつづく。さらにラテンアメリカ諸国が合計で10％,その他が16％である。投資国一国の動静に左右される度合いが軽減したと見ることができる。

(2) 体力をつける大手企業

　グローバリゼーションの波を受けるなかで,民族系民間企業は同業同士の大型M&A（合併・買収）によって対応しようとの動きが2000年代半ばから,成長分野において顕著になる。その一例が,ブラジルの鶏肉の加工最大手2社による09年の合併だ。新会社につけられた会社名はブラジル・フーズであり,鶏肉の輸出業者としては世界最大級である。後述の,アメリカの食肉メーカーを買収したJBSとともに,食肉の国際的な取り引きに影響力を及ぼす存在となった。

　同業の吸収による規模の拡大は,化学品（メキシコのメクシチェム社）,紙パルプ（ブラジルのボトランチン紙パルプ社）,家畜や養魚の飼料となる魚粉（ペルーのTASA社）など多数の事例が見られる。いずれもラテンアメリカでトップ,あるいは世界で上位ランク入りをねらった動きである。09年のクリスマス商戦時には,食品主体のブラジル大手スーパーマーケット（ポンジアスーカル社）による家電・家具量販店1位（カーザス・バイーア社）の異業種買収も発生し,新しい傾向として注目された。

　金融部門では,08年に総資産2位（イタウ）と同6位（ウニバンコ）のブラジルの民族系民間銀行が合併し,南米最大,世界でも時価総額で20指に入る銀行が誕生した。これがきっかけとなってブラジルでは新たな金融機関再編成の動きが発生した。08年3月にサンパウロ証券取引所（BOVESPA）と先物商品取引所（BM&F）が合併した。コストを削減し,海外の証券取引所によって買収されることを回避するためであった。

　こうした体力の増強は,経済誌アメリカ・エコノミア（*América Economia*）が集計する金融機関を除くラテンアメリカ500大企業の場合にもはっきりと見られる。世界金融危機直前の07年における500社の総売上高は1兆9557億ドル,02年が8315億ドルであったから5年間で2.3倍となった。年商10億ドルの企業は437社,5年前（187社）の2.3倍である。

国別では，ブラジルが211社で，社数，売上高ともに42.2％を占めトップであり，次いでメキシコ（社数134），チリ（55），アルゼンチン（36），ペルー（15），ベネズエラ（7），コスタリカ，エクアドル（各3），パナマ，ウルグアイ（各2），エルサルバドル（1）と続く。02年時点のブラジルは137社であったから，同国企業の成長ぶりは目覚ましい。逆にメキシコはこの間に241社から100社あまり減らした。

（3） 国際化とトランス・ラティンスの出現

21世紀は，ラテンアメリカ企業が「外への国際化」に向けて本格的に動きはじめた時代でもある。ここでわざわざ「外への」と断っているのは，すでに第1節で説明したように，ラテンアメリカ諸国は早い段階からさまざまな国の企業を取り入れてきた。「内なる国際化」という点では，日本などより，はるかに先進的な地域である。しかし，「外へ」となると，商品輸出はともかく，国内の成長期待が高かっただけに，外国に乗り出してまで事業を展開するといった行動様式は見られなかった。

外へ目を向けはじめたきっかけは，債務危機（1982年）後の国内経済の混乱であった。折しも政府主導でMERCOSURやNAFTAといった地域統合が動きはじめた時期である。関税など規制の壁が引き下げられると，国境の先に言語や文化，法体系が似通った周辺市場の存在に経営者は気づきはじめる。チリやアルゼンチンなど，経済自由化が早かった国から隣国への直接投資がはじまった。食料，飲料，小売，銀行など市場確保をねらった案件が多く，「ローカル多国籍企業」の創設と呼ぶのがふさわしい段階であった。メキシコからは，歴史的に関係の深い北の隣国アメリカへの投資がはじまった。

21世紀に入ると，企業経営者の目はラテンアメリカ域内にとどまらず，世界市場に向けられるようになる。経済の安定と輸出拡大で手元資金が潤沢になったことに加え，世界的なデフレ傾向のなかで資産価値が下がり買収しやすくなった。さらに金利低下で投資に伴う金融調達コストが下がったため，企業買収によって世界戦略に打って出る企業が出てきた。2007年にアメリカの精肉大手スィフトを買収して世界トップの牛肉加工業者に躍り出たブラジルのJBSはその典型である。世界の鉄鉱石生産の3割を握るヴァーレ（ブラジル），小型旅客機生産のエンブラエル（同），セメントのセメックス（メキシコ）も，それぞ

れの業界で世界一の企業である。

製鉄や紙・パルプ，石油，パンや菓子製造，バス・トラックの車体，銀行，通信などでも海外進出を積極化する企業が少なからずある。ラテンアメリカ企業の新しい経営モデルとなっている。ラテンアメリカ版多国籍企業ということで，トランス・ラティンス（Trans-Latins）あるいはマルチ・ラティンス（Multi-Latins）と呼ばれている。

経済誌アメリカ・エコノミア電子版による，全事業に占める海外事業の売上高，投資，従業員の比率などから算出したラテンアメリカ地域でのグローバル化トップ60社（09年）の国別内訳は，ブラジル25社，メキシコ13社，チリ12社，アルゼンチン3社，ペルー2社である。コロンビアやベネズエラ，中米のグアテマラ，エルサルバドルもそれぞれ1社を数える。世界の投資が新興国に流れるなかで，投資相手先のアジア，アフリカ，中東などとの南—南関係を強める要素としても，これらトランス・ラティンスの動きは注目される。

(4) 国営企業の再登場

国際舞台に登場する民族系民間企業が出現する一方で，21世紀に入って産業の担い手として国営企業を再び活性化させようとの動きが出ている。民営化・民活化が，対外債務危機脱出のいわば処方箋とされた記憶がまだ生々しく残っている時点である。歴史の歯車を逆転させるかのようにも見える国営企業復活の現象に，ラテンアメリカのなかでもとまどいが少なくない。

その顕著な事例が，資源ナショナリズムを再発動しようというものである。地下資源はそれを産出する国に恒久主権があるということで国際コンセンサスができあがっているが，それをより確実なものにしようと，国家が直接管理下に置く，すなわち国営化する行為である。その典型が，ベネズエラのチャベス政権といえる。

2005年4月にチャベス大統領（在任：1999～2013年）は，それまで外資中心の民間企業に委託して進めていた同国の油田掘削事業32件を，国営石油会社PDVSAが50％超出資する合弁会社に衣替えすることを要求した。ベネズエラの石油産業は，1976年に全面国営化され，90年代はじめに上流部門（探鉱・開発・生産）のみ外資に開放された歴史をもつ。このため合弁化の要求は，資源ナショナリズムを再び強化するものと受けとめられ，撤退や裁判に訴える外資も現れたが，

結局 1 年後に実施された。

　2006年のメーデー（5月1日）には，前年12月，先住民出身としてはじめて国家首班の座に選出されたボリビアのエボ・モラレス大統領が，炭化水素資源（石油・天然ガス）会社の国営化を宣言した。同国は1994年に国営石油会社YPFBを民営化したが，国営化宣言で復活させた。2010年には，電力会社の国営化に踏み切っている。そのなかには民営化で払い下げたフランスやイギリスの企業も含まれる。

　アルゼンチンのようにエネルギー会社（ENARSA）の名目で，あらためて国営石油会社を新設（04年）したケースもある。既述のように，往年の国営石油会社（YPF）を民営化し脱民族化したため，資源開発のためには，政府の意向を反映する国営企業が必要とされた。ブラジルは，南東部沖合数10〜300キロで発見された，深海の岩塩層の下に眠る巨大な油田（現地名でプレサル）開発のため，現行の国営石油会社ペトロブラスに加えもう1社，専従の国営石油会社の創設に動いている。予想される膨大な石油収入を，教育，貧困対策や科学技術の振興に振り向けるためとされるが，開発に参加する民間の石油会社との間の取り分変更の思惑が透けて見える。

　こうした新たな国営化の動きを，2000年代半ば実施の大統領選挙で誕生したラテンアメリカの左派系政権と結びつける論調が少なくない。しかし，必ずしもそれらは的を射たものではない。というのも，国営化の手法が左派系政権で広く一般化されたわけではないからである。「21世紀社会主義」を掲げ，電力，通信，セメント，製鉄，ガソリン販売業者と，つぎつぎに国営化を断行し外資を排斥しているベネズエラのチャベス政権は，むしろ例外的な存在といえる。

　ただ利益優先の民間企業の行動が国民や地元の不信感を呼び，公的セクターの役割を見直そうとの機運も，民営化・民活化10数年を経て現れている。その1つが民営化された水道事業で，採算性の悪化から料金引き上げを画策する外資と，これを阻止しようとする地元との軋轢がボリビアやアルゼンチン，エクアドルなど各地から伝えられる。ウルグアイでは国民投票による憲法修正で水道事業の民営化を禁止した（04年）。その結果，観光地プンタ・デル・エステで30年間の事業許可を得ていたスペイン系の水道事業会社は撤退を余儀なくされている。

　このように産業（セミマクロ），企業（ミクロ）の両面で，研究対象となるさまざまな新しい経済現象が起こっているのが，21世紀のラテンアメリカである。

> ■□コラム□■

ブラジルと地デジで"ガラパゴス"状況を打破

　日本企業の対ラテンアメリカ投資は，東アジアに目を奪われていたこともあり，欧米企業に比べ出足が遅れた。その状況で，進出の重要なヒントを与えてくれるのが，地デジ（地上デジタルテレビ放送）技術の南米諸国への売り込みだ。

　地デジの放送方式は，ヨーロッパ方式，アメリカ方式，日本方式の3つ。普及面で，日本方式は欧米に先行されていたが，2006年6月，画像の鮮明さやワンセグが使えることが評価されて，ブラジル政府が採用した。これがきっかけとなって，日本の地デジ技術（ISTB-T）とブラジルの映像圧縮技術（MPG-4）を組み合わせ，日本・ブラジル方式として南米諸国に売り込みを図った。その結果，ペルー，アルゼンチン，チリ，ベネズエラ，エクアドル，パラグアイ，ボリビア，中米のコスタリカが相次いで採用を決定した。人口にするとあわせて3億人のマーケットとなる。

　日本企業にとって，日本方式の採用は，テレビなどの機器はもとより，放送で流されるコンテンツの販売で有利だし，引いては日本の技術力や文化の宣伝にもなる。しかし何よりも，今回日本が得たものは，優れてはいても日本しか使われていないため，独自の生物進化を遂げるエクアドルの島になぞらえて「ガラパゴス」と自嘲する日本技術の状況を打破し，文字どおり世界の標準技術をめざす道を開くことができたことにあろう。世界に認められてこその標準技術である。

　そのためには，有力なパートナー探しも重要だ。ラテンアメリカに影響力のあるブラジルとの二人三脚が効果的であった。

●参考文献────

宇佐見耕一・小池洋一・坂口安紀・清水達也・西島章次・浜口伸明（2009）『図説ラテンアメリカ経済』日本評論社。

西島章次・細野昭雄編（2004）『ラテンアメリカ経済論』ミネルヴァ書房。

星野妙子編（2004）『ファミリービジネスの経営と革新──アジアとラテンアメリカ』アジア経済研究所。

堀坂浩太郎・細野昭雄・古田島秀輔（2002）『ラテンアメリカ多国籍企業論──変革と脱民族化の試練』日本評論社。

堀坂浩太郎・細野昭雄・長銀総合研究所編（1996）『ラテンアメリカ企業論──国際

展開と地域経済圏』日本評論社。

堀坂浩太郎・細野昭雄・長銀総合研究所編（1998）『ラテンアメリカ民営化論――先駆的経験と企業社会の変貌』日本評論社。

ECLAC (2010), *Foreign Direct Investment in Latin America and the Caribbean 2009*, Santiago.

Pagés, Carmen (2010), *The Age of Productivity : Transforming Economies from the Bottom Up*, New York : Palgrave Macmillan.

"Las 500 mayores empresas de América Latina," *Revista América Economia*, July 28, 2008.

United Nations Conference on Trade and Development-UNCTAD, *World Investment Report* 電子版および *Handbook of Statistics* 電子版。

（堀坂浩太郎）

第6章
資源ブームと経済成長

　ラテンアメリカは重要なベースメタル，貴重なレアメタルの重要な供給源である。資源獲得競争が厳しくなっている世界経済のなかで，資源産業はラテンアメリカの存在感を示す戦略的産業となっている。そのなかで，資源ナショナリズムや資源収入の大衆への分配を唱える左派政権も成立している。先進国企業が資源ナショナリズムの高揚にとまどうなかで，膨大な外貨準備の使い道として資源確保活動に積極的な中国との関係がさまざまなかたちで発展しつつある。しかし資源収入を社会政策のための財源とだけとらえると，資源部門の供給能力の拡大維持に必要な民間資本の投資が行われず，持続可能ではない。資源への依存を強めることはかえって長期的な経済成長を阻害する場合もある。それは，資源依存がマクロ経済の不安定性の増幅，貿易財産業の衰退，制度の劣化，環境制約などにつながるからである。ただし，これらの問題は適切な制度の導入によって対応することが可能となる。

1　輸出の一次産品化

　広大な土地と豊かな天然資源に恵まれたラテンアメリカは，先進国で食料や工業原料となる一次産品を輸出することを基盤にして，19世紀後半に経済発展を開始した。しかし，1930年代には世界恐慌下で一次産品市場の低迷に苦しみ，アルゼンチンの経済学者ラウル・プレビッシュらラテンアメリカの経済学者は，一次産品の工業製品との交易条件は長期的にも悪化するはずであり，一次産品に依存したままではラテンアメリカと先進国の経済格差は開く一方である，という悲観論を主張した。そうして一次産品部門への依存は克服しなければならない古い開発モデル，と考えられるようになり，ラテンアメリカ諸国は工業化に突き進んでいった。

　その影響は輸出の構成にも見られる。図6-1からわかるように，70年代は

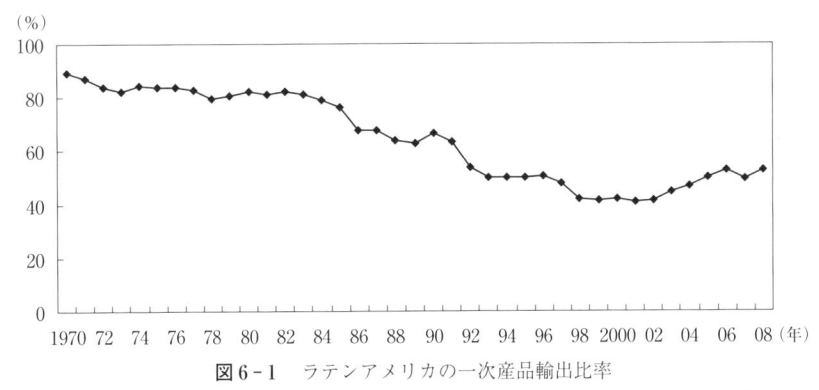

第6章　資源ブームと経済成長

図6-1　ラテンアメリカの一次産品輸出比率
出所：ECLAC, *Statistical Yearbook for Latin America and the Caribbean 2009*, Table 2.2.2.1.

じめごろにあっても，ラテンアメリカの一次産品輸出比率（輸出総額の中の一次産品の構成比）は約90％で輸出のほとんどが一次産品であったが，その後減少し続けて，90年代末には約40％になった。これは，とくに輸出額が大きいメキシコとブラジルにおける傾向を反映している。メキシコでは70年代後半に油田が発見されたために一次産品輸出比率は，82年に91％に達したが，その後アメリカ市場向けの加工組立型工業品輸出が急速に拡大した結果，99年に15％となった。ブラジルでは，メルコスル（MERCOSUR：南米南部共同市場）域内貿易で工業品の輸出が成長したことも一因となって，70年から2003年にかけて一次産品輸出比率は87％から42％に下落した。

ただし近年では，図6-1に見られるように，ラテンアメリカの輸出における輸出一次産品比率が再び高まる傾向にある。その背景には，一次産品価格の上昇と，急速な経済成長のなかでラテンアメリカから石油，鉄鉱石，銅，アルミニウム，大豆などの輸入を拡大した中国の存在がある。一次産品部門は，グローバリゼーション時代にラテンアメリカが存在感を示す戦略的産業として見直されるようになったといえよう。

本章では，新たに一次産品に傾斜することがラテンアメリカ経済にとってどのような意味をもつのかを考えてみよう。農業については第7章で詳しく述べることにして，ここでは鉱物資源と化石燃料に関する論点を取り上げる。第2節ではラテンアメリカが主な供給源になっている資源について述べる。第3節では資源ナショナリズムについて，第4節では資源ブームが必ずしも経済成長

につながらない理由について論じながら，資源の豊かさを活かすためには，国の制度が重要であることを確認する。

2　豊かな資源

（1）鉱　物

　ラテンアメリカは，世界経済にとって2種類の鉱物資源の重要な供給源である。第1に，中国をはじめ経済成長が著しい国々において建設，社会基盤整備，耐久消費財生産のための需要が高まっている鉄，銅，アルミニウムなどのベースメタルについて，ラテンアメリカには良質で低コスト，そして大規模な鉱区が存在する。第2に，工業原料として，またハイテク電子製品や自動車用電池の製造などに必要であり，日本政府も確保戦略（経済産業省 2009）をもって取り組んでいるレアメタルについても，ラテンアメリカは世界に遍在する供給源の1つとなっている。

　まず，ベースメタルについて見ると，ラテンアメリカの西側には，アンデス山脈の隆起が起こったときに地表近くに供給されたマグマがもとになってできた銅，亜鉛，錫などを産出する地層がある。一方，安定した地層である東側は大部分がブラジル領であるが，古い堆積地層中に鉄鉱石やボーキサイトが豊富に存在する。表6-1にはこれらの鉱物資源においてラテンアメリカが重要なポジションを占めていることが表されている。

　鉄鉱石の輸出は，ブラジルとオーストラリアに世界の3分の1ずつが集中していて，この両国に拠点を置く3大サプライヤーが世界の輸出の8割を占める。このような極端な寡占状況のため，サプライヤー側が強い価格交渉力をもっている。3大サプライヤーの1つであるブラジルのヴァーレ社は，民営化後，国内外で企業買収を繰り返し，とくに低コストで良質な国内の鉱区をほぼ独占的に保有したことで高い競争力を獲得し，世界最大の鉄鉱石輸出企業に成長した。

　また，チリは世界最大の銅鉱輸出国であり，銅はチリの輸出の36%（2009年）を占める主要産品である。チリの銅鉱を独占的に開発するコデルコ社は，国営企業でありながら専門経営者により効率的に経営され，09年の実績では世界の銅鉱輸出の11%のシェアをもち，売り上げは121億ドルにのぼった。同社が保有する確認埋蔵量は世界最大で，今後も世界の銅市場において主要な地位を維

表 6-1 ベースメタルの生産量と埋蔵量（2009年）

（万トン）

資源名	国名	生産量	埋蔵量
鉄鉱石	ブラジル	38,000	1,600,000
	メキシコ	1,200	70,000
	ベネズエラ	1,600	400,000
世界シェア		17.70%	12.90%
ボーキサイト	ブラジル	2,800	190,000
	ベネズエラ	480	32,000
	ガイアナ	120	70,000
	ジャマイカ	800	200,000
世界シェア		20.90%	18.20%
銅	チリ	530	16,000
	ペルー	126	6,300
	メキシコ	25	3,800
世界シェア		43.10%	48.30%
亜鉛	ペルー	147	1,900
	メキシコ	52	1,400
世界シェア		18.10%	16.50%
錫	ペルー	3.8	71
	ボリビア	1.6	45
	ブラジル	1.2	54
世界シェア		21.50%	30.40%

出所：アメリカ地質調査所鉱物資源計画（http://minerals.usgs.gov/minerals/pubs/commodity/）。

持していくであろう。ペルーではフジモリ政権下の民営化後，銅鉱開発は外国企業によって行われている。

　次にレアメタルについて，ラテンアメリカは**表6-2**に掲げたいくつかの資源の主要な産出国であるが，将来の開発が期待される大規模な埋蔵量を保有する。とくに自動車用電池の素材として注目されているリチウムやニッケルは，ラテンアメリカが重要な供給元である。リチウムは，チリ，アルゼンチンなどを中心にラテンアメリカが世界の半分以上を供給し，すでに確認されている埋蔵量では世界の8割を超えているが，さらにボリビアのウユニ塩湖に豊富な資源が存在することが明らかになっている。資源ナショナリズムを強調するボリビア政府は国営企業による独占的開発を宣言しているが，生産技術の移転と輸送インフラづくりに外国からの支援を必要としており，自動車用電池で世界の主導権を握ろうとして官民が協力して資源の確保に奔走している日本，韓国などアジア勢が開発利権参加を争っている。ニッケルはキューバに豊富な埋蔵量

表6-2　レアメタルの生産量と埋蔵量（2009年）

（万トン／＊＊印はトン）

資源名	国　名	生産量	埋蔵量
ニッケル	キューバ	6.5	550
	コロンビア	9.3	170
	ブラジル	5.7	450
	ベネズエラ	1.2	49
世界シェア		15.90%	17.20%
ニオブ	ブラジル	5.7	290
世界シェア		91.90%	98.30%
リチウム	アルゼンチン	0.22	80
	ブラジル	0.011	19
	チ　リ	0.74	750
	ボリビア	（未開発）	(550)＊＊
世界シェア		53.90%	85.80%
ホウ素	アルゼンチン	79	200
	ボリビア	5	不明
	チ　リ	58	不明
	ペルー	35	400
世界シェア		39.30%	3.50%
モリブデン	チ　リ	3.2	110
	メキシコ	0.7	13.5
	ペルー	1.2	14
世界シェア		25.50%	15.80%
アンチモン	ボリビア	0.45	31
世界シェア		2.40%	14.80%
テルル＊	ペルー	45	2,300
世界シェア		不明	10.50%
セレン＊	チ　リ	70	20,000
	ペルー	45	9,000
世界シェア		7.70%	33.00%
タンタル＊	ブラジル	180	65,000
世界シェア		15.50%	59.10%
レニウム＊	チ　リ	25	1,300
	ペルー	4	45
世界シェア		55.80%	53.80%
ビスマス＊	メキシコ	1,200	10,000
	ボリビア	150	10,000
	ペルー	960	11,000
世界シェア		31.60%	9.70%

注：＊は推定値。
出所：アメリカ地質調査所鉱物資源計画（http://minerals.usgs.gov/minerals/pubs/commodity/）。

が確認されている。現在カナダ企業がキューバ政府との合弁生産を行っているが，対キューバ経済封鎖政策のためにアメリカが輸入を拒否しているという問題を抱えている。ブラジルのヴァーレ社はカナダの大手ニッケル企業を買収して，同社が保有していたカナダおよびインドネシアの鉱山権益を手に入れており，さらに首脳同士の親密な関係を利用してボリビアのリチウム資源にも関心を示している。このほかにも，鉄鋼原料のニオブはブラジルが世界の9割を生産し，半導体や液晶パネルの製造に利用されるモリブデンは銅鉱山の副産物としてチリやペルーが主産地となっている。

（2） 化石燃料

ラテンアメリカは広域に石油・天然ガスの化石燃料資源を産出する（表6-3）。

メキシコでは，1970年代の石油危機期の76年にカンペチェ湾沖合の浅海に大規模なカンタレル油田が発見され，突如主要な産油国となった。この油田は現在メキシコ全体の産油量の60％を占めているが，生産能力はすでに減退期に入っているとみなされている（堀坂 2010）。このまま行けばメキシコは2010年代後半には石油輸入国に転じるおそれがあり，石油部門に積極的に投資する必要に駆られている。メキシコ湾の深海油田開発への期待はあるが，国営石油公社ペメックスにはその開発を行う技術力と資金力が不足しているため，チコンテペック盆地の油田開発への注目が先行している。日本は，日系企業が保有する独立系発電事業にこの油田から生産される随伴天然ガスを燃料として安定的に供給できることを期待して，国際協力銀行の融資を供与して支援している。

南米最大の産油国ベネズエラではマラカイボ湖畔とオリノコ川デルタにおいて，主に重質油が産出する。ベネズエラの石油開発にはかつてアメリカを中心に外国資本の利権が深く絡んでいたが，チャベス政権は石油資源の国有化に踏み切って石油から得られる所得を国家に集中させた。反米的な政治姿勢で知られるチャベス大統領であるが，ベネズエラの原油輸出の3分の2はアメリカ向けで，経済的にはアメリカ市場に強く依存している。ベネズエラは対米依存を減らすべく中国に接近し，10年4月に200億ドル相当（半分は人民元建て，原油輸出代金を返済に充当）の融資と，オリノコ川デルタ油田開発と製油所建設に関する協力協定を締結している。

表 6-3 ラテンアメリカの燃料資源 (2008年)

原油			天然ガス			エタノール	
	生産日量 1000バレル	埋蔵量 10億バレル		生産量 10億立米	埋蔵量 1兆立米		生産量 100万ガロン
メキシコ	3,157	11.9	メキシコ	54.9	0.50	ブラジル	6,472.2
アルゼンチン	682	2.6	アルゼンチン	44.1	0.44	(アメリカ)	9,000.0
ブラジル	1,899	12.6	ボリビア	13.9	0.71	(その他)	1,863.0
コロンビア	618	1.4	ブラジル	13.9	0.33		
エクアドル	514	3.8	コロンビア	9.1	0.11		
ペルー	120	1.1	ペルー	—	0.33		
トリニダードトバゴ	149	0.8	トリニダードトバゴ	39.3	0.48		
ベネズエラ	2,566	99.4	ベネズエラ	31.5	4.84		
上記国世界シェア	12.5%	10.0%	上記国世界シェア	7.0%	4.3%	ブラジルシェア	37.3%

出所：British Petroleum, *Statistical Review of World Energy*, June 2009.

　ボリビアでは03年から05年にかけて天然ガスの対米輸出計画をめぐって国民の激しい抗議運動が起こり，混乱のなかで政権が次々に辞任に追い込まれた。06年に就任したモラレス政権は，天然ガスを含む炭化水素資源の国有化を実行した。ボリビアとの間に天然ガスパイプラインを敷設し，国営のペトロブラスがボリビアに約10億ドルの投資を行って，ボリビアの天然ガスへの依存を強めてきたブラジルは，このことに大きな衝撃を受けた。結局ブラジル政府はボリビアに譲歩して，輸出価格の引き上げとペトロブラスの精油所をボリビアに譲渡して紛争を回避し，関係を維持している。

　そのペトロブラスは，現在ラテンアメリカの化石燃料産業の花形といえる存在である。同社はこれまで海底油田探索・開発技術に莫大な研究開発費を投入してきた。近年これが実を結んで，南東部地域沖合に大規模な海底油田群を発見し，念願の石油の自給自足体制を確立し，さらに本格的な石油輸出国に飛躍しようとしている。さらに，ペトロブラスは事業資産を充実させて高まった資金調達能力を活用して国際化を進めており，ラテンアメリカや北米，アフリカなどで化石燃料開発を行っている。

　ペトロブラスは，08年に海面から約3000～5000メートルの間の地中の岩塩層のさらに下の地層（プレサル層）に膨大な量の軽質油が存在することを確認している。このプレサル油田の開発は，ペトロブラスにとって高い生産費用（1バレル45ドルの原油価格を損益分岐点と想定）とリスクが予想される挑戦的事業である。ブラジルはカルドーゾ政権下の97年に，88年の憲法で国家による独占を

規定した石油開発事業モデルを転換してコンセッションによる開発権を民間・外資に開放したが，プレサルには国家が管理する生産分与方式を導入した。この方式のもとでは，開発ライセンスを獲得した企業はペトロブラスとの共同出資が要求され，生産される石油から投資資金回収分を先どりできるが，国は残りの石油について契約で取り決めた比率を分与される権利を有する。ただし国は探査・生産のリスクは負わない。政府はプレサルの収入で社会開発基金を新設し，ここから貧困削減，教育，環境，科学技術に関する事業予算を供給することによって，再生不能な天然資源を人的資源に転換する計画を発表している。

プレサル油田が軌道に乗れば世界のなかでも主要な産油国の1つとなるブラジルに，中国が注目しはじめた。すでに中国国家開発銀行の融資と中国石化グループと長期協力協定が結ばれ，中国石化グループへの原油供給がはじまっている。今後，ブラジル北部油田開発への参加やブラジル国内の下流分野への投資などが検討される。

（3） バイオ燃料

1970年代の石油危機がもたらした原油価格高騰により，石油の大部分を輸入に依存していたために深刻な貿易赤字に直面したブラジル政府は，75年に国家アルコール計画に着手した。ブラジルでは自動車用燃料としてエタノールをガソリンに混入する政策は30年代からとられてきたが，国家アルコール計画はエタノールだけで走らせる車を普及させて，エタノールによるガソリンの代替をさらに進めようとする野心的なものであった。政府は砂糖の国際価格の低迷に苦しんでいた製糖業に対して，買い取り保障や補助金を与えてサトウキビを原料としたエタノールの生産をうながした。政府の介入によって安価なエタノールの供給が拡大する動きに呼応して，欧米自動車メーカーはブラジル市場にエタノール・エンジン車を供給し，それらが乗用車・軽商用車の新車生産全体に占めるシェアは86年に73％に達した。

しかしその後の原油価格の下落によってエタノールの経済的合理性は失われ，エタノール車は市場からほぼ姿を消していった。90年には，エタノール産業政策の実施機関であった砂糖・アルコール院が廃止されて政府による砂糖・エタノールの専売体制は撤廃され，97年から99年にかけて市場取引価格が自由化された。これにより，現在も政府の管理下にあるガソリンとは異なり，エタノー

ルは市場価格による取引に委ねられている。ただし，エタノールをガソリンに混入する割合（20〜25％）を変更する政策を通じて，政府はエタノールの需給関係を間接的に調整している。

　いったんはしぼみかけたエタノール産業への注目が，2000年代以降急速に高まった。その背景として，第1に，97年に合意された京都議定書が，バイオ燃料について，使用される際に排出される二酸化炭素と植物が光合成の段階で吸収する量が相殺されると考えるカーボン・ニュートラル性を規定したことにより，すでに技術が確立されているバイオ・エタノールが即効性のある地球温暖化問題の解決策として世界から注目されるようになったことがある。表6-3に示されているように，ブラジルはアメリカと並ぶエタノール生産国である。現在，ブラジルのエタノールの供給量は国内需要を満たす程度で輸出余力は小さいが，世界的にエタノールの利用が真剣に検討される場合には，豊富な可耕地を考えたときの潜在的な輸出能力はアメリカをはるかにしのぐ。

　第2に，原油価格の上昇をきっかけにした，フレックス燃料エンジン車のブラジル市場への登場である。これはエタノールとガソリンの自由な混合を許容するエンジンを搭載した車で，03年にフォルクスワーゲンが発売すると，その他の企業も次々と追従し，09年にはフレックス車が乗用車・軽商用車の新車販売の9割を占めた。

　エタノールが発する熱量は同量のガソリンの7割程度なので，価格がガソリンよりも30％以上安ければエタノールを使う方が有利であり，それよりも高ければガソリンの方が有利である。サトウキビの刈り取りが行われる乾季（サトウキビの作付面積の55％が集中するサンパウロ州では5〜11月の6カ月間）以外はエタノールの供給が減少し価格が上昇する。フレックス燃料エンジン車の登場によって，消費者は価格に応じた燃料を選択できるようになり，ブラジル経済が好景気を迎えて自動車販売が著しく伸びたタイミングと重なって，エタノールの需要をいっそう拡大させている。

　もとの国家アルコール計画では，農村の雇用を創出するという社会政策の目的も込められており，ルーラ政権でもそのことをエタノールの戦略的な重要性の1つに挙げていた。しかし，近年のサトウキビ農業は大規模化して機械化が進む傾向が明らかで，雇用創出への貢献という点では期待外れに終わっている（西島 2009）。

(4) 遺伝資源

　豊かな自然が残されているラテンアメリカは，動植物種の多様性の宝庫でもある。科学技術の進歩によって，自然界に存在する遺伝資源をわれわれの健康やよりよい生活に役立て，そのことが商業的な利益を生む経済的効果へ期待が高まっている。その一方で，発展途上国では，生態系の破壊や，技術的に優位な先進国企業が先祖伝来の薬草の知識を勝手に特許化して独占する「バイオ・パイラシー」や，遺伝資源を一方的に収奪する「バイオ・コロニアリズム」が警戒されている。2010年の生物多様性条約第10回締約国会議（COP10）で採択された名古屋議定書は，多様性の保全とともに持続的利用を謳って，資源利用による利益の資源提供国と資源利用国の間の公正な配分を規定した。

　正規の枠組みで行われる遺伝資源の開発（「バイオ・プロスペクティング」）は豊かな生態系を保持しているラテンアメリカにとって経済的機会を与えるものと積極的にとらえられ，各国で遺伝資源の管理を規定する法律や監督機構の整備が進められている。たとえば，コスタリカの国立生物多様性研究所（INBio）がアメリカのメルク社と結んだ，自然保護区における遺伝資源のサンプリングを行う権利と研究成果に基づく製品の利益に対するロイヤルティ支払いの合意は，先進的な事例として知られている。ブラジルでは環境省の遺伝資源管理委員会（CGEN）の規制のもと，大学研究者が設立したエクストラクタ社が行う遺伝子解析事業や，訪問販売専門で急成長した天然素材化粧品のナトゥラ社の製品開発など，遺伝資源を利用した民間ビジネスが成功している（Quezada 2007）。遺伝資源のビジネス上の価値への認識が高まれば，環境保全は経済成長の制約ではなく成長のための資源保存であるというポジティブな視点も生まれてくるだろう。

3　資源とナショナリズム

(1) ナショナリズムとポピュリズムの誘惑

　資源開発には大規模な投資が必要であり，それを資源保有国によって賄えない場合は外国資本の投資に頼らざるをえず，そうすれば自国の領土で産出する資源で得た所得の一部が外国に流出してしまう。また，先進国である需要側と資源輸出国側の間の経済格差があるため，交渉力が不均衡で資源価格が低く抑

えられてしまう。ラテンアメリカの政治的指導者はこのような不公正さを声高に叫んできた。

また，国内では，本来地下資源は国民共通の財産であるべきなのに外国の権益と結びついた一部の階層だけに資源輸出の富が集中し，国民の大多数はそこから排除されてきたという不公平感もあった。

このため，ラテンアメリカにおいて資源は，政治的キャッチフレーズとして，国際間で富の再配分を要求するナショナリズムや，大衆への所得分配を求めるポピュリズムに結びつきやすい。資源価格の上昇によって資源所得の価値が高まった近年，「資源ナショナリズム」や「左傾化」という政治オプションを試してみる価値が増したといえよう。

（2） 資源ナショナリズムの持続可能性

ベネズエラでは，これまでも生産拡大を優先して外国企業の権益拡大を認める時代と，政権の支持拡大のための所得再分配の原資として原油収入を利用するために政府の権益を強化する時代が交代して現れた。外国企業の利益の取り分が多いと国民の不満が増大する一方，事業採算性を度外視した経営を行うと投資が不足して石油産業の基盤が弱体化してしまうことから，どちらも安定的ではなかったのである（坂口 2010）。従来は，政府の権益が強められても石油収入の再分配は非正規労働に従事する貧困層には及ばなかったが，チャベス政権は石油公社PDVSAの経営に直接介入して，その収入を「ボリバル革命」推進のための社会政策の財源に向けさせるよう，政府管理を一段と強めた。このような政策は国際原油価格が高めに推移してきたことによって可能であったが，投資の不足による生産性の落ち込みは深刻化しており，中国やブラジルなどのアメリカ以外の国々との新たな協力枠組みに活路を求める必要に迫られている。

ボリビアでは上述のように，資源政策の失敗が政権の失脚，モラレス政権の誕生，2006年の天然ガスの国有化へとつながった。国有化はボリビアの財政収入の増加をもたらし，貧困対策として現金給付政策を実施することを可能にした。また，ボリビアの外貨準備高（金を除く）は06年末26億ドルから09年末76億ドルに増加した（IMF金融統計）。その一方で，外国直接投資が設備投資全体に占める比率は1990年代には38.4％であったのが，2006〜08年には17％台に落ち込んだままである（UNCTAD海外直接投資年次報告書付属統計）。国有化後のリ

スクが外国投資を著しく減退させることは，ボリビアにも持続可能性の課題を突きつけている。

一方，ラテンアメリカではアルゼンチンの化石燃料，ブラジルの鉄鉱石，ペルーの銅など，90年代の新自由主義改革において天然資源が民営化，なかんずく外資に開放された例も少なくない。チリの銅，ブラジルの化石燃料などは，資源を独占的に国家の管理下に置くことが憲法で規定されて開発が国営企業に委ねられているが，外資の参加を認めるように緩やかに運用されている。メキシコではメキシコ革命後に成立した憲法において規定された，化石燃料産業では上流から下流まで民間・外資に包括的権益を認めるコンセッションを認めない制限的な政策を維持している。石油輸入国に転じてしまいそうな状況のなかでも，革命の精神を覆して外資の力を借りて独力では困難なメキシコ湾深海海底油田の開発を進めるという決断を下すことは，政治的に容易ではない（堀坂2010）。

4 資源と持続的成長

（1） 資源の豊かさは経済成長にマイナスか

豊かな天然資源はまさに神の恵みで，国民はその幸運を祝福すべきであるが，これまでの経済学者の研究によれば，それは必ずしも国の経済発展をもたらすとは限らない。むしろ期待に反して，資源が豊かであるほど長期的な経済成長率が低いという関係性さえ見出されている。たとえばラテンアメリカについて，経済の資源依存度の指標として1980年における輸出全体に占める鉱物・燃料の割合を採用し，1970～2008年の年平均経済成長率との関係を見たのが**図6-2**である。この図から，一部の例外的な国々を除いて点線で囲った範囲では，右下がりの関係があり，資源依存が強い（弱い）ほど経済成長率は低い（高い）という関係性が示唆される。

もちろん，資源依存と経済成長の低さの間に直接の因果関係はないだろう。資源依存は次のような要因への影響を通じて，間接的に経済成長に影響を与えていると考えられる。

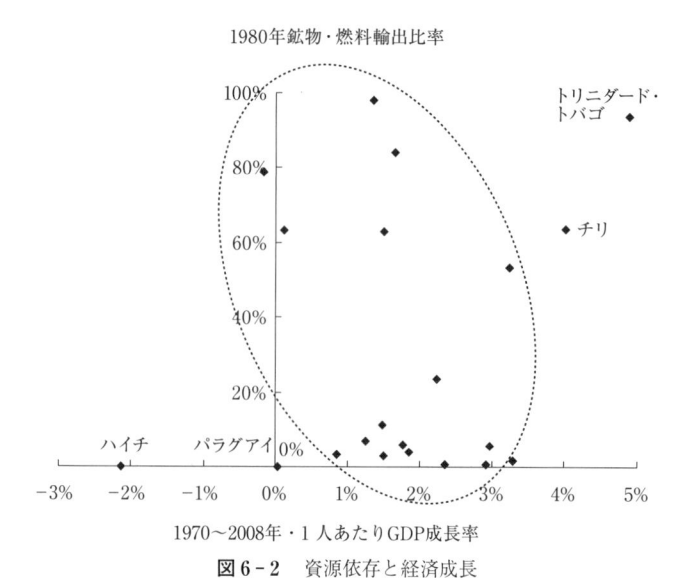

第Ⅱ部　産業社会の発展と環境問題

1980年鉱物・燃料輸出比率

（グラフ：縦軸 0%～100%、横軸 -3%～5%、トリニダード・トバゴ、チリ、ハイチ、パラグアイがラベル表示）

1970～2008年・1人あたりGDP成長率

図6-2　資源依存と経済成長

出所：GDP成長率はAngus Maddisonのサイトhttp://www.ggdc.net/MADDISON/oriindex.htm。輸出はWTO Statistical Database, Time Series on International Trade, "Fuels and mining products"。

（2）　マクロ経済の不安定性

　天然資源に強く依存する経済では，マクロ経済状況が不安定になりやすい。資源価格は国際市場で激しく変動するため，これに伴って財政収入も変化する。ところが財政支出はいったん拡大してしまうと削減しにくいという硬直的な面があるために，好況期に放漫財政に走ると，資源価格が下落した局面でとたんに財政赤字に陥る。このようなことが繰り返されて累積した対外債務が返済不能となって，窮地に追い込まれた政府が国際通貨基金に支援のもとで緊縮政策を採用せざるをえなくなって深刻な不況に陥る，といった問題が繰り返されてきた。

　また，資源価格の変動は国際収支も不安定なものとする。輸出を天然資源に依存した国では貿易収支が資源価格によって大きく変動する。変動為替レート制の国では資源価格の下落による貿易赤字が自国通貨を減価させ，その効果が輸入品国内物価の上昇を通じて国内物価に浸透し，インフレ圧力を生むことになる。他方，為替レートを管理している国では，貿易赤字による外貨流出に対

して自国通貨の価値を保つために行われるドル売りが外貨準備を減少させ，通貨に対する信用を揺るがすことになる。さらに投機的な資本が好況時は大量に流入し不況期に一気に流出することを想定すると，そのような為替レートや外貨準備の変動はいっそう上下に増幅されよう。

　このように資源価格の変動という自国で制御不可能な要因によってしばしばマクロ経済が不安定な状況に置かれてしまえば，長期的な発展展望が失われてしまう。そこで，外生ショックを緩衝する仕組みが必要となる。チリが導入した構造的財政ルール（章末コラム参照）はその成功例の1つである。

（3）　工業の衰退

　資源輸出が増加すると，国内需要が増大する。貿易が自由で国内経済と関係ない一定の国際価格で輸入が行われると仮定すると，国内で生産される貿易可能な財は輸入財との競争があるために価格を上げられないが，輸入との競争がない非貿易財は需要増に反応して価格が上昇する。そうすると国内ではより利益の大きい非貿易財産業に貿易財から資本や労働が移ってしまう。このようにして資源輸出の増加をきっかけにして，多くが貿易財である工業が衰退してしまい，どちらかというと労働生産性が低い非貿易財のサービス業の比重が大きくなる。この現象は，「オランダ病」という名で知られている。工業の衰退は経済成長の長期的持続を阻害することになるだろう。

　ただし，国内市場が大きい国では資源輸出が必ずしもオランダ病に結びつかない。それは拡大した国内市場は，大規模生産が効率化をもたらす規模の経済を発揮する一部の工業にとって有利な環境となるからである。たとえば，ブラジルでは2003〜09年の6年間に乗用車の生産台数が100万台以上（増加率71％）増加したが，そこでは低所得者でも自動車を購入するために消費者信用が整備されていったことが功を奏した。輸送費が自然な貿易障壁になる場合や関税によって市場が保護されている場合は，自国市場の規模の経済がより強く現れるであろう（ただし市場保護のために高関税が実施されていれば，国内工業は非効率なものになってしまう）。

　また，非貿易財価格の上昇（インフレ）を抑制するようなマクロ経済管理も，オランダ病の予防に必要である。

（4） 制度の劣化

　前節で述べたように，天然資源はしばしばナショナリズムの象徴となり，国家により独占的に所有されることがある。そこで資源が生む所得の配分を決定するのは政治であるが，政府が長期的視野から国の経済発展のために効率的で公正な配分を行う保証はどこにもない。政府が独裁的で，不公正な選挙や言論の自由の弾圧によって国民のチェック機能が働かない状況では，資源収入の使途が為政者の個人的な利益の追求や政治的意図に歪められて，非効率かつ不公正になる。また，資源収入を支配する権力に取り入って富の分配を受けようとする汚職行為に無駄な資源が投入されることにもつながる。資源収入の支配を手にした独裁的な為政者はこの財源を有効に使うことによって権力を維持することが可能になるので，政治的制度は劣化しやすい。こういった状況では，資源収入の恩恵を受けるグループとそれ以外のグループの間に著しい所得格差も生じる。

　また，資源収入の支配をめぐって複数の拮抗する勢力が存在する場合には，時として政治的競争が暴力的な紛争に発展する。紛争のなかでしばしば社会資本や個人の生産・生活のための資本が破壊されれば，長期的な経済パフォーマンスは低下する。暴力によってもっとも被害を受けるのは貧しい人々である。

　このように，経済基盤を資源に依存する国においては資源所得の配分を決める政治のガバナンスのあり方が重要な意味をもつ。資源国では制度が劣化しやすく，格差・貧困問題を悪化させるという問題は「天然資源の呪い」と呼ばれる。そのような状況では，自由選挙や国民投票のような外見的に民主的な制度をもちこんでも，それが為政者によって逆に独裁体制強化に利用されてしまったり，暴力的な紛争を激化させてしまったりする危険性があると指摘されている。チリの構造的財政ルールは，資源収入の配分の透明性を高めて，政治的な歪みの発生を抑える仕組みとしても注目すべき事例である。

（5） 環境制約・食糧問題

　エクアドルではアマゾン地域の石油開発が引き起こす環境破壊をめぐって開発を推進する外国企業や政府と先住民族を中心とする地域住民との間で紛争が起こっている（新木 2010）。ブラジル政府がアマゾン地域の資源開発の梃子にしようと建設に着手しているベロモンテ水力発電ダムは完成すれば世界で3番

目の大きさになるが，先住民族を中心とする地域住民のなかから建設予定地域からの立ち退きを迫られることから，激しい反対が起こっている。このように，グローバル経済に結びついた資源開発の歪みが局所的に集中して現れるという問題を見逃すことはできない。グローバリゼーションが新たな土地に資源獲得競争をもちこむにつれて，地域住民との利害の衝突はますます増加することが予想される。

　バイオ燃料については，それが土地利用において食糧との競合関係を引き起こすときに，食糧価格の引き上げがとくに貧困層の生活に大きく悪影響を与える問題が指摘されている。ブラジルと並ぶエタノール生産国であるアメリカではトウモロコシを原料としているため，2008年にブッシュ政権が打ち出したエタノール奨励政策が食糧としてのトウモロコシの価格を高騰させ，メキシコ，中米，アジア，アフリカで抗議行動が続発するという問題を引き起こし，これをきっかけにバイオ・エタノールへの批判が強まった。ブラジル政府はサトウキビの単位土地あたりのエタノール生産性はトウモロコシよりも高いことと，食糧問題にも直接影響を与えないことを訴えて理解を求めた。

　しかし，ブラジルのエタノール生産でも今後栽培面積が拡大することが自然環境に与える影響について懸念されている。ブラジル地理統計院のデータによれば，サトウキビの作付面積は03年以降増加に転じ，02～08年の間に300万ヘクタール増加した。日本の水田面積がピーク時の昭和40年代に344万ヘクタールであったというから，それに近い面積のサトウキビの畑がわずか6年間で増加したことになる。このように見ると，サトウキビ栽培が急速に拡大したことがわかるが，ブラジル政府はサトウキビの栽培に利用されている土地は国土の1％に満たない，としてインパクトの大きさを否定している。ブラジル政府はアマゾン地域で新規にサトウキビ栽培を行うことをあえて法律で禁止しているが，元来アマゾン地域のような多雨地域はサトウキビの生産に適しておらず，エタノール生産の拡大はアマゾンの森林伐採と直接結びつかない。

　サトウキビ作付面積の増加の63％は，ブラジルのサトウキビ作付面積の半分を占めるサンパウロ州内に集中している。サンパウロ州だけを見れば，耕作地全体のなかでサトウキビが占める割合は02年から08年の間に45％から60％に上昇した。エタノール生産が今後サンパウロ州よりも内陸に拡大すると消費地と輸出港から遠くなるために，輸送に消費されるエネルギーの増大により二酸化

炭素削減効果が減殺されてしまう。土地を広げずに，より効率的にエタノールを生産する技術革新が必要で，日本の政府・企業も積極的な協力が可能であろう。さらに，サトウキビ刈り獲りの際の火入れやエタノール製造過程の排水が環境に与える影響はより厳格に監視される必要がある。グローバルな環境問題への対応策として見直されているバイオ・エタノールが局所的に環境問題を悪化させるという齟齬を引き起こさないよう，開発には慎重な態度が求められる。

最後に，さまざまなかたちで起こる環境破壊が人類にとって有益な遺伝資源を傷つけており，多くが人類に知られることさえないまま消えてしまうことが，経済的損失という観点から見ただけでも甚大な問題である。こうした警告が，森林破壊が進むラテンアメリカから強く発せられているということを，われわれは深刻に受けとめるべきであろう（小池 2009）。

5　豊かな資源を活かす制度

本章は，ラテンアメリカは資源に恵まれた地域でありながら，資源の豊かさが必ずしも国民の豊かさにつながっていないという問題に関心を寄せている。ブラジルのルーラ大統領はプレサル油田政策の発表イベントで「われわれはすでに対外債務を返済したが，人的資源にはまだ莫大な歴史的負債を抱えている。天然資源を使ってそれを返済していかなければならない」という趣旨の発言をして，掘り出せなくなってしまう地下資源を恒久的な人的資源に転換することへの意気込みを示した。ベネズエラやボリビアの左派政権も資源所得を貧困対策に再分配する点で実績を示している。しかし，ここまで論じてきたように，経済を資源に依存することは，その一方でさまざまな問題をもたらしかねない。

ラテンアメリカの経験は，適切な制度の導入によって，そうした問題に対応することは可能であることを同時に教えてくれている。資源を賢明に利用することは，ラテンアメリカが豊かな資源を活かして世界のなかで存在感を維持していくための重要な課題である。

■□コラム□■

財政に自動安定化機能を導入したチリ

　チリでは1980年代前半に経験した経済危機後の構造調整プログラムの一環として，85年に銅収入補償基金が設立され，標準価格を上回る分の銅輸出収入を財政支出に回さずに基金に積み立てて平均価格を下回る場合の支出に充填し，財政支出の振れをなくす政策がとられるようになった。2001年には，さらに一歩進んで，銅価格だけでなく景気変動も含めての短期の変動が財政収入を増減させる分を除去するよう計算した構造的財政収入を基準に財政支出を決定する構造的財政ルールを導入した。これによって，好況期には財政支出が抑えられ，逆に不況期には拡大するような反景気循環的財政政策が自動的に働く仕組みをつくりあげた。自動的であるために財政を硬直的にするという批判もあるが，財政支出の政治的な恣意性を排除できるというメリットもある。支出に回らなかった財政収入を積み立てるために，銅収入補償基金資金を併合して07年に経済社会安定化基金が新たに設置された。チリ政府の発表によれば，09年末に110億ドルとなった基金の一部は，10年に同国を襲った地震からの復興に使われる。

●参考文献

新木秀和（2010）「エクアドル・アマゾン地域における石油開発と社会環境紛争」坂口安紀編『途上国石油産業の政治経済分析』岩波書店。

経済産業省（2009）「レアメタル確保戦略」（http://www.meti.go.jp/press/20090728 0004/200907280004.html，閲覧日：2010年5月2日）。

小池洋一（2009）「開発と環境」宇佐見耕一・小池洋一・坂口安紀・清水達也・西島章次・浜口伸明『図説ラテンアメリカ経済』日本評論社。

坂口安紀（2010）「ベネズエラの石油産業」坂口安紀編『途上国石油産業の政治経済分析』岩波書店。

堀坂浩太郎（2010）「メキシコ革命の遺産——産油国メキシコに忍び寄る石油危機とその背景」堀坂浩太郎・岸川毅編『メキシコ革命の100年——歴史的総括と現代的意義』ラテンアメリカ・モノグラフシリーズNo. 21，上智大学イベロアメリカ研究所，11-28頁。

西島章次（2009）「ブラジルのサトウキビ産業とその雇用に関する実証研究」『国民経済雑誌』第199巻第6号，29-44頁。

Sinnott, E., J. Nash, A. de la Torre (2010), *Natural Resources in Latin America and the Caribbean : Beyond Booms and Busts?* Washington, D. C.：World Bank.

Quezada, F. (2007), "Status and potential of commercial bioprospecting activities in Latin America and the Caribbean," Serie Medio Ambiente y Desarrollo 132, Santiago：United Nations Economic Commission for Latin America and the Caribbean, p. 68.

（浜口伸明）

第7章
農業と一次産品輸出

　ラテンアメリカは，19世紀後半以降，垂直的な貿易構造のなかで，欧米先進諸国への熱帯産品（コーヒーなど）や穀物・畜産品（小麦や牛肉など）の供給を担う地域として位置づけられてきた。しかしそれとともにラテンアメリカには，先住民文化を基層とする伝統的な農村地帯も存在し，これが近代的な輸出向け農業部門とともに二重構造を形成していたことも忘れてはならない。ラテンアメリカの農業も農村もきわめて多様なのである。
　輸入代替工業化を基軸とする経済開発戦略の挫折を経て，近年では再び一次産品の輸出が脚光を浴びている。こうした動きは，野菜・果物・ワインなどの品目で見られるように，製品の差別化，ブランド化，高付加価値化といった新たな可能性を秘めているが，しかしそれが生産・流通の現場で働く人々の幸福に結びつくかという観点からは問題も少なくない。潜在的，顕在的な消費者であるわれわれもそうした問題に注意を払っていく必要がある。

1　一次産品輸出とラテンアメリカ

(1)　農業とはどのような産業か

　本章は，世界経済のなかで食糧や原材料を先進工業諸国へと供給する地域と位置づけられてきたラテンアメリカにおいて，農業がどのような展開を示してきたか，そして現在どのような状況にあるのかを概観しようとするものである。しかし本論に入る前に，そもそも「農業」という産業がどのような特質をもっているのかを確認しておきたい。本書を手にしている読者の大半は，筆者と同様に都市部に住み，農業には必ずしも馴染みがないと想像されるからである。
　農業は，狩猟・漁労や採集を中心に食物を確保してきた人類が，何らかのかたちで植物を栽培する方法を身につけることによってはじまった。その意味で農業は元来，自給自足ないし自家消費を起源とすると考えてよい。歴史を通じ

て人間が可耕地の拡大，種子の選別，栽培技術の工夫などの努力を重ね，自家消費分を超える作物を手にすることができるようになったときに，社会に階層構造が生まれたり，またそれが市場で取引されるようになったりしたことも，歴史の教科書が教えるとおりである。しかしながら，宗教的・政治的権力を通じたものにせよ，市場を介したものにせよ，農産物が流通する範囲は，少なくとも19世紀後半にいたるまでは，きわめて限定的であった。多くの農産物は，傷みやすいという性質上，長距離・長時間にわたる輸送に耐えなかったり，また価格に比して重量が大きいことから輸送効率が悪かったりという事情があるからである。経済学の用語でいえば「輸送費が高い」のである。

　もう1つの特質として「土地制約の大きさ」が指摘できる。農産物の栽培には，気候や地形が大きく左右する。しかし，ある作物の栽培に地域の自然条件が適していたとしても，一定の面積の農地から無限の量の作物を得ることはできない。新古典派経済学において均衡が達成されるための条件の1つである「収穫逓減」が典型的に作用するのが農業であるといってもよい。とくに第二次産業における賃金がその労働生産性の伸びに連れて飛躍的に上昇すると考えると，経済発展過程とともに農業生産者の所得水準は相対的に低下していかざるをえない。これによって必然的に生み出される産業間・地域間所得水準格差を平準化しようとするならば，次の3つの方策を採らなければならない。

　①農業を放棄してより労働生産性の高い産業に特化し，農産物を輸入に頼る。
　②農業に資本を投下して土地・労働生産性を引き上げる。
　③農産物の単価を引き上げる。

　1846年，産業革命さなかのイギリスで穀物法（Corn Law）が廃止され，主食である小麦の輸入が自由化されたのは①の典型的な事例であるし，日本の食糧自給率低下もこれによって説明できる部分が大きい。②については，アメリカの農業のような大規模化・機械化はもちろん，近年日本でも盛んに報道される「野菜工場」や遺伝子組み換え作物も，土地・労働を節約しつつ収量を確保する手段として，これにあたる。また，輸入農産物への保護関税はもちろんのこと，日本のコメや果実類に見られる産地や銘柄のブランド化も，その最終的な目的は③の国内販売価格引き上げであり，したがって農業生産者の所得を向上

させようとする動きということができる。

　以上の諸点を頭の隅に置きながら，ラテンアメリカの農業がこれまでどのような展開を見せてきたのか，そして今後どこへ向かおうとしているのかを検討することにしよう。

（2）　世界経済への編入と一次産品輸出──熱帯産品の事例

　ラテンアメリカは，先に触れたように，一次産品の供給基地として世界経済にデビューすることとなった。20世紀初頭の状況を示した表7-1を見てみよう。主な輸出品は，温帯に位置する欧米諸国では生産できないコーヒー豆やカカオ豆，バナナや砂糖といった熱帯産品のほか，温帯産品のなかでも南米南部の広大かつ肥沃な土地を利用して安価に生産できるトウモロコシや小麦などの穀物，羊毛・食肉といった牧畜産品であった。ここではそのうちブラジルのコーヒーとアルゼンチンの牧畜・穀物輸出の伸張の模様を描くことで具体的な事例を検討する。

　エチオピア原産のコーヒーは，中東経由でヨーロッパにもたらされ，各国がアジアやカリブ海の植民地で栽培を開始した。後に世界最大の輸出国となるブラジルには，1727年にもちこまれたとされるが，その生産・輸出量が飛躍的に増加するのは1830年代であった（表7-2）。その後の100年間をブラジル史では「コーヒーの時代」と呼ぶが，このことは経済的にはもちろんのこと，政治的にもこの作物が大きな影響を及ぼしたことを象徴しているといえよう。

　輸出量の増加は，どのような要因によりもたらされたものなのであろうか。これを牽引したのが，産業革命の拡大・深化によりもたらされた欧米諸国における所得増加であったことはいうまでもない。しかし需要側の要因とともに供給側の要因が整わなければ，現実の輸出増加には結びつかない。それでは供給側の要因にはどのようなものがあったのであろうか。

　まず自然条件である。コーヒーの生産がとくに盛んとなった1850年代以降，その主産地となったサンパウロ地方は，コーヒー栽培にとって理想的な土壌（テラ・ロッシャ）であった。またコーヒー生産地帯はその後，サンパウロからさらに西へと広がっていったが，広大なフロンティアの存在によりブラジルでの生産拡大は世界でも他国の追随を許さないペースで続いていくことになった（金七　2009：116-119）。

第Ⅱ部　産業社会の発展と環境問題

表7-1　ラテンアメリカ諸国の輸出上位2品目（1913年）

国　名	第1位（シェア）	第2位（シェア）	上位2品目のシェア計
アルゼンチン	トウモロコシ（22.5%）	小麦（20.7%）	43.2
ボリビア	錫（72.3%）	銀（4.3%）	76.6
ブラジル	コーヒー豆（62.3%）	ゴム（15.9%）	78.2
チ　リ	硝石（71.3%）	銅（7.0%）	78.3
コロンビア	コーヒー豆（37.2%）	金（20.4%）	57.6
コスタリカ	バナナ（50.9%）	コーヒー豆（35.2%）	86.1
キューバ	砂糖（72.0%）	タバコ（19.5%）	89.5
ドミニカ共和国	カカオ豆（39.2%）	砂糖（34.8%）	74.0
エクアドル	カカオ豆（64.1%）	コーヒー豆（5.4%）	69.5
エルサルバドル	コーヒー豆（79.6%）	貴金属（15.9%）	95.5
グアテマラ	コーヒー豆（84.8%）	バナナ（5.7%）	90.5
ハイチ	コーヒー豆（64.0%）	カカオ豆（6.8%）	70.8
ホンジュラス	バナナ（50.1%）	貴金属（25.9%）	76.0
メキシコ	銀（30.3%）	銅（10.3%）	40.6
ニカラグア	コーヒー豆（64.9%）	貴金属（13.8%）	78.7
パナマ	バナナ（65.0%）	ココナツ（7.0%）	72.0
パラグアイ	マテ茶（32.1%）	タバコ（15.8%）	47.9
ペルー	銅（22.0%）	砂糖（15.4%）	37.4
プエルトリコ	砂糖（47.0%）	コーヒー豆（19.0%）	66.0
ウルグアイ	羊毛（42.0%）	食肉（24.0%）	66.0
ベネズエラ	コーヒー豆（52.0%）	カカオ豆（21.4%）	73.4

出所：Victor Bulmer-Thomas, *The Economic History of Latin America since Independence*, 2nd. ed., Cambridge：Cambridge University Press, 2003, p. 58.

表7-2　ブラジルのコーヒー生産・輸出量（年平均）

年	生産量		輸出量	全世界生産量
	サンパウロ州	全　国		
1889〜95	2,807	6,059	5,827	10,351
1896〜1900	6,084	10,108	8,880	14,510
1901〜05	7,862	12,308	12,338	16,334
1906〜10	10,540	14,054	13,782	17,838
1911〜15	10,408	13,814	12,987	18,662
1916〜20	8,760	12,058	11,113	17,042
1921〜25	8,980	13,580	13,443	20,260
1926〜30	13,252	20,274	14,463	28,400

注：単位は1000袋。ただし1袋＝60キログラム。
出所：生産量はWinston Fritsch, *External Constraints on Economic Policy in Brazil, 1889-1930*, London：Macmillan, 1988, pp. 181-182．輸出量はInstituto Brasileiro de Geografia e Estatística, "Estatística do Século XX"（http://www.ibge.gov.br/seculoxx/economia/actividade_economica/setoriais/agropecuaria/6_43ab_agro1821_99.xls）より筆者算出。

第7章 農業と一次産品輸出

表7-3 ラテンアメリカ主要国における鉄道総延長

(キロメートル)

年／国名	アルゼンチン	ブラジル	コロンビア	キューバ	エクアドル	メキシコ	ペルー	ウルグアイ
1870	732	744	80	1,295	—	417	669	23
1880	2,516	3,398	131	1,418	68	1,074	1,770	371
1890	9,432	9,973	282	1,646	82	9,544	1,599	1,133
1900	16,563	15,316	636	1,792	501	13,615	1,790	1,729
1910	27,994	21,326	875	3,281	750	19,280	1,962	2,373
1920	33,884	28,535	1,445	3,853	1,000	20,800	2,116	2,668
1930	38,120	32,478	2,843	4,381	1,132	23,345	3,056	2,746

出所：William R. Summerhill, "The Development of Infrastructure," Victor Bulmer-Thomas, John H. Coatsworth and Roberto Cortés Conde, eds., *The Cambridge Economic History of Latin America*, Vol. II ("The Long Twentieth Century"), Cambridge: Cambridge University Press, 2006, p. 302.

　第2に，豊富な労働力である。コーヒー生産の初期には，労働力の主要な部分は奴隷によって占められていたが，奴隷貿易の禁止（1850年）と相前後して生産が本格化したサンパウロ地方では賃金労働力がその主たる担い手となっていった。国内の移動労働力もさることながら，ヨーロッパからの移民労働力が豊富に供給されたことが，ブラジルのコーヒー生産を支えていった（金七 2009：124-125；小澤 2010：78-80）。またイタリア政府が移民に対する待遇の悪さから自国民のブラジル移住を禁止したことを受け，彼らの穴を埋めるべく導入されたのが1908年からはじまる日本人移民であった。

　第3に，さまざまなインフラストラクチャーの整備である。生産された作物が「商品」として流通するには，生産地から運び出され，消費者の手元に届かなければならない。そのためには鉄道や港湾施設の整備などの輸送インフラが不可欠である。なかでも鉄道は，大量の貨物を陸上輸送するコストを大きく引き下げ，一次産品輸出経済の発展に大きく貢献した。ブラジル最初の鉄道は1854年に開通したが，**表7-3**に示すとおり，その総延長は半世紀を経ずして1万キロを突破し，1930年には優に3万キロを超える水準にまで達した。

　ここでは熱帯産品輸出の事例としてブラジルのコーヒーを取り上げたが，これ以外にも数多くの品目が欧米市場へ向けて輸出されていった。なかでも中米諸国のバナナやキューバの砂糖などは，アメリカ系多国籍企業により生産が担われたが，同時にアメリカ資本は，イギリス資本が南米南部諸国で大きな位置を占めたのと同じように，鉄道，電力などインフラ部門にも幅広く投資を行い，

経済的支配を強めていった。

（3） 世界経済への編入と一次産品輸出――温帯産品の事例

　続いて温帯産品の事例としてアルゼンチンの穀物および食肉生産を取り上げよう。先述のとおり，イギリスは19世紀半ばに穀物の輸入を自由化したが，アルゼンチンは中・東欧諸国とともにイギリスに対する食糧供給基地として重要な役割を果たしていった。この場合も，ブラジルのコーヒーと同じように，イギリスによる旺盛な食糧需要が与えられたところに，3つの供給条件，すなわち首都ブエノスアイレスから西方へ広がる肥沃な平原パンパという自然条件，ヨーロッパからの大量の移民，そして鉄道をはじめとするインフラ整備が揃ったことが，一次産品輸出経済を発展させていく礎となった。しかしながらアルゼンチンの場合は，この鉄道建設そのものがパンパ開発の引き金となったという点，そしてパンパが開発され，輸出向け農畜産物が大量に生産されたことがさらに鉄道その他へのいっそうの投資を呼ぶという好循環が形成されたという点できわめて特徴的である。

　アルゼンチン最初の鉄道は，国内資本を主体に1857年に開通したが，その建設が本格化するのは，イギリスからの投資が行われるようになった1862年以降のことである。以後アルゼンチンの鉄道は目覚ましい発展を遂げ，1930年には3万8000キロあまりとラテンアメリカ地域最大の路線網を誇るまでになった（表7-3）。その建設パターンは，ブエノスアイレスとロサリオという2大輸出港からパンパを含む内陸へと路線が張り巡らされるというもので，明らかに輸出産品の輸送を意識したものであった。

　農牧産品の生産・輸出が増えたメカニズムは以下のようなものである。パンパは肥沃な大地であり，現にごく最近までアルゼンチンの単位面積あたり肥料投入量は世界的に見てもきわめて少なかった。技術的には農産物の生産はもともと可能であった。しかし「商品」としての農産物（たとえば小麦）生産が経済的に可能となるのは，そこへ鉄道が通り，生産物を外界へと運び出すことができるようになったときである。

　アルゼンチンにはブラジルと同様，また次節で扱うメキシコやペルー，ボリビアなどとは対照的に，先住民がわずかしかおらず，したがって生産の実際の担い手となったのは，イタリアやスペインを中心とするヨーロッパからの移民

であった。彼らが生産した小麦は，イギリス資本の建設した鉄道によって輸出港へ運ばれ，イギリスへと輸出されていく。このような枠組みを機能させていくには，鉄道，港湾施設，蒸気船といった輸送インフラも重要であるが，代金決済のための金融制度，輸送中の不測の事態に備えるための保険制度，そうした情報をやりとりするための電信といったインフラも同様に不可欠であった。

アルゼンチンとイギリスとの間の貿易収支は，実はアルゼンチン側の黒字で推移した。他方，海運，金融，保険などは，イギリスの得意分野である。これに鉄道その他の投資収益をあわせると，経常収支そのものはイギリス側の大幅な黒字となる。この黒字がアルゼンチンに新たな鉄道路線のかたちで再投資されると，経済的に可耕地となるパンパはさらに広がり，アルゼンチンの輸出収入とイギリスの投資収益はともにさらに増えていくという好循環が生み出された。

イタリアやスペインから入植した小作人たちは，3年ほど小麦をつくると，その農地に牧草を植え地主に返還することが義務づけられていた。そこに牛が放たれ，食肉の生産基地へと転換する。当初は塩漬け肉のかたちで輸出されていた牛肉も，冷凍・冷蔵技術が開発され，港湾の倉庫や貨物船にその設備が導入されると，食味のよい，より付加価値の高い「商品」として輸出することができるようになっていった。このように穀物地帯と牧畜地帯が，あたかもブエノスアイレスから波紋が広がるように拡大していく。

周期的な景気変動による増減はあったものの，このようにしてアルゼンチンの農牧産品輸出は，第一次世界大戦まで右肩上がりで増加していくことになるのである。

（4） 一次産品輸出経済の終焉

先に掲げた表7-1には各国の輸出上位2品目しか記載されていないが，それでも多くの国でそのシェアは7～8割，規模の小さな国では9割を超えるケースもあり，典型的なモノカルチャ経済を形成していたことがわかる。このことは，ラテンアメリカ諸国の経済が欧米諸国の需要に大きく左右されることを意味していた。実際，「世界の工場」として工業製品を輸出し，反対に原材料や食料を大規模に輸入することで世界経済を牽引していたイギリスが覇権を失った第一次世界大戦後には，一次産品輸出を基盤とする経済開発枠組みには

かげりが見えはじめ、1929年に勃発した世界大恐慌やその後の保護主義的な機運から、決定的な打撃を受ける。一世を風靡した「外向きの発展」はひとまず終焉を迎え、ラテンアメリカ諸国は輸入代替工業化を軸にした「内向きの発展」をめざすことになったのである。

2　農業部門の二重構造──伝統的農業と近代的農業

(1)　エンコミエンダからアシエンダへ──「伝統的」農業の姿

　前節では、欧米先進諸国への一次産品輸出基地としてのラテンアメリカを見た。そこでは、新開地に外部から資本と労働力がもちこまれ、輸出向け農産物が効率的に生産されていった。これに対し、自給自足ないし自家消費を基礎とする「伝統的」な農業が存続していたのが、メキシコ中部から中米諸国にかけてのメソアメリカ地域やペルー、ボリビアを中心とするアンデス地域である。

　これらの地域では、ヨーロッパ人がアメリカ大陸に到来するはるか以前から先住民が独自の文化を進化させていた。スペイン人による征服後は、新たな作物や耕作方法、土地制度などがもたらされ、これらが複合して今日まで続く「伝統的」農業部門が形成された。これは、前節で見たような、あるいは次節で紹介するような効率重視の輸出向けの商業的農業とあわせ、「農業部門の二重構造」を構成しているともとらえられる（石井 1986）。

　メソアメリカ地域やアンデス地域では、先住民が共同体的な村落を形成しつつ生活していた。土地に関しては多くの場合、私的所有という概念がなく、村落共同体での共有というかたちをとっていた。そのような農地で、メソアメリカではトウモロコシ、アンデスではジャガイモといった主食作物を中心に、主に天水に頼った耕作が行われていた。また、後者では、土地の標高差を巧みに利用して、熱帯産品から温帯産品、畜産品まで多種多様な生産物を手に入れる術をも編み出していた（大貫 1993）。

　スペイン人のよる征服がはじまると、先住民はエンコミエンダ制度のもと、支配の対象となった。この制度は、本来スペイン王権が征服者に対し一定領域内の先住民の教化（カトリックへの改宗）を委託する見返りに、その先住民への課税を認めるというものであった。これがラテンアメリカにおける大土地所有制度の起源となった。征服者にとっては、エンコミエンダは自らの功績に対す

る報償であった。しかし王権にとっては，それは目の前に現れた新たな領土に対する暫定的な支配方策にすぎなかった。エンコメンデーロと呼ばれたこの制度の受託者が強大化することを警戒し，王権はこの特権を原則として一代限りのものと定め，時代が進むとともに召し上げていく。先住民人口が激減したことも，エンコミエンダ消滅に大きく作用した。

しかしこれによって大土地所有制度そのものが消え去ったわけではない。その後も恩賞地を与えられた有力者は数多くいるし，また所有する土地を活かすなどして財をなした者は，それを新たな土地の購入にあてていった。土地は比較的安全な富の保蔵手段でもあった。このようにして「大農園」を意味するアシエンダが形成されていった。そのなかでは，主に国内市場・地域市場向けの食料等が生産されてもいたが，土地は生産要素であると同時に，その所有者のステータスを誇示する手段ともなった。アシエンダにおける労働力が，主にその中に居住し，わずかな土地の耕作権と引き替えに労役を課されたペオンによって担われていたこととともに，このことはアシエンダの生産効率の低さ，経営の前近代性を象徴するものであった。

独立後の19世紀後半になると土地所有権が法的に整備されるようになったが，これにより先住民伝来の土地が，彼らが読み書きないしスペイン語ができないために登記上乗っとられてしまうということも起きた。20世紀にいたるまで，少数の者への土地の集中はとどまることがなかった。土地を奪われた者は，より狭い区画へと押し込められるか，近隣のアシエンダや遠く離れたプランテーションで働くかを余儀なくされていった。なお，ポルトガル領であったブラジルでも，領土を15地域に分け，その開発を長官（カピタン）に委ねる「カピタニア制」が敷かれ，そのもとで私人に分与された土地（セズマリア）が，スペイン領植民地と同様，大土地所有制の起源となった。

（2）農地改革

20世紀に入ると，一部のラテンアメリカ諸国でこのような土地分配の著しい不平等（ラティフンディオ＝ミニフンディオ構造）を是正しようとする動きが出てくる。これが農地改革である。これは多くの場合，一定面積以上の土地所有を制限し，大土地所有者から有償・無償で接収した農地を小農ないし土地なし農民らに分配するというかたちをとる。分配された農地の経営については，世帯

単位のものから集団農場方式をとるものまでさまざまあった。

　これまで農地改革は，ラテンアメリカ地域の多くの国々で行われてきたが，各国の動機や思惑，また政策の継続性についても大きな差異がある。たとえば，カルデナス政権下のメキシコ（1934〜40年），革命後のキューバ，アルベンス政権下のグアテマラ（1952〜54年），フレイ政権からアジェンデ政権にかけてのチリ（1967〜73年），サンディニスタ政権下のニカラグア（1979〜90年）などでは，社会主義的ないし社会改革的な政策が志向され，抜本的な土地所有構造の変革が試みられたが，政権交代による政策方針の転換やクーデターによる政権そのものの転覆などにより，所期の成果が得られなかったことも少なくない。また分配された農地が元の所有者に返還されるというケース（ピノチェト政権下のチリなど）もあった。

　これ以外にも，政権に農業や農民の生活様式に対する理解が欠けていたり，単に土地を分配しただけでその後のケア（投入材や信用の供給，営農指導など）が行われなかったりして，農地改革が農民の生活向上に必ずしも結びつかなかった例も散見された（ボリビアなど）。エクアドルなどのように，農地改革を銘打ちながら，実際には新規農地の開拓と入植を主な事業としていた例も少なからずあった（石井 2008：10-29）。

　90年代以降，市場志向的な経済改革が本格化すると，土地所有権に対する政府の積極的な介入を意味する農地改革には終止符が打たれていく。農地を接収されるおそれがあると，灌漑施設の設置や土壌改良など土地に対する固定的な投資が敬遠され，農業生産性の向上が阻害されるというのがその理由である。また農地改革が土地所有権の付与というかたちをとらなかった（土地所有権は国に留め置かれ，農民に与えられたのは耕作権のみ）メキシコの場合は，同じ理由で農民への土地権利書の発行が重要な役割を与えられた。農村地帯における非農業部門への就業ないし農家の兼業化が進んだ国では農地改革の形骸化が進む一方，土地なし農民が不法占拠などの手段も含めた土地要求運動を活発に展開している国もあり，農地改革をめぐる動きは一様ではない。農地改革は，それだけでは農村の貧困を根絶する特効薬ではありえない。しかし所得そのものではなく，所得を生み出す手段を分配しようとするこの政策は，地域の条件によっては十分に検討する価値のある政策であるといえるだろう。

（3） 輸入代替工業化のための「インフラ」としての農業

　ラテンアメリカ諸国の開発政策の軸足は，世界大恐慌を契機として一次産品輸出から工業化へと移っていった。なぜならば，欧米先進諸国への輸出が激減し，輸入できなくなった工業製品を国内生産によって代替しなければならなくなったからである。このような流れは，第二次世界大戦により欧米先進諸国が民需品の供給能力を落としたことでも強まった。その結果，ブラジル，メキシコ，アルゼンチンなど規模の大きな国々では，非耐久消費財を中心に工業製品の国産化がかなり進んだ。戦後になると，民需品の生産を再開した先進諸国との競争から工業化の成果を保護しつつ，耐久消費財，中間財，資本財へと高度化がめざされ，また「工業化」と「経済発展」が同義語としてとらえられるようにもなっていく。

　しかしながら，それは農業部門の役割がなくなったことを意味するものではない。ラテンアメリカ諸国の工業化は，「輸入代替工業化」という名前のとおり，国内市場をターゲットとするものであった。他方，工業生産に必要な資本財や中間財は，輸入に頼らざるをえなかった。したがって，それに必要な外貨は，既存の輸出部門，すなわち農業部門や鉱業部門で獲得するほかはなかった。また賃金財である基礎食糧を農業部門が安価に供給することができれば，工業部門における労働コストを引き下げて利潤を確保させることもできた。農業部門は，いわば工業化のための「インフラ」として位置づけられていくことになった。

　たとえば，アルゼンチンでは1990年まで農産物に輸出関税がかけられていた。小麦には平均して輸出価格の17％もの関税が課されていた。同時に農産物輸出業者に不利なかたちで複数為替レートも設定されており，これも実質的に課税と同じ役割を果たした。こうして獲得された資金は財政収入として，工業化をはじめとする政策の推進に投入されていった。また，このように輸出が相対的に不利になると，他の条件が同じならば，国内市場に出回る農産物の量が増えることになる。このことは，国内市場における農産物価格を引き下げる方向に働くので，これも農業部門から工業部門への所得移転としてとらえることができる。このように過度の負担を強いられた農業部門は，次第に疲弊の色を濃くしていく（谷 1997：202-204）。

　他方，メキシコでは，都市部への安定的な食糧供給のために，穀物の流通と

輸出入を担う政府機関が設置された。主食のトウモロコシを含む穀物などには保証価格が設定され，政府機関が国際価格よりも高い価格で穀物を買い上げる一方，それを補助金付きで都市部に流通させていた。また，外貨獲得に関しては，綿花，野菜，果物などの重要な輸出地帯であった北部・北西部を中心に大規模な灌漑施設が連邦政府の手により建設され，生産が促進された（谷 1997：206-208）。このことは，工業化の「インフラ」として位置づけられた農業部門が財政負担なしにその役割を果たしていくことができなくなっていったことを示している。1982年に表面化した対外債務危機を契機に財政赤字の削減が主要な政策目標の1つとなると，このような図式は持続不可能なものとなってしまったのである。

3　農業の近代化と新たな一次産品輸出ブーム

(1)　経済自由化・規制緩和のうねりと農業のビジネス化

　対外債務危機を起点とする「失われた10年」の間，ラテンアメリカのほとんどの国々で急速かつドラスティックな政策転換が行われた。政府が旗振り役となり輸入代替工業化を軸に開発政策を進めてきた各国が，こぞって「小さな政府」をめざし，経済自由化・国内規制緩和に邁進した。こうした流れには，1973年以降のチリ，そして1976年以降のアルゼンチン，ウルグアイという先駆的事例があったこともここで確認しておこう。クーデターで権力を奪取したこれら3国の軍事政権は，いわゆる新自由主義的政策を「実験」ともいえるほど徹底的に適用していったが，他のラテンアメリカ諸国も10年ほど後から同様の道を進んでいった。これには，世界銀行や国際通貨基金（IMF）などの国際機関に適用を強制されたという側面もあるが，ラテンアメリカ各国内にもそうした政策指向をもち，むしろ国際機関の「外圧」を利用して積極的に自由化・規制緩和を推進していった勢力があったことも同時に指摘しておこう。

　このような政策潮流の変化は，ラテンアメリカの経済社会にさまざまな帰結をもたらしたが，こと農業部門に関していうならば，それは「価格の歪みを取り去る」というかたちで表れることになった。アルゼンチンの穀物輸出に対する課税，メキシコの穀物生産・流通に対する補助金は，それぞれ廃止ないし縮小され，各国の生産者は市場メカニズムにより決定される「価格」をシグナル

表7-4 ラテンアメリカ諸国の非伝統的輸出農産物

国	非伝統的輸出農産物
アルゼンチン	大豆油, 大豆, ヒマワリ油
ボリビア	油かす, 大豆油, ヒマワリ油
ブラジル	大豆, 鶏肉
コロンビア	切り花
コスタリカ	生鮮熱帯果実（バナナを除く）
チリ	ワイン, ブドウ
エクアドル	切り花, パーム油
グアテマラ	ナツメグ・メース・カルダモン, パーム油
ホンジュラス	パーム油, 葉巻タバコ
ニカラグア	ピーナッツ, 豆類, チーズ, 牛乳
パナマ	果実類
パラグアイ	大豆, 油かす, 大豆油, トウモロコシ, 小麦, 油糧種子, ヒマワリ油, 粗糖, 皮革
ウルグアイ	精米, 大豆, 牛乳, 麦芽

注：2008年の輸出品シェア上位10品目に入った農牧産品のうち1970年のそれに入っていなかったものである。
出所：CEPAL, *Anuario estadístico de América Latina y el Caribe 2009*, Santiago de Chile：CEPALのデータをもとに筆者作成。

に，独自の判断で行動するようにうながされたわけである。

1990年代から2000年代にかけて見られたさまざまな技術的・制度的な諸変化の影響も大きかった。たとえば輸送・通信システムの発展である。生産地から消費地までの流通経路をすべて冷凍・冷蔵設備でカバーするコールド・チェーンの確立は，傷みやすいがゆえに長距離輸送が難しかった野菜・果物類の貿易を後押ししたし，インターネット利用の普及は，生産者が価格情報その他に容易にアクセスすることを可能にし，また生産者と流通業者が交渉のために行う通信のコストを大きく低減させた。また北米自由貿易協定（NAFTA）や南米南部共同市場（MERCOSUR：メルコスル）をはじめとして地域統合が進み，貿易のみならず国際的な投資についても自由化されていったことは，国境の内外にかかわらず最適な場所で生産を行おうとする企業のグローバルな活動を促進した。

こうした新たな政策的・技術的・制度的環境のもと，近年のラテンアメリカ諸国では，自らの比較優位を最大限に活かした「新たな一次産品輸出」がブームともいえる活況を呈している。そこでは，低廉な労働力を集約的に用いた野菜・果物・花卉や，広大な土地を使った生産が有利な大豆などの非伝統的輸出農産物が生み出されてきた（**表7-4**）。そして農業部門は，もはや他部門に対

する「インフラ」ではなく，個別の生産者が自らの利潤を最大化しようとする「ビジネス」へと，その性格を変えつつあるように見える。本節では，その経緯と成果，そしてそれに付随する問題点を検討しよう。

（2）「できたものを売る」から「売れるものをつくる」へ

　ここでは，メキシコの温室トマト生産を通して農業の「ビジネス化」の事例を見ていく。メキシコでは古くからとくに冬場のアメリカ向け野菜生産が盛んであった。これは，メキシコが巨大市場アメリカのすぐ南に位置しているという地理的要因と，アメリカの消費者がスーパーマーケットで食料品を購入する比率が過去数十年で飛躍的に高まったという社会経済的要因とが重なってもたらされたものである。スーパーマーケットは，いつでも同じような商品を販売することをその利便性の1つとしている。メキシコ産の野菜が調達できれば，アメリカ国内で生産できない冬季にも販売できるようになる。このことからアメリカのスーパーマーケットは，野菜の仕入れ先をアメリカに隣接するメキシコ北部から中央部へ，さらには中米・カリブ海諸国へと広げていった。
　その際の調達方法は，卸売市場での購入もないわけではないが，生産者から直接，ないしはブローカーを通じて購買されることが一般的である。市場でのスポット買いでは，価格や品質も一定せず，場合によっては調達そのものができないこともあるだろう。そのようなことから契約栽培という形式が採用されることになる。スーパーマーケット側が農家に生産委託をするといってもよい。種子や投入財を生産者に前貸しすれば，望むような品種や品質の野菜を調達できるし，温室やパッキング施設の建設を支援して生産性を引き上げることもできる。その一方で，収穫ができなかったり，あるいは十分な品質が確保できなかったりというリスクは，生産者側に引き受けさせることもできるのである。
　メキシコでは，1992年の憲法改正で株式会社による農地保有が解禁された。近年では他業種から農業部門に参入し，新たに輸出向け農産物の生産を行う企業が現れはじめた。こうした企業は，スーパーマーケットが買いに来てくれるのを待つのではなく，自らアメリカ国内に販売会社を設立し，カナダを含む北米のスーパーマーケットに直接販売すべく営業活動を行うこともある。その場合，実際に温室で栽培をはじめるのは，販売契約を結んだ後である。注文はすべて本社のパソコンにインプットされ，それを基に広大な温室――筆者が調査

(100万米ドル, 1000トン)

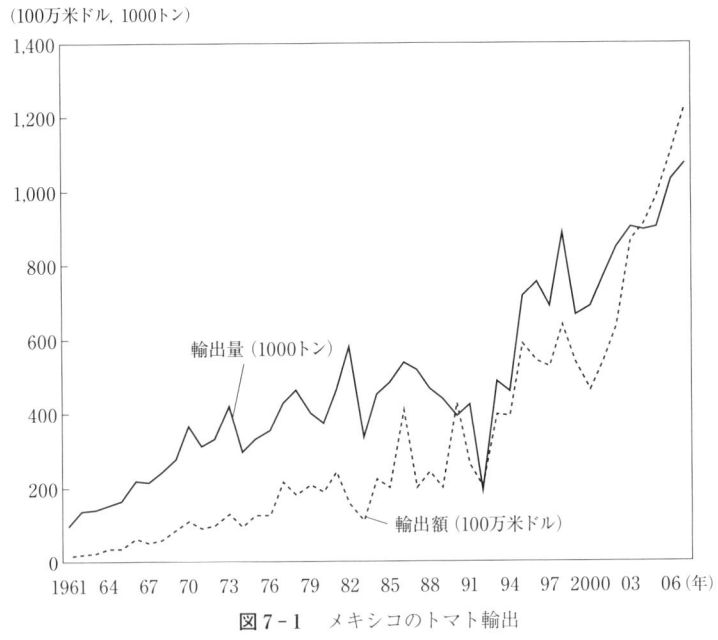

図7-1　メキシコのトマト輸出
出所：FAOSTATのデータをもとに筆者作成。

に訪れたある企業は，広さ1ヘクタールの温室22棟で生産を行っていた——での生産計画を立てるのである。温室は，コンピュータ制御で点滴灌漑（苗の根本に設置された細いチューブを通じて，肥料を溶かし込んだ水を供給すること）が行われているほか，気温，湿度，二酸化炭素濃度も自動的に調整される。こうした人工的な環境のもとで，契約された品質と量のトマトが納期どおりに出荷されていく。とくにNAFTAによりアメリカ向けトマト輸出が完全自由化された2003年以降，メキシコのトマト輸出は量・額ともに大きく伸びている（図7-1）。とくに額の伸びが大きいことは，温室で栽培された高付加価値トマトの伸びが顕著であることを示唆している（谷 2008：45-56）。

（3）　高い付加価値を求めて

チリでは，先述のように，他の諸国よりも一足早く自由化・規制緩和を経験した。そのなかでリンゴやブドウといった非伝統的な農産物輸出が大きな伸びを示したことから，チリは比較的早くから脚光を浴びた。ただし，こうした果

実生産の成長は，自由化前の産業政策に負うところも大きく，必ずしも自由化だけが成功の鍵を握っていたわけではない（谷 1997：215）。

チリのケースで特筆されるのは，ワインという付加価値のより高い品目での輸出を激増させたことであろう。チリワインの輸出量は，1984年の800万リットル足らずから2005年には4億1790万リットルへと20年ほどの間に50倍以上の伸びを見せた。また輸出額で見るならば，同じ期間に900万米ドルから8億7700万米ドルへと実に100倍近い急成長ぶりであった。当初は「コスト・パフォーマンスのよさ」がチリワインの売りであったが，近年では原産地認証制度の導入，業界団体が中心となったワイン・ツーリズムや国際ワイン見本市への出展など，官民手を携えた活動で「地域ブランド」創出に向けた試みがなされている（村瀬 2008）。輸出産品のさらなる高付加価値化に向けた動きとして注目に値しよう。

アルゼンチン，ブラジル，パラグアイなど南米南部では近年，大豆および関連製品（大豆油，油かすなど）の輸出が伸長している（表7-4）。なかでもブラジルは，長い間不毛の地とされていたセラードを土壌改良により新規農地として大規模に開発できたこと，また国内輸送網の整備や遺伝子組み換え大豆の認可など連邦政府の政策が後押しになったこともあり，大きく生産量・輸出量を伸ばした。とくに輸出量に関しては首位アメリカに肉薄している。主要な輸出先は，近年の経済発展により需要を急伸させている中国である（小池 2007：USDA 2010）。

大豆の重要性は，関連産業の誘発効果が大きいことである。大豆粒として直接的に国内消費・輸出に回されるもののほか，大豆加工業に投入され，そこでの搾油を経て大豆油と大豆かすが生産される。大豆油は食用油としての消費のほか，マーガリンやマヨネーズなど食品産業の投入材として，またバイオ・ディーゼル燃料の原料としても用いることができる。また大豆かすは，飼料として用いられ，ブラジルではこれを投入財とした養鶏業が大きく発展した（小池 2007：植木 2007）。1990年に29万トンあまりであった鶏肉輸出量は，2007年には300万トンを超えて首位アメリカに迫り，輸出額で見ると42億ドルあまりと29億ドル弱のアメリカをはるかに凌駕している（FAOSTAT）。

（4） 新一次産品輸出経済の光と影

　ここまで見てきたように，とくに1990年代以降，新たなタイプの一次産品の生産と流通がラテンアメリカ各国で行われるようになった。ここで「新たなタイプ」というのは，非伝統的な産品という意味でもあるし，近代的かつ効率的な生産方法，あるいは工業部門の手法を取り入れた販売手法・生産管理の採用ということでもある。これにより，19世紀後半から20世紀初頭にかけての時期に見られた一次産品輸出とは異なり，高付加価値化・ブランド化を通じた高い収益性をもつ輸出産業が育ってきたと見ることもできる。とくに2000年代後半には多くの一次産品価格が上昇したこともあり，これがラテンアメリカ諸国の経済発展の重要な柱となるとする論もある（星野 2007）。

　また，これを雇用の増大と結びつけて評価することも可能であろう。現在，メキシコや中米・カリブ海諸国からはアメリカへ，南米北部諸国からはアメリカとスペインへ，いわゆる「出稼ぎ」のために国を離れて働く人々が多く存在する。日本へも日系ブラジル人・ペルー人を中心に「デカセギ」の流れがあることも周知のとおりである。さしたる産業もなく，また1980年代までは存在した政府の保護支援政策が撤廃された農村地域に，とにもかくにも新たな雇用先ができ，現金収入の道が開かれたことは価値あることであろう。筆者が足を運ぶメキシコの調査先でも「地元で働く権利」という言葉をよく耳にする。

　しかし，あらゆることにおいてそうであるように，明るい面の裏には必ず暗い面が伴う。輸出向けの一次産品生産について頻繁に取り上げられるのは，そこで働く人々の賃金の低さや労働条件の劣悪さの問題であり，またそこで使われている農薬その他が労働者の健康に及ぼす悪影響の問題である。その生産が国内移動労働力に依存していれば，その子女の保健衛生や教育の問題が必ずついて回る。子どもたちの発育に影響が出たり，教育がなおざりにされたりすれば，それは次世代において貧困を再生産することにもなりかねない。

　本章では，その性質上，また紙幅の制限もあり，全般的な傾向を大づかみに記述することしかできなかったが，それを踏まえつつ具体的な事例を数多く見ていくことが必要になってくるであろう。他の生産者や地域に参考となる事例もあろうし，反面教師として役立つ事例もあるだろう。また，1つの事例が肯定的な側面と否定的な側面をあわせもっていることもあるだろう。そのようなかたちで現実を把握していく第一歩として，本章でも一部その成果を引用した

星野（2007）や吾郷（2010），田中・小池（2010）などは一読してみる価値があろう。現実は，われわれが考えているよりもはるかに多様なのである。

4 ラテンアメリカ農業はどこへ向かうか

　ラテンアメリカにおける農業と一次産品輸出は，今後どのような方向へと進んでいくのだろうか。現実が多様である以上，その行く末も多様であるに違いない。ここではそれを「歴史を背負ったラテンアメリカ」と「歴史を背負っていないラテンアメリカ」に大きく二分して考えてみたい。前者は，第2節で見たコロンブス以前の時代からの伝統を色濃く残すメソアメリカ地域やアンデス地域，後者は第1節で検討したブラジルやアルゼンチンなど，外部の資本と移民が新たに土地を開いていった，いわば「人工的な空間」である。

　後者から取り上げよう。「歴史を背負っていないラテンアメリカ」では，今後もビジネスとしての農業・一次産品輸出が推進されていくに違いない。先進諸国の多国籍企業，国内・ラテンアメリカ域内企業（これらの一部も多国籍化しつつある），地域内外出身の労働者，中央・地方政府関連機関などさまざまな主体が関係をつくり，駆け引きを行いながら生産と流通が行われていくであろう。生産・流通の形態は，工業部門で培われたビジネス・ノウハウをふんだんに取り入れたものがいっそうの進化を見せるはずである。遺伝子組み換え作物の導入も進み，生産性の向上がめざされていくであろう。それをどのように評価するかは，ラテンアメリカ域内外のビジネス・パートナーや消費者・市民にとって大きな課題となるに違いない。それは，われわれにとっても無縁ではない。わが国も含めアジア市場は，ラテンアメリカ各国の一次産品生産者にとって顕在的・潜在的顧客だからである。

　「歴史を背負ったラテンアメリカ」の行く末は，もう少し複雑なものとなろう。そこでは自家消費を基本としながら余剰生産物を市場に出荷するというかたちでの「伝統的な農家」が優勢であった。そしてそこは，外来の文化——ヨーロッパ人の到来，各国の「国民」文化，アメリカ型消費文化など——と出会うたびに「歴史からの脱却」を迫られてきた地域といってよい。今日では，都市域の拡大，都市部や外国への移住労働，テレビやインターネットの普及などから，若い世代を中心に「農村の非農化」とでもいうべき現象も進んでいる。

■□コラム□■

NAFTAとトウモロコシ

　NAFTAは，メキシコの主食であるトウモロコシも含め，貿易の完全自由化をめざすものであった。発効すればメキシコでのトウモロコシ生産は完全に放棄され，農村人口の多くが都市部やアメリカへと流出していくのではないかという予想も少なくなかった。しかしふたを開けてみると，確かにメキシコのトウモロコシ輸入は激増したが，国内生産も放棄されるどころか，逆に増大すらしたのであった。貿易理論が教えることとは少々異なる事態である。

　輸入の増大は次のような要因によるものである。実は，主食用のトウモロコシ（白トウモロコシ）は，アメリカではあまりつくられておらず，輸入量もわずかである。問題は飼料・加工用の黄色トウモロコシにある。所得水準の向上や消費者の嗜好の変化からここ十数年で畜産品への需要が増加し，とくに鶏肉や鶏卵の生産量は倍増した。こうして飼料用に，またデンプンなど加工品の原材料用に，大量の黄色トウモロコシがNAFTAの定める免税枠を大きく超えて輸入されるようになった。畜産・加工業者は，アメリカ産の安いトウモロコシが使えなければ，アメリカのライバル企業と対等に競争できないのである。

　それでは国内生産の増加は，どうして起こったのか。1990年代初頭に行われたトウモロコシ保証価格引き上げと穀物生産者に対する直接所得支援政策の導入である。こうした政策が中小農家の生産放棄を抑え，またビジネスとして生産を行う企業などの参入をうながした。保証価格制度は1999年に廃止されたが，2000年代に入るとメキシコ政府は黄色トウモロコシの国内生産拡大のため契約農業支援策を打ち出した。これはトウモロコシ生産者とこれを投入財として使用する畜産・加工業者との間で播種前に売買契約を結ばせ，価格リスクの回避と安定的供給の一挙両得をねらったものである。

　農産物貿易自由化を淡々と進めてきたように見えるメキシコ政府の政策にも，それとは逆の動きがしっかりと組み込まれていたのである。

　「歴史を背負ったラテンアメリカ」には，世代交代に伴う緩慢な「近代」化ないし「歴史からの脱却」が待っているのかもしれない。

　他方，「伝統的価値の再興」という動きも根強く残っている。メキシコ政府はNAFTAにより主食トウモロコシの完全輸入自由化を断行したが，これは「歴史を背負った」メキシコとその人々に対する「歴史を背負っていない」メ

キシコの挑戦ととらえることもできる。「歴史を背負った」メキシコはトウモロコシを単なる食料というだけでなく，自分たちそのものととらえているのに対し，「歴史を背負っていない」メキシコにとってそれは単なる一商品にすぎないからである。NAFTAの農業条項見直しを求める運動が繰り返し起こっているのも，こうした価値観の相違が容易には埋まらないからである。また事態がさらに複雑なのは，こうした「伝統的価値」にも，たとえば遺伝子資源として，また観光資源として「ビジネス」化の芽が常に宿っているからでもある。

　最終的には，「歴史を背負ったラテンアメリカ」の行く末は，その地の人々が自らの「歴史」をどのように受けとめ，それをどのようにいまの世の中に活かしていこうとするのかにかかっている。しかしながら，彼らの決断にどのような態度で接していくのかは，やはりわれわれと無縁ではない。「彼らの歴史」を背負っていないわれわれが，彼らの価値観に抵触する要求を突きつける可能性はつねにあるからである。

●参考文献
吾郷健二（2010）『農産物貿易自由化で発展途上国はどうなるか——地獄へ向かう競争』明石書店。
石井章（1986）『メキシコの農業構造と農業政策』アジア経済研究所。
石井章（2008）『ラテンアメリカ農地改革論』学術出版会。
今井圭子（1985）『アルゼンチン鉄道史研究』アジア経済研究所。
植木靖（2007）「ブラジル養鶏産業の成長と地理的展開」星野妙子編『ラテンアメリカ新一次産品輸出経済論——構造と戦略』アジア経済研究所。
大貫良夫（1993）「文明の成立と発展・衰退」赤澤威ほか編『アメリカ大陸の自然誌3　新大陸文明の盛衰』岩波書店。
小澤卓也（2010）『コーヒーのグローバル・ヒストリー——赤いダイヤか，黒い悪魔か』ミネルヴァ書房。
金七紀男（2009）『ブラジル史』東洋書店。
小池洋一（2007）「ブラジルの大豆産業——アグリビジネスの持続性と条件」星野妙子編『ラテンアメリカ新一次産品輸出経済論——構造と戦略』アジア経済研究所。
田中祐二・小池洋一編（2010）『地域経済はよみがえるか——ラテン・アメリカの産業クラスターに学ぶ』新評論。

谷洋之（1997）「農業部門における自由化の功罪——『政府の失敗』の除去から政府の新たな役割の模索へ」小池洋一・西島章次編『市場と政府——ラテンアメリカの新たな開発枠組み』アジア経済研究所。

谷洋之（2008）「NAFTAを逆手に取る——メキシコ・ハリスコ州におけるトウモロコシ・トマト生産の事例から」谷洋之／リンダ・グローブ編『トランスナショナル・ネットワークの生成と変容——生産・流通・消費』上智大学出版。

星野妙子編（2007）『ラテンアメリカ新一次産品輸出経済論——構造と戦略』アジア経済研究所。

村瀬幸代（2008）「グローバル化時代における地域ブランド創出の試み——チリワイン産業の事例から」谷洋之／リンダ・グローブ編『トランスナショナル・ネットワークの生成と変容——生産・流通・消費』上智大学出版。

〈ウェブサイト〉
FAOSTAT（http://faostat.fao.org/）.
USDA Foreign Agricultural Service（http://www.fas.usda.gov）.

（谷　洋之）

第8章
開発と環境

　ラテンアメリカは豊かな自然資本（生態系が生み出す物質，サービスの供給源）をもつ地域だが，人々の経済活動が自然資本を急速に減少させている。化石燃料など非再生資源の生産と利用は，資源量を減少させるだけでなく，大気，水汚染など環境破壊を引き起こしている。農業など再生資源を利用する経済活動もまた，森林の減少・劣化，生物多様性の減少，土壌の劣化・砂漠化，水資源の枯渇・汚染などを引き起こしている。森林破壊は地球温暖化の重要な要因となっている。ラテンアメリカの都市はスラム，大気汚染など深刻な環境問題を抱えている。ラテンアメリカの環境破壊は経済グローバリゼーションによって悪化している。環境破壊が生態系の再生能力を上回るものとなれば，開発の持続性を困難にする。その影響は，地球温暖化，食糧不足などとなって，現在開発から利益を得ている人々にも及ぶ。環境破壊の一方で，ラテンアメリカでは持続可能な開発，開発と環境保全を両立させる先駆的試みがなされている。

1　経済グローバリゼーションと環境破壊

　ラテンアメリカは多様な環境問題を抱えている（図8-1）。1980年代にラテンアメリカは経済自由化へと開発政策を大きく転換したが，経済グローバリゼーションへの参加はラテンアメリカの環境破壊を加速した。環境破壊は自然環境だけでなく都市環境でも生じた。

（1）　新一次産品輸出経済と森林破壊
　自然は再生能力をもつが，再生能力を上回る利用は破壊するだけでなく，経済活動をも制約する。そこで，人々は自然資本（生態系が生み出す物質，サービスの供給源）の利用を規制し，また再生可能なかたちで自然資本を利用してき

図8-1 ラテンアメリカの主な環境問題

注：○マングローブ林破壊，□砂漠化，▲氷河溶解，●深刻な大気汚染，■土壌劣化，◎その他の環境破壊を示す。位置は概略であり正確な位置を示すのではない。

出所：IPPC Working Group Ⅱ (2007), World Bank, *Latin America and the Caribbean Regional Environmental Strategy*, 2001, その他を参考に筆者作成。

た。しかし，経済の外部に利用可能な資源が存在し，それが自由に利用可能なとき，内部の自然資本を持続可能なかたちで利用しようとする動機は失われる。資源が枯渇すれば外部の資源を利用すればいいからである。人の移動の自由度の高まりは，経済活動を外延的に広げる。経済グローバリゼーションはこうした行為が行き着く果てである。

　ラテンアメリカは一次産品，その加工品の輸出によって経済グローバリゼー

ションに参加した。先進国およびアジア諸国に対してラテンアメリカは一次産品において比較優位をもっていたからである。一次産品輸出は植民以来ラテンアメリカ諸国の中心的な経済活動であるが，かつてのモノカルチャ経済とは異なり，輸出産品の種類が多様化し，市場も広範囲に及んだ。ラテンアメリカ諸国の貿易自由化，資本自由化，中米和平などの政治，経済環境の変化は，農業，食品分野への外国投資を増加させた。アメリカ企業を中心に，食品メーカー，スーパーなどが中米さらには南米に，投資あるいは買い付けによって，サプライチェーンを組織した。道路輸送の発展，船舶輸送時間の短縮，航空運賃の下落，冷凍・冷蔵流通の発展がそれを可能にした。アメリカ政府が，貧困の削減，政治の安定を目的に，新しい商品作物導入を支援したこともある。こうして中米からはアメリカなどに野菜，果物，食肉などが大量に輸出された。南アメリカからも農産物輸出が増加した。ペルーのアスパラガスはその一例である。コロンビア，エクアドルは世界有数の切花輸出国となった。チリはブドウ・ワイン，サーモン，パルプなど一次産品輸出を通じて高い経済成長を遂げた。ブラジル，アルゼンチン，ボリビア，パラグアイは大豆輸出を急増させた。ブラジルではほかにオレンジジュース，エタノールが大量に輸出された（詳細は第7章）。

　新一次産品輸出経済は，新たな外貨と雇用を生み出したが，他方で大規模な環境破壊を引き起こしている。ラテンアメリカは東南アジア，アフリカ中部と並んで広大な熱帯雨林をもつ。15世紀の植民以来森林はヨーロッパ，アメリカ向けの砂糖，コーヒーなど農産物の輸出によって失われてきたが，森林の消失が大規模に進展したのは1950年代以降，つまり開発の時代以降である。森林の減少はさらに80年代以降の経済の自由化，グローバリゼーションによって加速した。ラテンアメリカの森林減少は，90年代に年平均減少率では0.47％とアフリカの0.64％を下回っていたが，面積では年平均450万ヘクタールとアフリカの440万ヘクタールと匹敵していた。2000〜05年では，減少率で0.51％とアフリカの0.62％よりは下回るものの，面積で470万ヘクタールとなり，アフリカの400万ヘクタールを上回るものとなった。森林破壊が深刻なのは中米であり，年1％を大きく上回る割合で森林が失われている。ホンジュラスにいたっては年に3％を超える割合で森林が消えている。森林減少率では中米が大きいが，減少規模ではブラジルが圧倒的に大きい。2000〜05年で年平均310万ヘクタールの森林が失われている。それは世界の森林減少面積の約42％を占める（**表8**

表8-1 森林面積の推移

	森林面積			年変化			
	1990年	2000年	2005年	1990〜2000年		2000〜2005年	
	1000ヘクタール			1000ヘクタール	%	1000ヘクタール	%
メキシコ	69,016	65,540	64,238	−348	−0.5	−260	−0.4
中央アメリカ	27,639	23,837	22,411	−380	−1.5	−285	−1.2
コスタリカ	2,564	2,376	2,391	−19	−0.8	3	0.1
エルサルバドル	375	324	298	−5	−1.5	−5	−1.7
グアテマラ	4,748	4,208	3,938	−54	−1.2	−54	−1.3
ホンジュラス	7,385	5,430	4,648	−196	−3	−156	−3.1
カリブ	5,350	5,706	5,974	36	0.6	54	0.9
キューバ	2,058	2,435	2,713	38	1.7	56	2.2
ハイチ	116	109	105	−1	−0.6	−1	−0.7
南アメリカ	890,818	852,796	831,540	−3,802	−0.44	−4,251	−0.5
アルゼンチン	35,262	33,770	33,021	−149	−0.4	−150	−0.4
ボリビア	62,795	60,091	58,740	−270	−0.4	−270	−0.5
ブラジル	520,027	493,213	477,698	−2,681	−0.5	−3,103	−0.6
チ リ	15,263	15,834	16,121	57	0.4	57	0.4
コロンビア	61,439	60,963	60,728	−48	−0.1	−47	−0.1
エクアドル	13,817	11,841	10,853	−198	−1.5	−198	−1.7
ペルー	70,156	69,213	68,742	−94	−0.1	−94	−0.1
ラテンアメリカ	992,823	947,879	942,163	−4,494	−0.47	4,742	−0.51
世 界	4,077,291	3,988,610	3,952,025	−8,868	−0.22	−7,317	−0.18

出所：FAO, *Global Forest Resources Assessment 2005.*

−1）。域内で森林が増加しているのは，キューバ，コスタリカ，チリである。チリでは製紙用の植林が行われ，森林面積が増加してきた。キューバとコスタリカも森林保護政策が奏功し，2000年代になって森林面積が増加に転じた。

　新一次産品輸出経済は森林破壊だけでなく，絶滅危惧種を増加させ，生物多様性を減少させている。ラテンアメリカでは，アルゼンチンやブラジルなどで大豆，トウモロコシなどで遺伝子組み換え作物の栽培が急速に広がっているが，それは森林など自然を汚染する危険がある。新しく導入された農産物を含め，輸出向けの農産物の栽培は化学肥料と農薬を大量に必要とする。ラテンアメリカの肥料使用量は，1995年の850万トンから，2000年に1200万トン，2005年に1500万トン，07年に2100万トンと急激に増加した（ECLAC, *Statistical Yearbook for Latin America and the Caribbean,* 各年版）。化学肥料投入による土壌硬化，汚染などの土壌劣化が発生している。灌漑面積は微増にとどまっているが，アルゼンチン，ブラジル，チリ，メキシコなどでは灌漑地で塩害などが広がってい

る。砂漠化も進行しており,とくにメキシコ,ペルー,アルゼンチン(パタゴニア)などで深刻である。

(2) アマゾン

ラテンアメリカの森林のなかでもっとも大規模に破壊が進むのはアマゾンである。アマゾンの流域面積は約700万 km^2 に達し,うちブラジルが過半の380万 km^2 を占める。1960年代に本格的な開発がはじまったアマゾンでは牧畜,鉱業,林業などで広範な森林が失われてきた。ブラジルでは,東に位置する大西洋岸から,南に隣接するセラード(サバンナ)から,道路に沿って農場や牧場が開かれ,開発がしだいに奥深くに進んだ。アマゾン東部では鉄鉱石,アルミを核とする大規模開発が計画された。その結果,法定アマゾン(ブラジルの開発政策上の区分で,熱帯林だけでなくセラードの一部などを含み,面積は約520万 km^2)では,1980年代から90年代には年に2万 km^2,2000年代前半には2万5000 km^2 もの森林が破壊されてきた。その後,森林法改正によって森林保全割合が引き上げられ(所有地の50%から80%),また衛星を使った監視などの政策が奏功して,破壊面積は年に1万2000 km^2 とそれまでの半分にまで減少した。しかし,アマゾンでは有用な木材を選択的に伐採する択伐によって,森林の密度が減少する森林劣化が進んでいた。その結果,破壊面積が過小評価されているとの批判があった。そこで国立宇宙研究所(INPE)は09年にはじめて森林劣化の調査結果を発表した。それによれば,森林劣化面積は07年で1万5000 km^2,08年で2万5000 km^2 と,森林破壊面積を大きく上回るものであった。

アマゾン森林にとって新たな脅威は大豆である。ブラジルはアメリカと並ぶ大豆生産,輸出国となった。背景には,熱帯で栽培可能な大豆の開発,セラードでの農場開発の進展,純輸入国となった中国の大豆需要があった。穀物メジャーはブラジルから中国などアジアにいたるサプライチェーンを築いた。大豆栽培は現在ではセラードからアマゾンに広がりつつある。栽培地域の内陸への展開に伴い,輸送がボトルネックとなったが,これに対してブラジル政府は,アマゾンを縦断する道路とアマゾン河を利用した輸送網,アマゾン西部からアンデスを越えて大西洋側に通じる道路網を整備しつつある。ブラジルは,豊富な食糧・資源を武器に,国際社会でのプレゼンスを強めようとしているが,大豆をそうした戦略資源の1つとした。

大豆とともにアマゾンの森林破壊の危惧がもたれているのは，エタノール生産である。温暖化のなかエタノールは石油に代わるエネルギーとして注目されている。現状では原料となるサトウキビはアマゾンではほとんど栽培されていない。湿潤なアマゾンはサトウキビ栽培に不適だからである。政府もアマゾンでのサトウキビ栽培を禁止している。しかし，ブラジル南東部でサトウキビが広範囲に栽培されれば，玉突きのように，大豆その他の農産物の栽培をセラード，さらにはアマゾンへと押しやる可能性がある。

（3）　マングローブ，サンゴ礁の破壊

　経済グローバリゼーションは，森林破壊だけでなく，マングローブ林破壊の要因ともなっている。ラテンアメリカには赤道周辺に広大なマングローブ林が存在する。2005年にその面積は，北・中央アメリカで226万ヘクタール，南アメリカで198万ヘクタールである。世界のマングローブ林の破壊は，保護政策によって，1980年代の年率1.04％から，90年代の0.72％，2000～05年の0.66％へと減速してきた。ラテンアメリカでも，南アメリカが1980～90年の年平均0.7％から，1990～2000年の0.4％，2000～05年の0.2％と減少率を下げてきた。北・中央アメリカでもそれぞれ1.3％，1.0％，0.8％と減少率を下げてきたが，なお年に1％近い割合でマングローブ林が失われている。域内で最大のマングローブ林（2005年で82万ヘクタール）をもつメキシコでは，1980～90年で年平均1.3％，1990～2000年1.1％，2000～05年1.5％と高率で破壊が進んでいる。減少率が高いのは小国である。バルバドスでは2000～05年平均で10.6％，ホンジュラスでは3.1％，ドミニカ共和国では2.8％という勢いでマングローブ林が失われている（FAO, *The World's Mangroves 1980-2005*）。

　マングローブ林は，アジアなどの熱帯地域と同様，ラテンアメリカにおいても建築用の木材，燃料用の薪・木炭を採取し，魚介類を獲る場であった。しかし，これらの自家消費を目的とした活動はマングローブ林破壊の要因ではない。重要な要因はエビなど輸出向けの経済活動である。カリブ海諸国では，ホテルなど観光施設の建設がマングローブ林の減少をもたらした。メキシコのカリブ海側も，観光業がマングローブ林破壊の主要な要因である。コスタリカ，エルサルバドル，グアテマラ，ホンジュラスなど中米諸国では，エビ養殖，塩生産がマングローブ林破壊の重要な要因となった。南アメリカのマングローブ林減

少もエビ養殖，観光，塩生産などが要因であった。

　カリブ海，中米諸国ではサンゴ礁の破壊も進んでいる。とくにカリブ海が深刻である。沿岸開発による土壌の海への流入，人口増加と下水の不備による水質汚染が理由の1つである。温暖化による海水温の上昇はもう1つの理由である。しかし，より重要なのは観光業の発展である。多数の大規模な観光施設の建設，大量の下水流入がサンゴ礁の破壊に深くかかわっている。経済グローバリゼーションのなかでカリブ海，中米諸国への外国人観光客が急増している。世界観光機関（UNWTO）によれば，両地域への観光客数は1990年から2008年に，カリブ海諸国で1140万人から2020万人，中米で190万人から830万人へと増加している（UNWTO, *Tourism Highlights*, 2009 Edition）。カリブ海諸国の経済は観光業への依存が高い。2005年における観光業への直接的なGDP，雇用依存度は，バハマでそれぞれ18.4%，26.0%，バルバドスで16.1%，20.0%，ジャマイカで10.8%，10.0%などとなっている（Mc Bain 2007）。

（4） 消費の拡大と都市環境悪化

　経済グローバリゼーションは都市の環境悪化も引き起こしている。ラテンアメリカでは先進国の生活，消費スタイルが広がっている。とくに大都市は先進国同様の生活，消費が享受できる場である。ラテンアメリカでは2000年代半ばで先進国を上回る人口の78%が都市に住んでいる。しかも首都など大都市への人口集中が著しい。都市ではモータリゼーションが急速に進んでいる。鉄道，地下鉄など公共交通が未発達である。富裕層，中間層は個別輸送手段つまり自家用車を選好する度合いが高い。そのことが公共交通の発展を抑制している。貧困層のほぼ唯一の輸送手段はバスであるが，路線が限られ，また渋滞で十分機能していない。中古車の比重の高さ，ガソリンの質の低さ，そしてなにより規制の不足から大気汚染が著しい。メキシコシティ，サンパウロ，サンチアゴ，ボゴタなどの大都市では，高地にあること，周囲を山に囲まれた地形から大気汚染が深刻である。浮遊粒子（大気中の塵），二酸化窒素，二酸化硫黄，オゾン（光化学スモッグの要因）などの汚染物質濃度がWHOの基準を上回っている。先進国の消費習慣の普及はまた固形ゴミを急増させている。有機ゴミが中心であるが，紙，プラスチック，金属ゴミの割合が高まっている。電子機器，電池，化学物質など有害ゴミの伸びも著しい。

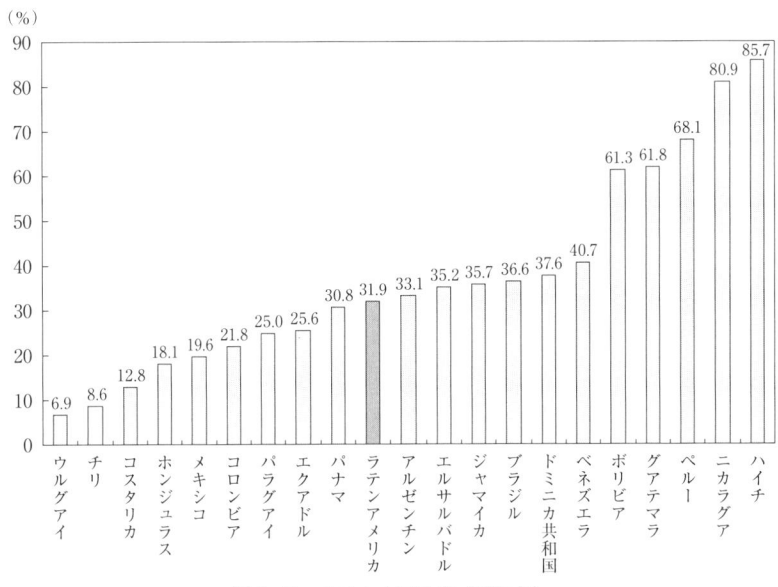

図8-2 スラム人口比率（2001年）

注：スラムとは①飲料水へのアクセス，②適切な下水へのアクセス，③住居の権利の確定，④永住可能で危険のない住宅への居住，⑤一部屋に2人を超えない住空間の存在のうち1つでも欠けている住宅。
出所：UN-HABITAT, Human Settlements Statistical Database, 2005, October 6.

ラテンアメリカの都市環境問題は住居問題と密接に関連している。大都市には貧困層が不法に占拠したスラムが多い。UN-HABITAT（国連人間居住会議）によれば，ラテンアメリカ全体では32％がスラムに住んでいる（図8-2）。粗末な材料でつくられたスラムは幹線道路，河川沿い，丘陵など劣悪な条件の場所にある。スラムでは一般に上水の提供，下水処理，ゴミの収集など行政サービスが提供されない。スラムでは大気汚染，水汚染，ゴミ投棄など，都市環境問題が集中的に見られる。

2　気候変動とラテンアメリカ

ラテンアメリカにおける森林破壊などの環境破壊は，温暖化など地球規模の気候変動に影響を与えている。同時にラテンアメリカの環境は地球温暖化から深刻な影響を受けている。

（1） 温暖化ガス排出

ラテンアメリカは地球温暖化に深くかかわっている。地球温暖化を引き起こす要因は，石油など化石燃料の燃焼や農地を開くなど土地利用の変更に伴う二酸化炭素，メタン，亜酸化窒素などの排出である。世界全体では化石燃料の燃焼がより重要であるが，開発途上国では森林から農地への変更もまた温暖化ガスの重要な排出源となっている。農地を開くときの火入れが，植物，土中に固定化されていた二酸化炭素，メタンなどを放出させるからである。

温暖化ガスの排出国は圧倒的に先進国であるが，近年では中国，インドなどアジア新興国の排出量が経済成長に伴って急激に増加している。これらに比べればラテンアメリカの排出量は大きくない。しかし，ラテンアメリカの温暖化ガス排出量は人口，GDP規模に比して大きい。2008年にラテンアメリカは世界人口の8.6％，GDPの8.2％を占めるが，温暖化ガス排出量では世界の12.0％を占めている（ECLAC 2010）。主要国の温暖化ガス排出量も大きい。世界資源研究所の気候分析指標ツール（CAIT）によれば，ラテンアメリカ主要国の05年の温暖化ガス排出量（土地変更・森林を除く）を見ると，ブラジルが中国，アメリカ，EUなどに次いで約11億トンで第7位，メキシコが約6400万トンで第11位，アルゼンチンが3200万トンで第25位などとなっている。

1990年から2005年までの温暖化ガスの排出量を見たのが**表8-2**である。土地利用の変更・森林破壊を除くと，全世界の温暖化ガス排出量は，年平均で1.5％，累計で25.8％増加した。これに対して，中米・カリブでは年平均で2.2％，累計では38.6％，南米では年平均で4.0％，累計では79.0％増加した。南米の温暖化ガス排出量の増加率は，成長著しいアジアに比べても高い。経済回復に伴い生産活動，消費が活発化していることが理由であるが，同時に，技術の遅れから，エネルギー集約度，つまり生産1単位を増やすのに必要とするエネルギー投入量が大きいことにも起因している。

温暖化ガス排出でラテンアメリカがもつ特徴は，農業，土地利用の変更・森林破壊の比重が大きいことである。表8-2で土地利用の変更・森林破壊を含む温暖化ガス排出量を見ると，1990年から2005年に世界では年平均1.2％，累計で19.7％増加したのに対し，中米・カリブで年平均1.8％，累計で31.1％，南米では年平均1.0％，累計で16.2％増加した。輸出向け農業の発展によって森林の農地への転用が進んだ結果，中米・カリブの温暖化ガス排出量の伸びが

第8章　開発と環境

表8-2　温暖化ガス排出の推移

(CO_2量換算100万トン)

	土地利用変更・森林破壊を除く					土地利用変更・森林破壊を含む				
	1990年	2006年	変化量	年変化率	累計変化率	1990年	2006年	変化量	年変化率	累計変化率
世　界	30,055	37,814	7,759	1.50%	25.80%	36,077	43,190	7,113	1.20%	19.70%
アジア	8,476	14,143	5,667	3.50%	66.90%	10,610	16,006	5,396	2.80%	50.90%
ヨーロッパ	9,700	7,820	−1,880	−1.40%	−19.40%	9,758	7,878	−1,880	−1.40%	−19.30%
北　米	6,570	7,671	1,100	1.00%	16.70%	6,537	7,618	1,082	1.00%	16.50%
中東・北アフリカ	1,491	2,113	623	2.40%	41.80%	1,474	2,611	1,138	3.90%	77.20%
サブサハラ・アフリカ	1,422	1,791	369	1.60%	26.00%	2,023	2,392	369	1.10%	18.30%
中米・カリブ	620	860	240	2.20%	38.60%	770	1,010	240	1.80%	31.10%
南　米	1,440	2,577	1,138	4.00%	79.00%	3,834	4,456	623	1.00%	16.20%
オセアニア	478	655	177	2.10%	37.10%	522	699	177	2.00%	34.00%

出所：CAIT (www.wri.org/cait).

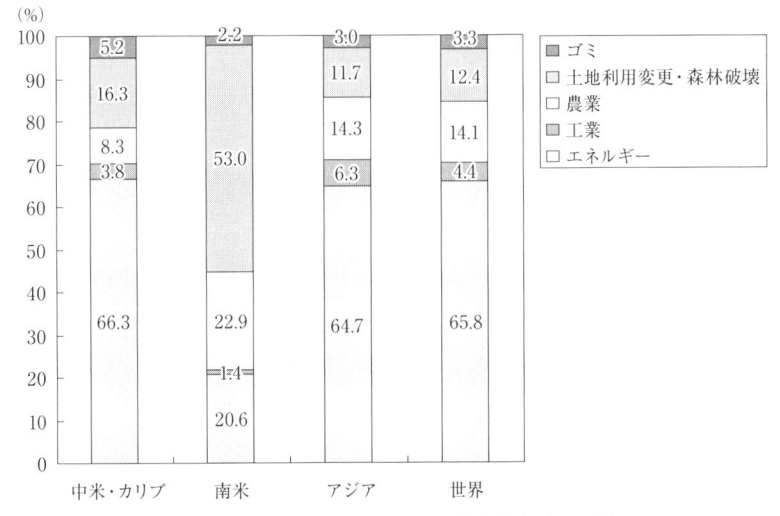

図8-3　温暖化ガスのセクター別排出割合（2005年）

出所：CAIT (www.wri.org/cait).

大きい。これに対して南米の排出量の伸びは小さい。これはブラジルなどで森焼き，農地拡大が厳しく規制された結果である。

しかし，土地利用の変更・森林破壊による温暖化ガス排出量（表中の「土地利用の変更・森林破壊を除く」と「土地利用の変更・森林破壊を含む」の差）は絶対量では大きい。そこで，温暖化ガス排出源をセクター別に見たのが**図8-3**で

163

ある。中米・カリブは、世界と同様、エネルギー燃焼の割合が大きいが、南米では、農業、土地利用の変更・森林破壊の割合が高い。05年で農業、土地利用の変更・森林破壊が温暖化ガス排出量全体に占める割合はそれぞれ22.9%、53%に達する。森林の焼却は、樹木が蓄積している大量の二酸化炭素を放出させ、泥炭燃焼によるメタンガスを排出させる。メタンガスは家畜の呼吸によっても排出される。ラテンアメリカにおける農地、牧場の広がりが、温暖化ガス排出に深くかかわっているのである。

(2) 自然災害

このようにラテンアメリカは、温暖化ガスの重要な排出源であるが、同時に温暖化ガス排出が引き起こす気候変動の影響を強く受ける地域でもある。気候変動がラテンアメリカに与える影響としては、自然災害の増加、海水面の上昇、降水量の減少・不安定化、氷河の溶解などである。これらの変化は、農業用水の減少・不安定化、熱帯林の乾燥・サバンナ化、砂漠化、サンゴ礁破壊などを引き起こし、経済活動に重大な影響を与える。

ラテンアメリカでは自然災害が増加の傾向にあったが、2000年代になってその数、規模が拡大した。ベネズエラの豪雨、アルゼンチンのパンパの洪水、アマゾンの旱魃と大規模な森林火災、ボリビアとアルゼンチンの雹被害、リオデジャネイロの洪水はその例である。04年には温帯に位置するブラジル南部の大西洋沖で、ハリケーン・カタリーナが発生した。これらの異常気象は地球規模の気候変動と深くかかわっていると考えられている。

ラテンアメリカでは降雨量が不安定化している。これまでもエルニーニョの影響などで周期的に旱魃が見られた。しかし、最近では本来降雨量が多く湿潤な熱帯林でも異常な少雨現象が見られる。05年にアマゾンで発生した大規模な旱魃は、エルニーニョに加えて森林破壊が理由とされたが、地球規模の温暖化がかかわっているとの指摘もある。アマゾンの乾燥化が進めば、アルゼンチンにいたる南米南部の降雨量を減少させる。他方で、大西洋では海水温の上昇によって沿岸部を中心に降雨量を増加させる。その結果極端な少雨あるいは集中豪雨が時期、地域を変えて起こる可能性がある。こうした降雨量の変動は、農業生産の不安定化させ、自然災害を引き起こす。

国連ラテンアメリカ・カリブ経済委員会（ECLAC）と米州開発銀行（IDB）

の調査によれば，1970年から2008年までにラテンアメリカが被った気候変動に関係する災害（ハリケーン，洪水，旱魃，地すべり，異常気温，森林火災）のコストは約800億ドルとされる。ECLACとIDBの調査は，こうした災害に対する適切な対策が講じられない場合，2100年のコストは2500億ドルに達すると推定している（ECLAC and IDB 2010）。

（3） 氷河の溶解

　温暖化との関連で現在もっとも深刻な問題の１つは氷河の溶解である。ラテンアメリカには中・高緯度地帯のチリ，アルゼンチンに広大な氷河がある。その面積は２万3300km^{2}と推計されている。2008年７月にアルゼンチンのペリトモリノ氷河は真冬にもかかわらず大崩落し，地球温暖化を改めて実感させた。しかし，深刻な氷河の溶解が見られるのはアンデス地域である。ラテンアメリカには熱帯氷河の90％が存在する。多くが標高5000メートルを超える場所にある。2006年にその面積は1920km^{2}で，うちペルーが70％，ボリビアが20％を占めている（Painter 2007）。温暖化による気温上昇率は，アンデスの場合，平地の２倍から３倍と推定されている。急速な気温上昇は短期間にアンデスから氷河を奪う。2000年代半ばまでに多くの氷河がその面積，体積を失った。ペルーでは35年間に氷河表面積が22％減少し，推定で70億トンの水が失われた。ボリビアのチャカルタヤ氷河でも1990年代半ばから表面積の半分，体積の３分の２が失われた。エクアドル，コロンビアの氷河でも急速に溶解が進んでいる（IPPC 1997）。

　氷河は大量の水を蓄え，人々に飲料水などの生活用水を提供し，農業用水，発電などして利用されている。クエルカヤなどペルーの氷河は，アンデス農民に農業用水を提供するだけでなく，リマなど大都市の水源の１つなり，またアスパラガスなど輸出農業に水を供給している。チャカルタヤ氷河はラパスの人々に飲料水を与え，アンデス農民に農業用水を提供してきた。エクアドルのアンティサナ氷河はキトの飲料水の半分以上を供給している。アンデス諸国では鉱業が重要な産業であるが，氷河は洗鉱の水を提供している。この地域ではまた氷河は水力発電の重要な水源である（Painter 2007）。氷河の溶解はこうした経済活動を脅かし，人々の生命を危うくし，水をめぐる抗争を引き起こす危険をもつ。

第Ⅱ部　産業社会の発展と環境問題

3　持続的開発

　これまで述べたようにラテンアメリカの環境は深刻な問題に直面している。環境破壊の究極の要因は開発にあるが，環境破壊が進むと開発を困難にする。そこで持続可能な開発が必要となる。ラテンアメリカでは環境保護のために法，制度を整備し，また持続的開発に向けて挑戦的な試みをしてきた。

（1）　環境保護政策

　ラテンアメリカは長い環境保護の歴史をもつ。その多くは水，森林などの資源を持続的に利用する必要から生じたものであった。急速な都市化，工業化が大気，水など汚染を引き起こし，生命と生活を脅かすことも，環境保護への関心を強めた。しかし，環境が悪化した後も，基本的には開発が優先された。環境保護のための体系的な法，制度が整備されたのは，国際的に環境問題が注目され，その一環で1992年にリオデジャネイロで国連環境開発会議（リオサミット）が開かれた後であった。
　メキシコでは，森林法，漁業法などの個別法が存在していたが，88年に基本法である生態系保全・環境保護一般法が制定された。コスタリカは環境政策では国際的に見ても先進国である。90年代に自然環境法などを制定し，94年には国家持続的開発システム（SINADES）を導入し，森林保護区を設置した。ガソリン税を原資とする国家森林金融基金（FONAFIFO）を設立し，森林保全，植林を支援した。コロンビアの森林保護の歴史は長く，59年に保護区を設置した。90年代には大気，水汚染を規制する規則を，92年には環境基本法を制定した。チリでは94年に，アルゼンチンでは2002年に環境基本法が制定された。ブラジルはラテンアメリカの中では環境法制が整備された国である。1981年に環境基本法を，88年には環境犯罪について実刑を含む罰則を定めた環境犯罪法を定めた。2000年には森林法を強化し，法定アマゾン森林については80％（それまでは50％）を現状の植生で残すことを義務づけた。同年に森林を区分し保全，利用方法を定めた国家保全単位システム（SNUC）を制定した。
　ラテンアメリカ諸国は多国間環境条約に積極的に参加してきた。ラムサール条約（湿地保全），ワシントン条約（絶滅危惧種の国際取引規制），オゾン層保護条

約，バーゼル条約（有害廃棄物の国境移動規制），気候変動枠組み条約，京都議定書，生物多様性条約，砂漠化条約，海洋法，カルタヘナ議定書（遺伝子組替生物の越境移動規制），ストックホルム条約（残留性有機汚染物質規制）などにほとんどの国が参加している。

　環境への試みは企業レベルでも実施されている。たとえば，ISO（国際標準化機構）14000の認証を取得している企業は多い。ISO14000は，92年のリオサミットを契機に，企業レベルで環境保全を推進するため96年に制定されたもので，その中核をなすのがISO14001（環境マネジメントシステム）である。ラテンアメリカ企業への発行件数は2008年で5470件である。国別ではブラジル（1669件），アルゼンチン（1163件），メキシコ（832件），チリ（686件）などが多い（ECLAC, *Statistical Yearbook for Latin America and the Caribbean 2009*）。ブラジル，メキシコ，アルゼンチンなどでは，CSR（企業の社会的責任）の一環で環境報告書を公表する企業が増加している。

（2）　自然資本の持続的利用

　持続可能な開発は，1987年の「ブルントラント委員会報告」のなかで用いられ，その後広く普及したが，その内容は，将来世代が自身のニーズを満たす能力を損なうことなく，現在世代がニーズを満たすことができる開発であった。持続可能な開発は，リオサミットにおける宣言（環境と開発に関するリオ宣言）の基本的な主張となった。しかし，開発が将来の環境に与える影響を事前に知ることは容易ではない。その結果，持続可能な開発は，政府その他の開発の主体が開発を正当化する根拠として使われてきた。これに対してデイリー（2005）は，持続可能な開発に対してより厳格な定義をしている。すなわち，持続可能な開発とは，経済活動を，それを包含する生態系が持続可能な水準にとどめるような開発である。

　ラテンアメリカではこうした意味での持続的開発の試みが存在している。コスタリカの生物多様性研究所（INBio）の生物多様性の工業的利用はその1つである。INBioは昆虫，植物などのインベントリーをつくり，それを先進国の薬品会社などに売り，その利益を住民に還元し，また自然保護にあてている。昆虫，植物の採集と分類は住民が行う。パラタクソミスト（裸の分類学者）と呼ばれる彼らは，森と生物，その薬効などについて知識をもっているからであ

る（熊崎 1996）。

　アマゾンでの日系人のアグロフォレストリー（森林農業）はもう1つの持続的な開発の試みである。アマゾン河口近くのトメアス移住地では，胡椒の単一栽培の失敗から，栽培作物の多様化を図ってきた。試行錯誤を経て定着しつつある農法は，米・カボチャなどの短期作物，胡椒・パッションフルーツなどの中期作物，果樹，多目的高木樹種という順番に，熱帯林の植生遷移を模倣した形で栽培する「遷移型」のアグロフォレストリーである。米・カボチャが雑草を抑えている間に胡椒などのつる性の作物が成長し，これらが日陰をつくり，その下で果樹苗が生長し，さらに果樹の間に植えられた多様な樹木が種子，木材などの恵みを与える，という具合に巧妙なものである。その生産性はアマゾン開発の中心であり森林破壊の主因であった牧畜よりも高いことが証明され，近隣農家からアマゾン全域に広まりつつある（山田 2003）。アグロフォレストリーによって生産されたアマゾンの果実は，ジュースに加工され先進国に輸出されている。アグロフォレストリーはエクアドルなどでコーヒー栽培にも利用されている。

　フェアトレードも持続的開発の手段である。ラテンアメリカではコーヒー，カカオ（チョコレート）などのフェアトレードがメキシコ，エクアドルなどで実施されている。エコツーリズムによって森林を保護する試みもなされている。コスタリカが有名であるが，ペルー，ブラジルなど多くの国で実施されている。

（3）　持続可能な都市

　ラテンアメリカには創造的な環境政策を実行している都市もある。その1つがブラジル南部の都市クリチバである。クリチバを国際的に有名にしているのはその交通システムである。財政が豊かでないクリチバは，費用が嵩む地下鉄，LRT（Light Rail Transit）に代わりにバスによるBRT（Bus Rapid Transit）を導入した。クリチバでは1970年代から専用バスレーンを設置し，その後，幹線と支線バスの分離と統一料金（乗換でも追加料金支払いなし），連結バス，チューブ型のバス停，運賃の事前支払いなどバス輸送システムの高度化を実現した。同時に容積率を高め人口が幹線沿いに集まるようにした。幹線のバス停には，ハンディキャップをもった人のために，簡便なリフトを設置した。幹線と支線が交差する乗換地点には，公共サービスを提供するコミュニティセンターを設置

し，市民の便を図るとともに都心への人の移動を抑制した。こうした工夫によって多くの人々が自家用車の利用を減らしバスを使うようになった。それは渋滞，大気汚染を減らすことを可能にした（服部 2004）。

コロンビアのボゴタもクリチバにならって2000年にBRTを導入した。トランスミレニオ（Trans Milenio）と呼ばれる統合交通システムは，バス専用レーン，幹線と支線の分離と統一料金，鉄道駅との連結，IC乗車カード，低燃費バスの導入などから構成される。トランスミレニオの導入によって公共交通の便が高まり，排気ガスが減少した。メキシコシティも05年にクリチバ，ボゴタと同じようなBRT，メトロバス（Metrobús）を導入した。

クリチバ市はゴミの分別収集とリサイクルで成功した都市でもある。「ゴミはゴミではない」というプログラムで家庭ゴミの分別回収をはじめ，貧困居住地域を対象に「ゴミの買取り計画」をはじめた。後者は「緑の交換計画」へと発展した。この制度は低所得層が持ち込んだリサイクル可能なゴミと野菜などの作物と交換するものである。「緑の交換」制度は，ゴミ分別意識の向上，ゴミ投棄の防止とともに，低所得層の食料事情の改善をねらったものである。クリチバ市ではまたゴミの収集，分別にスラム住人，失業者をあてる政策もとっている。つまりクリチバ市の環境政策は，貧困対策，スラム対策，失業対策などとの統合的な視点をもっているのである。

4　環境保全と協調

開発と環境破壊は表裏の関係にあるが，豊かな生活という開発の利益を受ける国，人と，環境破壊という開発の不利益を受ける国，人は必ずしも同じではない。こうした利益と不利益の分断，不公平な配分は，環境破壊を深刻化させ，環境破壊の解決を難しくする。環境被害が自分に及ばなければ，環境を保護しようとは思わないからである。環境の保全には，ラテンアメリカの開発にかかわるすべての人，企業，国の協調，協働が必要となる。

（1）　開発と環境をめぐる利害対立

開発の利益と不利益の不公平な配分はまず，先進国とラテンアメリカの間にある。先進国の消費者は経済グローバル化の最大の受益者である。ラテンアメ

リカなど途上国からあらゆる地域からおいしい果物や野菜，美しい切花などを安価に購入できる。途上国から輸入された鉱物などの資源を工業製品に加工し，あるいはエネルギーを消費し，豊かな生活を享受できる。先進国がこれらの一次産品を安価に入手できる1つの理由は，自然資本が生み出す価値や，森林破壊，水の枯渇・汚染などによって失われる自然資本の価値が，価格に適切に反映されていないからである。先進国の消費者は，自然資本の価値，その破壊の費用を負担しないことによって，農産物などの商品，観光などのサービスを安価に手に入れている。安価に入手可能なことはまた，大量の消費，過度な消費（飽食）をうながし，そうした消費行動が環境を破壊するという悪循環をもたらす。アンデスの氷河溶解の原因は，先進国の消費者が豊かな生活を享受するため，二酸化炭素など温暖化ガスの排出した結果である。マングローブ林，サンゴ礁の破壊も先進国の人々の消費，レジャーの結果である。

　開発の利益と不利益の不公平な配分は，ラテンアメリカ域内にもある。農産物，鉱物の輸出，観光などにかかわっているセクター，企業，人々は，多くの利益を得ることができる。他方で，輸出向け農業の発展は，焼畑農業，採取経済を営んできた農民，先住民から土地を奪い，生存を危うくする。鉱山でも，住民が土地から追われ鉱物汚染の被害を受ける。大都市では，富裕層はモータリゼーションなど高度消費社会から大きな利益を得ている一方で，貧困層は劣悪な住，生活環境を強いられ，大気，水など汚染から不利益を受けている。こうした不公平な利益，不利益の配分は，環境問題の解決を難しくする。利益を受けている者は環境破壊の痛痒を感じないからである。富裕層は，環境悪化に対して，郊外に住居を移すという行動をとる。都心に残された貧困層が環境被害を受ける。彼らの被る負担は都市政策，環境政策に容易に反映されない。

　しかし，環境破壊の不利益は，いずれは開発の受益者にも及ぶ。温暖化は，先進国の人々に熱波，感染症などの脅威をもたらす。森林破壊などによって農業生産が減少すれば，ラテンアメリカの農家と企業は収入が減り，先進国の消費者は食糧を手に入れるのが困難になる。鉱物が枯渇すれば鉱業は成立しない。マングローブ林，サンゴ礁がなくなれば漁業，観光業は成立しない。大気，水汚染の広がりは富裕層にも影響が及ぶ。劣悪な住環境など都市環境の悪化は，貧困と相まって，富裕層を標的とした暴力を引き起こす。

■□コラム□■

アマゾン発電所計画

　ブラジル政府は，三峡ダム（中国），イタイプダム（ブラジル，パラグアイ国境）に次ぐ世界第3の発電規模をもつベロモンテ水力発電所をアマゾンで計画している。ダムが建設される場所はパラ州のシングー川である。プロジェクトは2つのダム（うち1つに発電施設），2つの貯水池などから成る。ダム建設を正当化する理由として，ルーラ前政権は貧困層への安価な電気提供を挙げた。しかし，主要な目的は近くの鉄鉱山，アルミ精錬向けなどへの供給である。水力という再生可能なエネルギー開発もまた正当化の理由である。しかし，ダム建設は520km^{2}もの森林を水没させる。発電能力は1万1000メガワットと想定されているが，発電量は水量によって大きく変動する。年平均で約4500メガワットとの推計もある。そこで電力確保のため上流に新たなダムを建設することも考えられている。そうなるとより広大な森林を水没させる可能性がある。ダム建設はまた2万～4万人もの住民の移住を余儀なくさせる。シングー川流域はブラジルで最大の2万5000人の先住民が住む地域である。ダムは彼らの生活と生命に重大な脅威を与える。ルーラ前政権は2000年の政権構想でアマゾンの持続的で住民のための開発の重要性を訴えた。しかし，この政権のアマゾン政策は環境よりも開発に軸足を置いた。ダム計画に対しては国内外の市民社会が強く批判しているが，計画は着々と進んでいる。

（2）　環境保全に向けての協調

　利害の不一致，対立が引き起こす環境破壊と破滅を防ぐには，開発にかかわる国，セクター，人々の間の協調，協働が必要となる。コスタリカのINBio，アマゾンのアグロフォレストリーなど自然資本を利用した持続的開発の試みには，開発の利益を公平に享受し，また環境保全の費用を公平に負担しようとする仕組みがある。フェアトレードはいうまでもなく，先進国の消費者が生産者の適正な生活水準や環境保全にかかわる費用を負担する試みである。アグロフォレストリーにおいても，先進国の消費者は森林から採取される生産物を適正な価格で購入することによって，森林保全に貢献している。エコツーリズムは，自然環境や歴史文化を体験，学習することを通じて，それらの保全に責任をもつ観光である。

　クリチバの環境政策は市民の負担を伴う。バス網の整備には多大の税が投入

される。ゴミと野菜の交換やゴミの分別，リサイクルも税金から支出を伴う。支出には当然市民の同意が必要となる。バス専用レーンを設置するには乗用車利用者の同意が必要である。市政府は環境政策実施にあたって，市民を説得し合意を形成してきた。クリチバの環境政策の底流には，弱者を排除せず統合するソーシャル・インクルージョン（社会的包摂）という思想がある。クリチバの環境政策が成功したのは，弱者を含め多数の市民が参加することによって，人々の間で協調，協働が生まれたからである。

ラテンアメリカの環境を保全するには国際社会の協力が不可欠である。とりわけラテンアメリカの開発から多くの利益を受けている先進国とその消費者は，環境保全の費用を負担する必要がある。衛星による森林破壊監視システム，温暖化ガス削減，水浄化などへの資金，技術支援も必要となる。CDM（クリーン開発メカニズム）による排出権取引も温暖化ガス削減の手段となりうる。ラテンアメリカの環境はグローバルコモンズ（人類全体の公共財）である。ラテンアメリカ各国とともに国際社会は，ラテンアメリカの環境保全に責任を負っているのである。

●参考文献

熊崎実（1996）「世界が注目するコスタリカの熱帯林保全前略」『ラテンアメリカ・レポート』Vol. 13, No. 4, 35-43頁。

小池洋一（2009）「開発と環境」宇佐見耕一・小池洋一・坂口安紀・清水達也・西島章次・浜口伸明『図説ラテンアメリカ経済』日本評論社。

ハーマン・E・デイリー（2005）『持続可能な発展の経済学』新田功ほか訳，みすず書房。

西沢利栄・小池洋一（1992）『アマゾン——生態と開発』岩波書店。

西沢利栄・小池洋一・本郷豊・山田祐彰（2005）『アマゾン——保全と開発』朝倉書店。

服部圭郎（2004）『人間都市クリチバ』学芸出版社。

ポール・ホーケン／エイモリー・B・ロビンズ／L・ハンター・ロビンズ（2001）『自然資本の経済——「成長の限界」を突破する新産業革命』佐和隆光監訳・小幡すぎ子訳，日本経済新聞出版社。

水野一・西沢利栄編（1997）『ラテンアメリカの環境と開発』新評論。

山田祐彰（2003）「アマゾン熱帯林とアグロフォレストリー」『地理』第48巻第6号。

ECLAC (2004), *The Millennium Development Goals : A Latin American Perspective.*

ECLAC (2009), *Economics of Climate Change in Latin America and the Caribbean.*

ECLAC and IDB (2010), *Climate Change : A Regional Perspective.*

IPPC Working Group II (2007), *Climate Change 2007 : Impact, Adaptation and Vulnerability*（伊藤昭彦・松久幸敬訳〔2009〕「第13章 ラテンアメリカ」『気候変動2007——影響，適応と脆弱性』国立環境研究所，http://www-cger.nies.go.jp/index-j.html）。

Mc Bain, Helen (2007), "Caribbean Tourism and Agriculture : Linking to Enhance Development and Competitiveness," *Studies and Perspective*, No. 2, ECLAC Subregional Headquarters for the Caribbean.

Painter, James (2007), "Deglaciation in the Andean Region," UNDP.

UNEP (2010), *Latin America and the Caribbean : Environment Outlook.*

（小池洋一）

第Ⅲ部

経済発展と社会的・政治的課題

第9章
貧困と所得分配

　ラテンアメリカ人口の3割強が貧困状態で暮らしている。これは総人口5.8億人のうちの2億人弱であり，貧困が大問題であることを示している。しかし，10年前は総人口の4割強が貧困状態であったことを考えると，この10年で貧困は改善している。平均寿命もこの10年で68歳から72歳に上昇し，非識字率も14.9％（1990年）から9.5％（2005年）と改善した。本章はラテンアメリカの貧困と分配について考察するが，あわせて公共事業の普及や情報・通信のアクセスからもラテンアメリカ諸国の人々の暮らしも紹介している。所得分配の不平等度は，世界の他地域と比べると依然として高いものの，この10年に顕著な改善を示した国がブラジルを筆頭に存在している。

　貧困を決める要因としては，どのように所得が決まるかを考えるのが手がかりになる。貧困削減には，貧困層の所得を大きく決める教育を質量ともに伸ばすことが重要である。興味深いことに，貧困や不平等度での改善にもかかわらず，不平等への人々の認識は，この10年ほとんど変化していない。

1　ラテンアメリカの貧困と不平等

（1）　ラテンアメリカの所得貧困

　ラテンアメリカの国を旅行すると，貧しい暮らしをしている人を見かけるだろう。なぜそういう人がいるのだろうか。皆さんに考えてほしい。もちろん，ラテンアメリカには多様な国々があり，諸国において貧しさの程度もさまざまである。どの国にはどのくらい貧しい人々がいるのだろうか。こういう疑問は，外から貧しい人々を助けようという気持ちをもったときにも大切である。助けるために使えるお金の量には限りがある。では，貧しい人がたくさんいる国にそのお金を回そうか，それとも貧しい人はほんの一握りの国に回そうか，そういう判断をするには，ある程度の知識をつけてから判断したほうがいいのでは

ないだろうか。また，最近は貧困層を顧客に変えるビジネス戦略としてボトム・オブ・ピラミッド（BOP）戦略が注目されている（詳しくはプラハラード〔2005〕）。貧困層をマーケットと考えたときにも，どのような暮らしをしているのかデータで観察しておくことは重要であろう。

　では，ある人が貧しいとはどのように決められるのだろうか。考えておいた方がよいことは大きく4点ある。第1に，貧しさをどんな判断をもとに決めるかである。「私って貧しいなぁ」という主観的な判断によって貧しさを決めることは可能だ。しかし，その場合には全体としての基準は曖昧になる。そこで，各国を比較する場合には客観的な基準によって貧しさを決めることがよく行われている。なかでも，経済学では，貧しさ，つまり貧困という概念を，所得や消費が十分な暮らしをしていくには足りないというふうに理解している。所得や消費以外の考え方もあるので，それは本節第2項で後述しよう。

　第2に，なぜ所得に注目するのか考えてみよう。それは，全世界的に人々は市場で自分が生きるためのモノやサービスを買っているという事実があるからだ。完全な自給自足で暮らしている人々は少ない。そして，モノやサービスを購入するためには所得が必要である。そして，その所得を使って，モノやサービスを手に入れることを消費と呼ぶ。所得はモノやサービスを買う力を表しているので，どちらかといえば所得のデータを使いたいという気持ちは研究者には強い。たとえば，食事を減らすダイエットをしている人と，お金がなくて食品をちょっとしか買えない人の食費が同じという場合を考えてみよう。食品が買えるのに買わない人と買えない人の貧しさが同じだという人はいないだろう。この場合，所得で両者を比べれば，違いは明確になるだろう。

　第3に，所得にも正確さという問題がある。一般に，データはアンケート（家計調査）で集める。そういう調査で，私の所得はいくらですと正確に申告してくれる可能性は，消費と比べて低い。なぜなら，税金などの考慮から，所得を低く申告したいという人もいるだろうし，同時に，見栄などから高く申告したいという人もいるからだ。この点，消費のデータは，1年，1カ月，1週間に何をどれだけ買ったのかを申告するので，調査する側が足しあわせることにより正確なデータが把握できることが知られている。ちなみに，家でとれた米や野菜を家で消費すること，すなわち自家消費は，所得にも消費にもそれぞれ積算すれば，自家消費をしていない家族と基準を同じにして比べることができ

る。

　第4に，貧困とは所得（や消費）の不足と考えることができるが，不足とはどういうことだろうか。確かに，所得や消費が非常に大きければ豊かな暮らしをしているとみなすことができる。これに対して，不足とはある基準に満たないということを指す。貧困におけるこの基準のことを貧困線と呼び，人間らしい最低限の暮らし（衣食住）を営むための費用を使うことが多い。すなわち，必需品を手に入れる費用以下の所得（消費）しかない人は貧しいと考える。なかでも，食に注目して極貧線を作成する場合が多い。つまり，人が生きていくためには何カロリーが必要かという客観的基準を定め，そのカロリーを当該国で手に入る食材によって満たした場合にはいくら金額が必要かということを計算するのである。こうして，各国で異なる貧困線や極貧線を使う。全世界的に統一した基準としては，世界銀行が集計したデータがある。世界銀行は2005年の新しいデータを基にした調査の末，アフリカ諸国を中心とした低所得国の貧困線として典型的であるという理由から1人1日1.25ドルの所得がなければ貧困であるという定義を2010年の『世界開発報告』から使っている（それまでは1985年のデータに基づいて1人1日1ドルというのが世界銀行の貧困線であった）。ラテンアメリカ地域では国連ラテンアメリカ・カリブ経済委員会（ECLAC/CEPAL）により集計された貧困データがある。

　では，実際にデータを見てみよう。**表9-1**は，ECLAC/CEPALにより集計された所得をベースとした貧困データである。これまで議論してきた，1国の人口のうちどのくらいの割合が貧しい暮らしをしている人かという比率のことを貧困率（head count ratio）と呼ぶ。ECLAC/CEPALでは基準は貧困線と極貧線の2つが使われている。極貧線は，それぞれの国，地域で生活に必要な栄養を手に入れるための食費をもとに計算されている。この極貧線に食費以外の生活費を考慮するため都市で2倍，農村で1.75倍した数字が貧困線と定められている。先に述べた世界銀行の定義とは違うことに留意しておこう。

　具体的に数字を見てみよう（表9-1）。ラテンアメリカ全体で測ると，貧困率は2008年に33.0％である。ラテンアメリカの総人口が約5.8億人であるから，2億人弱が貧困状態で暮らしている。ラテンアメリカ全体での都市と農村の貧困率はそれぞれ27.6％と52.2％であり，農村において貧しい人の割合が高い。この特徴はほとんどの国で共通している。極貧率は12.9％であるから，極貧状

第Ⅲ部　経済発展と社会的・政治的課題

表 9-1　所得貧困指標（ECLAC/CEPAL集計）

指標		貧困率（%）						貧困ギャップ率		二乗貧困ギャップ率	
貧困／極貧		貧困			極貧			貧困	極貧	貧困	極貧
国名	年	全国	都市	農村	全国	都市	農村				
アルゼンチン	1999	—	23.7	—	—	6.7	—	8.6	2.1	4.3	1.1
	2006	—	21.0	—	—	7.2	—	8.3	2.8	4.6	1.5
ボリビア	1999	60.6	48.7	80.7	36.4	19.8	64.7	33.9	20.3	24.1	14.7
	2007	54.0	42.4	75.8	31.2	16.2	59.0	27.8	14.5	18.2	9.7
ブラジル	2001	37.5	34.1	55.2	13.2	10.4	28.0	17.3	5.8	10.7	3.8
	2008	25.8	22.8	41.2	7.3	5.5	16.5	10.7	3.3	6.3	2.2
チ リ	2000	20.2	19.7	23.7	5.6	5.1	8.4	7.0	2.1	3.7	1.2
	2006	13.7	13.9	12.3	3.2	3.2	3.5	4.4	1.1	2.2	0.7
コロンビア	1999	54.9	50.6	61.8	26.8	21.9	34.6	25.6	11.2	15.7	6.9
	2005	46.8	45.4	50.5	20.2	18.2	25.6	20.7	8.3	12.3	5.0
コスタリカ	1999	20.3	18.1	22.3	7.8	5.4	9.8	8.1	3.5	4.8	2.3
	2008	16.4	15.6	17.5	5.5	4.3	7.3	5.8	2.2	3.1	1.4
エクアドル	1999	—	63.5	—	—	31.3	—	30.1	11.5	18.2	6.3
	2008	42.7	39.0	50.2	18.0	14.2	25.6	14.7	4.7	7.7	2.4
エルサルバドル	1999	49.8	38.7	65.1	21.9	13.0	34.3	22.9	9.4	14.0	5.8
	2004	47.5	41.2	56.8	19.0	13.8	26.6	21.1	8.1	12.6	5.0
グアテマラ	1998	61.1	49.1	69.0	31.6	16.0	41.8	27.3	10.7	15.4	5.1
	2006	54.8	42.0	66.5	29.1	14.8	42.2	25.5	11.3	15.2	5.8
ホンジュラス	1999	79.7	71.7	86.3	56.8	42.9	68.0	47.4	27.9	32.9	17.5
	2007	68.9	56.9	78.8	45.6	26.2	61.7	39.5	23.9	27.6	15.7
メキシコ	2000	41.1	32.3	54.7	15.2	6.6	28.5	—	—	—	—
	2008	34.8	29.2	44.6	11.2	6.4	19.8	12.0	3.2	5.7	1.3
ニカラグア	2001	69.3	63.8	77.0	42.4	33.4	55.1	37.1	19.2	24.5	12.0
	2005	61.9	54.4	71.5	31.9	20.8	46.1	29.1	12.3	17.3	6.5
パナマ	2002	36.9	26.2	54.6	18.6	9.0	34.6	16.8	7.6	10.2	4.3
	2008	27.7	17.0	46.3	13.5	4.7	28.8	11.5	5.1	6.5	2.7
パラグアイ	2001	61.0	50.1	73.6	33.2	18.4	50.3	30.3	15.4	19.5	9.6
	2008	58.2	52.5	66.1	30.8	22.1	43.1	26.9	12.1	15.9	6.5
ペルー	2001	54.8	42.0	78.4	24.4	9.9	51.3	24.7	9.6	14.5	5.2
	2008	36.2	23.5	59.8	12.6	3.4	29.7	13.6	4.0	7.0	1.8
ドミニカ共和国	2002	47.1	42.4	55.9	20.7	16.5	28.6	20.9	8.8	12.6	5.3
	2008	44.3	42.0	49.1	22.6	19.5	29.0	20.2	8.8	12.1	5.0
ウルグアイ	1999	—	9.4	—	—	1.8	—	2.7	0.4	1.2	0.2
	2008	13.7	14.0	9.4	3.4	3.5	2.4	4.3	0.9	1.9	0.3
ベネズエラ	1999	49.4	—	—	21.7	—	—	22.6	9.0	13.7	5.5
	2008	27.6	—	—	9.9	—	—	9.9	3.5	5.2	2.0
ラテンアメリカ	1999	43.9	37.2	63.7	18.7	12.1	38.2	—	—	—	—
	2008	33.0	27.6	52.2	12.9	8.3	29.5	—	—	—	—

注：2乗貧困ギャップ率は、貧困の「厳しさ」を表すための比率であり、貧困者の所得と貧困線の距離を貧困線で割った数値をそれぞれ2乗したうえで平均値を求め導き出される。

出所：ECAC, *Statistical Yearbook for Latin America and the Caribbean 2009*, および, *Panorama Social de América Latina 2009*.

態には約7000万人の人がいる。通時的に見ると1999年に43.9％であった貧困率が2008年には33.0％と改善している。多くの国では全国でも都市でも農村でも貧困は改善している。ミレニアム開発目標には2015年までに1990年の貧困率を半減させることが含まれているが，これが達成できるかどうかは2009年以降の世界経済危機の影響を注視していかなければならない。

貧しさを比べると，国によって多様性が存在している。たとえば，ホンジュラスという中米の国の貧困率を見てみると2007年において68.9とある。これは国民の68.9％，つまり約7割が貧しい状態にある。都市と農村で分けると，都市人口の56.9％，農村人口の78.8％が貧困状態にある。この国が表9-1のなかでもっとも貧困率の高い国である。とはいえ，1999年と比べると貧困率は10％以上改善している（ラテンアメリカでもっとも貧困が深刻といわれるハイチについては章末コラム参照のこと）。その一方，2010年2月27日の大地震により大打撃を受け，日本でも津波の被害があったチリという南米の国を見てみると，2006年において13.7％が貧困状態にあり，極貧率も3.2％と低い。

表9-1には貧困ギャップ率という指標も掲載されている。これは，貧しい人の貧しさの程度（深さ）も考慮した一国単位での貧困指標である。数字が大きいと深刻な貧困を一国が抱えていることを表す。

ここで簡単な数値例を使って貧困ギャップ率の特徴を考えてみよう。いま，10人からなる経済（第1国）を考えてみよう。この経済において500ドル／年が貧困線であり，7人は貧困線を上回る所得を得ているが，3人（仮に1Aさん，1Bさん，1Cさんとしよう）は400ドル（1Aさん），400ドル（1Bさん），400ドル（1Cさん）しか所得がないと考えよう。このとき，第1国の貧困率は10人中の3人が貧困であるから30％と計算できる。

次に，同じ10人からなる経済（第2国）を考えてみよう。貧困線は引き続き500ドル／年と仮定し，第1国と同じように7人は貧困線を上回る所得を得ているが，3人は貧困線を下回る所得，すなわち，それぞれ300ドル（2Aさん），300ドル（2Bさん），300ドル（2Cさん）しか得ていなかったとしよう。このとき，第2国の貧困率は10人中の3人が貧困であるから30％と計算できる。

では，第1国と第2国の貧困は貧困率が同じだから同程度だといえるだろうか。第2国の貧困者は第1国の貧困者より深い貧しさを経験しているのだから，同程度とはいえない。しかし，貧困率ではこの貧困の「深さ」を表現できない。

表9-2 貧困指標（世界銀行集計）

指標 国名	年	1日1.25ドル以下の人口	1日1.25ドル以下の貧困ギャップ	1日2ドル以下の人口	1人あたり国民総所得 2008年	平均寿命（男性）2007年	平均寿命（女性）2007年	15歳以上識字率 2007年	1人あたり資産 2000年
		%		%	ドルPPP			%	ドル
アルゼンチン	2005	4.5	1.0	11.3	14,020	72	79	98	139,232
ボリビア	2005	19.6	9.7	30.3	4,140	63	68	91	18,141
ブラジル	2005	7.8	1.6	18.3	10,070	69	76	90	86,922
チリ	2003	<2.0	<0.5	5.3	13,270	75	82	97	77,726
コロンビア	2003	15.4	6.1	26.3	8,510	69	77	93	—
コスタリカ	2003	5.6	2.4	11.5	10,950	76	81	96	44,660
エクアドル	2005	9.8	3.2	20.4	7,760	72	78	84	33,745
エルサルバドル	2003	14.3	6.7	25.3	6,670	67	76	82	—
グアテマラ	2002	16.9	6.5	29.8	4,690	67	74	73	30,480
ハイチ	—	—	—	—	1,180	59	63	—	8,235
ホンジュラス	2005	22.2	10.2	34.8	3,870	67	74	84	—
メキシコ	2004	2.8	1.4	7.0	14,270	73	77	93	61,872
ニカラグア	2001	19.4	6.7	37.5	2,620	70	76	78	—
パナマ	2004	9.2	2.7	18.0	11,650	73	78	93	—
パラグアイ	2005	9.3	3.4	18.4	4,820	70	74	95	—
ペルー	2005	8.2	2.0	19.4	7,980	71	76	90	39,046
ドミニカ共和国	2003	6.1	1.5	16.3	7,890	69	75	89	33,410
ウルグアイ	2005	<2.0	<0.5	4.5	12,540	72	80	98	—
ベネズエラ	2003	18.4	8.8	31.7	12,830	71	77	95	45,196
中国	2002	28.4	8.7	51.1	6,020	71	75	93	9,387
インド	1993-94	49.4	14.4	81.7	2,960	63	66	66	6,820
タイ	2002	<2.0	<0.5	15.1	5,990	66	72	94	35,854
ナイジェリア	1996-97	68.5	32.1	86.4	1,940	46	47	72	2,748

出所：World Bank, *World Development Report 2010*.

このとき，貧困の深さを表現できる別の指標があれば，貧困率を補完して貧困状態をより正確に表現することができる。それが，貧困ギャップ率という指標である。

貧困ギャップ率の計算方法は，貧困者の所得と貧困線の距離を計算し（第1国は貧困者全員が100ドル，第2国は貧困者全員が200ドル，非貧困者については距離ゼロと考える），この距離を貧困線で割った数値の国平均を百倍した値である（第1国は6，第2国は12）。この貧困ギャップ率によって貧困の「深さ」が表せるようになった。

貧困ギャップ率を理解したところで，共に先住民人口が多い南米ボリビアと

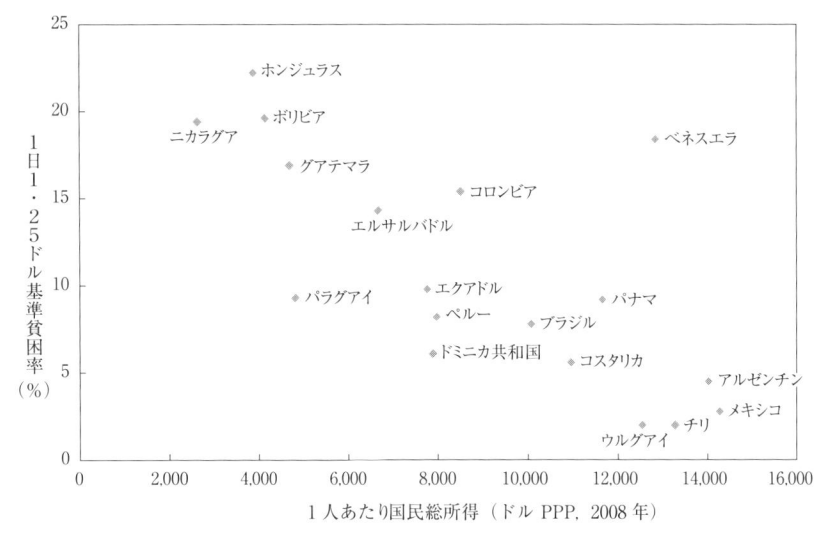

図9-1　1人あたり国民総所得と1日1.25ドル以下の人口の割合
出所：World Bank, *World Development Report 2010*.

中米グアテマラを比べてみよう。貧困率ではそれぞれボリビアが54.0％（2007年）でグアテマラが54.8％（2006年）となり，両国とも人口の半分以上が貧困層であるが，ボリビアの方がわずかに低い。しかし，貧困ギャップ率を見ると，ボリビアが27.8％（2007年），グアテマラが25.5％（2006年）とグアテマラの方が低い。これは，ボリビアの貧困者の貧困の程度がグアテマラの貧困者に比べてより深いことを表している。域内での貧困ギャップ率を見ると，ほぼすべての国で改善しているが，各国間には大きな差があることも見てとれる。チリやウルグアイが低く，ホンジュラスやニカラグアが高い。

表9-2は，域外国と国際比較をするために世界銀行が使用している1日1.25ドルの貧困線（アフリカ諸国を中心とした低所得国の貧困線の平均）を使った貧困指標を掲載した。たとえば，ボリビアやホンジュラスは，中国と比べてみると1日1.25ドル以下の人口の割合は小さいものの，貧困ギャップ率は大きい。これは，貧困層の貧困程度が大きいということを示している。国際比較は，貧困削減のためには経済成長が1つの重要な方法であることも示唆する。表9-2の1日1.25ドル貧困率と1人あたり国民総所得を散布図にプロットしたのが**図9-1**である。大まかな傾向として右下がりの関係が想像できるだろう。す

表9-3 平均寿命と非識字率

指標	平均寿命						非識字率（％）					
年	1990～1995年			2000～2005年			1990年			2005年		
国名／性別	総計	男性	女性	総計	男性	女性	総計	男性	女性	総計	男性	女性
アルゼンチン	72.1	68.6	75.8	74.3	70.6	78.1	4.3	4.1	4.4	2.8	2.8	2.7
ボリビア	60.0	58.3	61.8	63.9	61.8	66.0	21.9	13.2	30.2	11.7	6.2	17.0
ブラジル	67.5	63.7	71.5	71.0	67.3	74.9	18.0	17.1	18.8	11.1	11.3	11.0
チ リ	74.3	71.5	77.4	77.7	74.8	80.8	6.0	5.6	6.4	3.5	3.4	3.6
コロンビア	68.6	64.3	73.0	71.6	68.0	75.4	11.6	11.2	11.9	7.1	7.2	6.9
コスタリカ	76.2	74.0	78.6	78.1	75.8	80.6	6.1	6.1	6.2	3.8	3.9	3.7
キューバ	75.3	73.5	77.3	77.1	75.3	79.1	4.9	4.8	4.9	2.7	2.6	2.8
エクアドル	70.0	67.6	72.6	74.2	71.3	77.2	12.4	9.8	14.9	7.0	5.6	8.3
エルサルバドル	67.1	63.3	71.1	70.1	65.4	74.9	27.6	23.9	30.9	18.9	16.4	21.2
グアテマラ	63.6	60.5	66.8	68.9	65.5	72.5	39.0	31.2	46.8	28.2	20.9	35.4
ハイチ	55.4	54.0	56.8	58.1	56.4	59.9	60.3	57.4	63.1	45.2	43.5	46.8
ホンジュラス	67.7	65.4	70.1	71.0	68.6	73.4	31.9	31.1	32.7	22.0	22.4	21.7
メキシコ	71.5	68.5	74.5	74.8	72.4	77.4	12.7	9.4	15.7	7.4	5.7	9.1
ニカラグア	66.1	63.5	68.7	70.8	68.0	73.8	37.3	37.3	37.2	31.9	32.2	31.6
パナマ	72.9	70.2	75.7	74.7	72.3	77.4	11.0	10.3	11.6	7.0	6.4	7.6
パラグアイ	68.5	66.3	70.8	70.8	68.7	72.9	9.7	7.6	11.7	5.6	4.8	6.4
ペルー	66.7	64.4	69.2	71.6	69.0	74.3	14.5	8.0	20.9	8.4	4.4	12.3
ドミニカ共和国	67.0	65.0	69.0	71.2	68.1	74.4	20.6	20.2	21.0	14.5	14.7	14.4
ウルグアイ	73.0	69.2	76.9	75.2	71.6	78.9	3.5	4.0	3.0	2.0	2.5	1.6
ベネズエラ	71.5	68.7	74.5	72.8	69.9	75.8	11.1	9.9	12.3	6.0	5.8	6.2
ラテンアメリカ	68.3	65.0	71.7	72.1	68.9	75.5	14.9	13.2	16.6	9.5	8.8	10.3

注：非識字率は15歳以上の人口についての非識字率。
出所：ECLAC, *Statistical Yearbook for Latin America and the Caribbean 2005* and *2009*.

なわち，1人あたりの国民総所得の上昇と貧困率の減少が相関していると考えられる。経済成長によって1人あたりの国民総所得が上昇すれば，一定の所得分配のもとで貧困率が減少すると考えることができる。

しかし，図9-1からは一国の経済規模の大小が貧困を決める唯一の原因ではないことも明らかである。1人あたり国民総所得が2倍以上異なっていても同じ程度の貧困率である国が存在しているということは，一国内での所得の分け方，すなわち所得分配も貧困と関係していることが推測できる。

（2） ラテンアメリカの貧困の諸相

貧困は大きく所得貧困でとらえられるが，それだけがすべてではなく，他の指標もあわせて調べたほうが正しく貧困をとらえられるというのが大事な点である。**表9-3**では，平均寿命，教育を紹介している。所得，寿命，教育の指

第9章 貧困と所得分配

表9-4 公共事業普及率(%)

都市・農村	都市						農村					
指標	水道		電気		下水道		水道		電気		下水道	
国名/年	2000	2008	2000	2008	2000	2008	2000	2008	2000	2008	2000	2008
アルゼンチン	98.5	98.5	99.5	—	59.8	62.0	—	—	—	—	—	—
ボリビア	90.0	94.8	95.8	98.2	53.1	55.8	35.6	39.4	24.9	46.6	2.1	4.1
ブラジル	91.3	92.9	99.0	99.6	52.6	60.6	21.3	31.3	77.3	91.4	3.2	5.9
チリ	98.8	99.0	99.7	99.7	91.1	93.3	37.2	53.0	83.1	94.3	4.1	10.9
コロンビア	98.1	97.5	99.5	99.6	94.0	92.7	64.0	55.4	87.8	86.6	37.3	17.0
コスタリカ	99.2	99.9	99.5	100.0	45.6	39.9	93.7	99.7	94.7	98.2	9.3	4.3
エクアドル	88.4	92.5	99.5	99.6	67.5	73.8	—	33.0	—	90.7	—	14.7
エルサルバドル	73.9	80.9	92.6	91.4	59.0	59.6	29.6	43.9	59.1	67.1	0.9	2.2
グアテマラ	89.0	90.0	93.7	93.7	76.4	68.4	56.8	60.6	57.3	68.0	8.9	7.6
ホンジュラス	91.5	93.6	93.4	97.9	59.0	62.9	68.8	71.8	35.2	50.7	4.0	4.1
メキシコ	95.5	96.7	99.7	99.4	85.4	89.6	73.1	77.6	95.0	95.1	29.1	42.8
ニカラグア	83.5	89.5	91.9	95.5	59.0	21.1	26.4	29.7	41.2	43.7	70.2	33.9
パラグアイ	61.4	68.2	97.9	99.0	17.7	14.2	13.5	48.8	82.0	93.3	0.2	0.5
ペルー	80.5	84.8	95.2	97.2	76.2	80.1	36.3	31.7	30.0	51.2	4.0	8.1
ドミニカ共和国	86.4	86.8	—	—	35.0	33.8	49.3	53.1	—	—	4.1	4.0
ウルグアイ	98.2	97.1	99.4	99.5	61.3	60.9	—	11.6	—	82.6	—	0.9
ベネズエラ	92.4	93.7	98.8	99.5	88.2	75.5	—	—	—	—	—	—

注:ベネズエラは都市・農村をあわせた全国の数字。
出所:ECLAC, *Statistical Yearbook for Latin America and the Caribbean 2009.*

標は,国連開発計画が人間開発指数を計算するための主要なデータである。どの国も1990〜95年から2000〜05年にかけて平均寿命が伸びており,非識字率が下がっている。このことは表9-1で確認した多くの国で所得貧困率が下がっていることとも整合的である。総合的に貧困は改善している。

さらに視点を広げると,生活の質には基礎的なインフラの整備もかかわっているといえるだろう。表9-4は水道,電気,下水道という生活に重要な公益事業普及率を都市と農村に分けて示した。都市では水道と電気が普及しているが,農村ではいくつかの国で水道と電気の普及率が低い。表9-1とあわせると,ボリビア,ブラジル,ニカラグア,ペルーの農村では貧困かつ水道も電気もない家に住む人々が少なからず存在することが想像できよう。

表9-5は情報・通信アクセス指標を各国別に紹介している。テレビと携帯電話が情報・通信アクセスの主要な手段である。テレビをもつ家計の割合はハイチ,ボリビア,グアテマラ,ホンジュラスは低いが,多くの国が5割を上回っている。デジタル・デバイド(情報通信技術にアクセスがある人とない人の格

第Ⅲ部　経済発展と社会的・政治的課題

表9-5　情報・通信アクセス普及率

指標 国名／年	テレビを もつ家計 (%) 2005	固定・携帯 電話契約者 (100人あたり) 2008	携帯電話 契約者 (100人あたり) 2008	インター ネット使 用者 (100人あたり) 2008	パソコン 所有率 (100人あたり) 2005	ブロードバ ンド契約者 (100人あたり) 2008	新聞読者 (1000人あたり人数) 2005
アルゼンチン	97.0	141.0	116.6	28.1	9.0	8.0	35.5
ボリビア	50.0	56.9	49.8	10.8	2.4	0.7	―
ブラジル	91.0	99.9	78.5	37.5	16.1	5.3	35.6
チリ	90.0	109.0	88.1	32.5	14.1	8.5	50.6
コロンビア	90.0	109.8	91.9	38.5	4.4	4.2	22.4
コスタリカ	89.0	73.6	41.7	32.3	23.1	2.4	64.7
キューバ	70.0	12.8	3.0	12.9	3.4	0.0	64.7
エクアドル	80.0	99.7	85.6	28.8	6.6	0.3	―
エルサルバドル	83.0	130.9	113.3	10.6	5.8	2.0	37.0
グアテマラ	50.0	119.8	109.2	14.3	2.1	0.6	―
ハイチ	27.0	33.5	32.4	10.1	0.2	―	―
ホンジュラス	58.0	96.1	84.9	13.1	1.5	―	―
メキシコ	92.7	90.2	70.8	22.2	13.6	7.1	―
ニカラグア	60.0	60.3	54.8	3.3	4.0	0.6	―
パラグアイ	79.1	103.3	95.5	14.3	7.8	1.4	―
ペルー	71.0	82.6	72.7	24.7	10.1	2.5	―
ドミニカ共和国	75.8	82.4	72.4	21.6	2.1	2.3	41.6
ウルグアイ	92.3	134.0	105.2	40.2	13.6	7.3	―
ベネズエラ	90.0	119.5	97.0	25.7	9.3	4.8	93.2
日本	99.0	124.4	86.4	75.2	67.6	23.6	550.7

注：日本の新聞読者（1000人あたり）は2004年の数字です。
出所：World Bank, *World Development Indicators, 2008* and *2010*.

差）を示す電話とインターネットの普及では，日本と同じく電話の普及が高いことが観察できる。とくに日本を上回る携帯電話の普及を示している国もある。電話契約者の割合では，キューバの携帯電話契約者の比率が顕著に低いことが顕著である。インターネット使用者の割合では，多くの国が人口の10％以上の使用者があることが注目される。これらの指標が低い国は総じて貧困度が高い国である。

（3）　所得水準・生活水準の格差

　所得水準や生活水準の格差はラテンアメリカの大きな問題としてとらえられている。経済格差を端的に示す事実として，米誌フォーブスによる2010年の世界長者番付の第1位がメキシコのカルロス・スリム氏であったことを挙げよう。

第9章 貧困と所得分配

表9-6 所得分配を示すジニ指数（世界銀行集計）

国名	年	ジニ係数	国名	年	ジニ係数
アルゼンチン	2006	48.8	中国	2005	41.5
ボリビア	2007	57.2	エジプト	2005	32.1
ブラジル	2007	55.0	フランス	1995	32.7
チリ	2006	52.0	ドイツ	2000	28.3
コロンビア	2006	58.5	ギリシャ	2000	34.3
コスタリカ	2007	48.9	インド	2005	36.8
エクアドル	2007	54.4	インドネシア	2007	37.6
エルサルバドル	2007	46.9	イタリア	2000	36.0
グアテマラ	2006	53.7	日本	1993	24.9
ハイチ	2001	59.5	韓国	1998	31.6
ホンジュラス	2006	55.3	マレーシア	2004	37.9
メキシコ	2008	51.6	ナイジェリア	2004	42.9
ニカラグア	2005	52.3	ポルトガル	1997	38.5
パラグアイ	2007	53.2	ロシア	2007	43.7
ペルー	2007	50.5	スペイン	2000	34.7
ドミニカ共和国	2007	48.4	タイ	2004	42.5
ウルグアイ	2007	47.1	イギリス	1999	36.0
ベネズエラ	2006	43.4	アメリカ	2000	40.8

出所：World Bank, *World Development Indicators 2010*.

彼の総資産は535億ドルと発表された。メキシコの市中流通通貨（硬貨と紙幣）の総額は約460億ドル（2010年2月末時点）なので，スリム氏の資産額は彼が住む人口1億人のメキシコ国の硬貨と紙幣の全発行額を上回る巨大な金額である。その一方で，表9-1からわかるメキシコの人口の34.8%が貧困層であるという事実は，富裕層と貧困層の間に大きな経済格差があることを示している。そして，このような大きな経済格差はメキシコだけではなく多くのラテンアメリカ諸国に共通することが知られている。

　所得の格差を計測する指標として所得の上位グループ（最上位の10%）の1人当たり平均所得を下位グループ（最下位の40%）の1人あたり平均所得で割った比率や，ジニ係数や対数分散（所得を対数化して分散を計算した数値）などが広く使われている。どれも数が大きい方がその国の不平等度が高いと考えることができる（解説は速水〔2000〕や大竹〔2005〕を参照）。表9-6は，不平等度を表すジニ係数をラテンアメリカ各国と世界の代表的な国々について世界銀行の最新のデータで表している。ジニ係数は0以上100以下の数字をとり，100に近いほど分配が偏っていることを示す。ラテンアメリカ諸国の所得分配は他の地域の国々に比べて，不平等度が高いことが明らかであろう。

表9-7は,ラテンアメリカ各国について不平等度の近年の変化を示した。表9-1ではほとんどの国について貧困率が下がったことを特筆したが,不平等度については増加した国も少なからず存在している。コロンビア,グアテマラ,ホンジュラス,ドミニカ共和国,ウルグアイは不平等が広がったことが見てとれる。これに対して,ブラジルはジニ係数でも対数分散でもラテンアメリカで最大級の数字を示しており,いまなおもっとも不平等な国ということができるが,近年の改善が顕著である。ブラジルのGDP成長率はこの時期に年平均で約4％であったので,平等化と経済成長を両立させたということができる。

平等化と経済成長は,本節第1項で触れたように,貧困削減とあわせて考えるのが有益である。一国単位で考えると,貧困削減は,経済成長と平等化の2つを原因として考えることができる。一国内の構成員の所得分布を一定として,経済成長が実現すれば,貧困線以下の人口が減少し,貧困が削減されることが理解できよう。逆に,平均所得を一定として,所得分布がより平等になれば,貧困は削減される。経済成長と不平等の関係については経済成長が進むにつれて不平等度は逆U字型を示すと考えたクズネッツ仮説が有名であるが(速水2000),経済成長と平等化を同時に成し遂げた国も存在する。この2つはどのようにして同時に実現されるのだろうか。この問いに答えるには,各国それぞれの経験を比較検討することが重要であろう。

(4) 国内での地域格差

しばしば一国の国内においても地域によって経済格差があることが知られている。メキシコでいえば南部諸州が貧しく首都や北部が豊かであり,ブラジルでいえばジョルジェ・アマードの小説で有名なノルデステと呼ばれる北東諸州が貧しく,中部から南部の諸州が豊かであるといった地域格差は顕著に存在している。このような場合には,地域開発の視点はしばしば貧困削減の視点と重複するので,両方の視点をもって,政策を検討することが必要である。ただし,貧困地域にもしばしば大富豪は存在するのであり,富裕地域にもスラムは存在するので,地域開発政策をもって完全に貧困削減政策を代えることは難しい。

第9章 貧困と所得分配

表9-7 世帯ベースの所得分配指標（ECLAC/CEPAL集計）

国名	年	所得割合（%） D1～D4	D5～D7	D8～D9	D10	（D10の1人あたり平均所得）／（D1～D4の1人あたり平均所得）	ジニ係数	対数分散
アルゼンチン	1999	15.8	22.1	25.3	36.8	16.2	0.539	1.194
	2006	16.9	22.9	25.2	35.0	14.4	0.519	1.173
ボリビア	1999	9.3	24.1	29.6	37.0	26.7	0.586	2.548
	2007	11.2	25.2	28.2	35.4	22.2	0.565	2.159
ブラジル	2001	10.3	17.4	25.6	46.7	32.2	0.639	1.925
	2008	12.7	19.2	24.7	43.4	23.8	0.594	1.538
チリ	2000	13.5	20.5	25.3	40.7	19.2	0.564	1.308
	2006	14.6	21.6	26.7	37.1	15.9	0.522	1.065
コロンビア	1999	12.4	21.6	26.0	40.0	22.3	0.572	1.456
	2005	12.2	21.3	25.4	41.1	25.2	0.584	1.460
コスタリカ	1999	15.3	25.7	29.7	29.3	12.6	0.473	0.974
	2008	15.4	25.2	28.4	31.0	12.5	0.473	0.893
エクアドル	1999	14.1	22.7	26.5	36.7	17.2	0.526	1.075
	2008	16.6	24.8	26.9	31.7	12.3	0.480	0.915
エルサルバドル	1999	13.5	25.0	29.1	32.1	15.2	0.518	1.548
	2004	15.9	26.0	28.8	29.3	13.3	0.493	1.325
グアテマラ	1998	14.3	21.6	25.0	39.1	20.4	0.560	1.182
	2006	12.8	21.8	25.7	39.7	22.0	0.585	1.475
ホンジュラス	1999	11.8	22.9	29.0	36.3	22.3	0.564	1.560
	2007	10.1	23.5	29.5	36.9	23.6	0.580	1.963
メキシコ	2002	15.7	23.8	27.2	33.3	15.1	0.514	1.045
	2008	16.0	24.0	25.6	34.4	16.1	0.515	1.024
ニカラグア	2001	12.7	21.7	25.6	40.7	23.6	0.579	1.599
	2005	14.3	24.0	26.2	35.5	17.2	0.532	1.187
パナマ	2002	12.2	23.6	28.0	36.2	20.1	0.567	1.691
	2008	14.5	25.7	27.8	32.0	15.2	0.524	1.381
パラグアイ	2001	12.9	23.5	26.3	37.3	20.9	0.570	1.705
	2008	14.7	24.7	26.4	34.2	16.7	0.527	1.187
ペルー	2001	13.4	24.6	28.5	33.5	17.4	0.525	1.219
	2008	15.7	26.5	28.4	29.4	12.8	0.476	0.969
ドミニカ共和国	2002	12.7	22.7	26.9	37.7	17.8	0.537	1.247
	2008	11.5	23.3	30.4	34.8	21.2	0.550	1.408
ウルグアイ	1999	21.6	25.5	25.8	27.1	8.8	0.440	0.764
	2008	21.2	25.5	26.3	27.0	9.0	0.446	0.778
ベネズエラ	1999	14.5	25.0	29.0	31.5	15.0	0.498	1.134
	2008	19.2	27.9	28.1	24.8	8.4	0.412	0.689

注：メキシコの2002年を除いて、表9-1の国名と年と対応している。D1はもっとも所得の低い世帯の10%を示す。D10はもっとも所得の高い世帯の10%を示す。本表でのジニ係数は0から1までで、1に近い方が不平等度が高い。

出所：ECLAC, *Panorama social de América Latina 2009*.

2　誰が貧困なのか，誰が富裕なのか，なぜそうなのか

(1)　貧困の決定要因

　貧困はどのようにして説明できるのだろうか。このことを論理的に考えるために，次のような家計の所得決定式を考えてみよう。

$$I_j = r_{1j}A_{1j} + r_{2j}A_{2j} + r_{3j}A_{3j} + \cdots + r_{nj}A_{nj} + NT_j$$

ここで，I は所得，A は各種の資産量，r が資産の収益率，NT がネットの政府など家計外からの所得移転（例：補助金―税），i が資産の種類，j が家計の番号，n が資産の総数を示す。所得は①各種資産の量，②資産の収益率，③移転額，④（式には表されない）家計内の資源配分（家計所得を誰がどれだけ使えるかについての家計内の決定）という4つの要素によって決まると考えることができる。資産には，労働，技能や人的資本，土地，金融資産などが考えられる。

　このような整理に従えば，貧困とは以下のいずれかもしくは複数の原因によるものと考えることができる。第1に，資産の保有量が小さい。第2に，保有資産の収益率が低い。第3に，移転額が小さい。第4に，しばしば女性（妻）に見られるように，家計内の資源配分で恵まれていない。とすれば，貧困削減には，第1に，教育・保健・栄養の向上など資産の保有量を上げるような政策をとる。第2に，各種の差別撤廃により収益率の歪みを正す。第3に，貧困家計に十分にターゲットされた移転を促進する。第4に，家計内の資源配分を考慮した政策，たとえば政府が家計に所得を移転する場合に，子どものことを優先して考えるとされる女性（母）に対して資金を渡すなどの政策を考える。以上の4点を考慮した「条件付き現金移転」プログラムの実際については，第10章を参考にされたい。ラテンアメリカ地域において，しばしば子ども，高齢者，女性，先住民が貧困に対して脆弱であるといわれるが，上記の整理を従って考えてみるとよい。

　前述の整理において貧困状態にある家計にとってとくに重要と考えられるのは教育である。教育という投資によって得られる技能や人的資本という資産は，もともと実物資産や金融資産が少ない貧困家計にとって重要な収入源である。**図9-2**は，地域別の教育年数と教育私的収益率（税金を除き個人の支出のみに

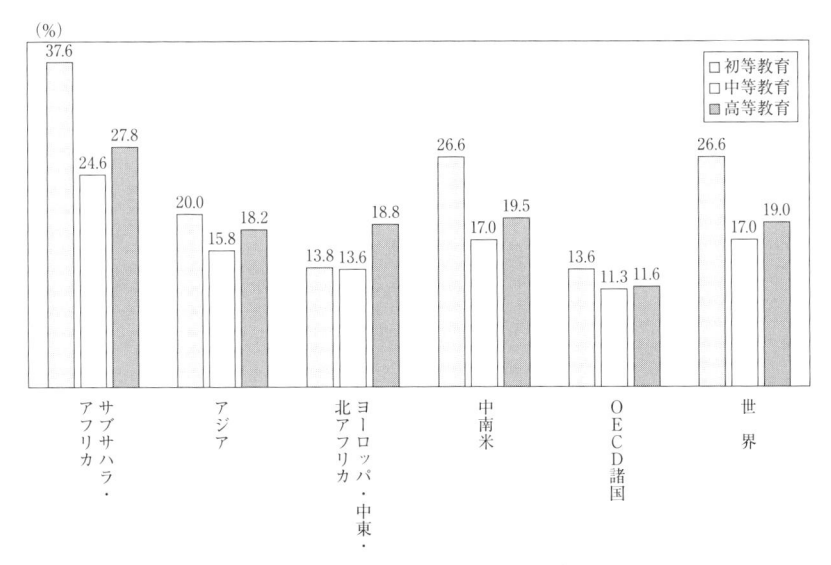

図9-2 地域別平均の教育私的収益率（1999年）

出所：黒田・横関〔2005〕。

よって追加的な教育年数の増加がどれだけ賃金を増加させるかという率）の平均値を示している（推計方法については黒田・横関〔2005：3章〕を参照）。ラテンアメリカ地域においては小学校卒業の収益率がOECD諸国の約2倍である。貧困緩和政策としても，教育を質量両面から支援することが重要である。

このほか，貧困の原因として，家計が貧困から抜け出す，もしくは陥らないための市場組織が不十分である可能性がある。このことは，労働市場や金融市場についてよく指摘される。まず，労働市場については，フォーマル・インフォーマル部門の雇用問題がある。当該国のフォーマル部門労働者の生産性が高い場合には，インフォーマル部門の雇用者をどのようにフォーマル部門の労働者に組み入れていくかが政策として肝要であろう。しかし，フォーマル・インフォーマル部門ともに労働者の生産性が低い場合には，部門に分け隔てなく生産性を改善することが重要であろう。

金融市場については，マイクロファイナンスが貧困緩和の手段として指摘されることがある。流動性制約がある人々，つまりお金を借りることができれば有益な活動ができるのに，お金が借りられないという人々にはマイクロファイナンスは有意義であり，その一方で，合理的な貯蓄を推進するという機能も

もっている。しかし、マイクロファイナンスは貧困線近くの貧困者には効果があるが、極貧にある人々にはあまり効果がないという知見も報告されている。

近年の研究では、貧困の様態として時間的な動き、すなわち貧困のダイナミクス（動学）に注目し、慢性的貧困と一時的貧困を区別することが政策面からも重要になっている。政策対応としても、貧困状態から抜け出せない前者には持続的な支援、抜け出すことが可能な後者には保険のような社会保障を割り当てることが考えられる。イギリスの慢性的貧困研究所の推計では1500万人から2500万人程度がラテンアメリカ全体で慢性的貧困にあるとされる。さらに、慢性的貧困が世代を超えて再生産されないことも重要である。この点も考慮した政策面については、第10章で詳述される。

最後に、貧困はグローバリゼーションと組み合わさってより複雑な顔を見せていることも注意しておきたい。典型的には移民と送金の問題である。まず、移民の背景として、貧困が移民の1つの重要な原因であると指摘されている。自国での貧しさに耐えかねて、外国での高い所得を求めて移動するメキシコや中米からのアメリカへの移民はアメリカでは不法移民問題として政治・社会問題化している。次に、移民が自国に送金する海外送金の貧困家計への影響にも注目しよう。貧困家計にとって海外移民から送金される資金は貴重な収入である。これをどのように家計が生産的に活用するかが、中長期的な貧困からの脱出の足がかりの一つとなりうる。

（2） 偏った所得分配の決定要因

ラテンアメリカの偏った所得分配の決定要因は、一方で貧困が生産され、他方で富裕が生産されていることにある。前項で述べた貧困の原因を裏返すと、富裕のメカニズムが明らかになる。加えて、ラテンアメリカ諸国を他国と比べた要素賦存において、鉱物資源や一次産品を生産する土地が大きいという特徴や、相続税が欠如もしくは弱く施行されているなど一国の政治・社会・経済システムにおいて所得再分配が行われにくい特徴も指摘してよいだろう。前者は経済レントが資産の所有者に帰するので、富裕が再生産される可能性が高くなる。後者は相続税の欠如や不備がある場合には、いったん決まった資産の分配が世代を超えて再生産される。

このほか2つの論点を挙げておこう。まず、生後の努力では変えられない機

第9章 貧困と所得分配

■□コラム□■

ハイチの貧困

2010年1月12日にハイチで発生した大地震では20万人を超える死者が出たことが報じられている。ハイチはカリブ海イスパニョール島の西半分を占める国土をもち、1791年8月にフランス大革命の影響を受けて奴隷反乱が発生し、1804年にフランスから独立を宣言し、世界で最初の黒人共和国、ラテンアメリカで最初の独立国となった。しかし、ラテンアメリカ地域で政情が不安定であり、かつ現在ではもっとも貧困度が高い国の1つである。

国連開発計画（2008）によれば、1日2ドル基準の貧困線で人口の78%が貧困状態にあるとされている。興味深いことにイスパニョール島の東半分を占めるドミニカ共和国の貧困率は42.2%である。乳児誕生時における40歳時点非生存確率において、ハイチは21.4%、ドミニカ共和国は13%である。

同じ島に存在する両国の貧困の差を説明する要因として、統治（ガバナンス）を指摘することができる。ハイチは19世紀から20世紀初頭には多くの大統領が交代して混乱が続き、20世紀初頭からは80年代まで独裁制のもとで発展が実現しなかった。ドミニカ共和国は20世紀初頭に独裁制があったものの60年代から憲法に基づく大統領選挙が実施されている。有効な統治があれば大災害時の対策にも迅速かつ効果的に行うことができる。災害を人災にして貧困を慢性的なものにしないためにも統治を向上させることが重要であろう。

会の不平等の問題である。詳しくは、世界銀行（2006）に譲るが、両親の受けた教育・父親の職業・人種・生まれた地域などによって機会の不平等が存在する場合にはこれを是正することが必要であろう。次に、経済改革の影響である。第1章で述べられたように、経済改革は賃金ギャップの変化を通じて、所得分配に影響を与える。労働改革や民営化などどんな制度改革が所得分配を改善させるのかなど、制度の設計についても所得分配の点から実証分析を積み重ねることが重要である。

（3） 貧困・所得分配と社会正義

そもそもなぜわれわれは貧困削減や所得分配における不平等の改善を願うのだろうか。それは貧困のない平等な社会が望ましいと考えているからだろう。

では，ラテンアメリカの人々はどう認識しているのだろうか。前節で挙げたように近年，貧困や所得分配には改善が見られる。それでは，ラテンアメリカの人々は，以前と比べて所得分配がより公正になったかと認識しているのだろうか。これを見るためにLatinobarómetro社が行ったアンケートを見てみよう。2007年には，「非常に不公正」28％，「不公正」50％，「公正」18％，「非常に公正」4％となり，1997年のそれぞれ，29％，51％，14％，5％とほとんど変わっていない。では，不平等の改善はラテンアメリカの人々に感じられていないのだろうか。感じるまでにもう少し時間が必要なのだろうか。今後の検討課題として，ラテンアメリカ諸国の人々の社会正義への認識に注目した研究が重要であろう。

■ ■ ■

● **参考文献**

ジョルジェ・アマード（2008）『砂の戦士たち』彩流社。

大竹文雄（2005）『日本の不平等――拡差社会の幻想と未来』日本経済新聞社。

黒田一雄・横関裕見子編（2005）『国際教育開発論――理論と実践』有斐閣。

国連開発計画（2008）『人間開発報告　2007/2008』阪急コミュニケーションズ。

世界銀行（2006）『世界開発報告2006――経済開発と成長における公平性の役割』一灯舎。

速水祐次郎（2000）『新版　開発経済学――諸国民の貧困と富』創文社。

C・K・プラハラード（2005）『ネクスト・マーケット――「貧困層」を「顧客」に変える次世代ビジネス戦略』英治出版。

山崎幸治（1998）「貧困の計測と貧困解消政策」絵所秀紀・山崎幸治編『開発と貧困――貧困の経済分析に向けて』アジア経済研究所。

（久松佳彰）

第10章
社会保障と社会扶助

　近年，ラテンアメリカ諸国の貧困と所得分配は改善したが，依然として非常に高いレベルにあり，これは，健康で安定した生活を営むことが難しい，多くの人々がいることを意味する。失業や病気などの，安定した生活を脅かすリスクを軽減するためには，政府が行う社会政策の役割が重要である。各国の政府は，人々がより安心して暮らせるように，限られた財源を有効に活用し，貧困・不平等の緩和に努力する必要がある。1990年代以降，ラテンアメリカ諸国の政府は，社会支出を増大させた。とくに，主としてフォーマル部門の労働者へ適用されることが多い社会保障（老齢年金や医療保険）と，社会保障の適用を受ける機会の限られている低所得者層を対象とする社会扶助が重要である。前者は，所得が高い国ほど，そして高所得者ほど適用範囲が広いことから，所得の不平等を固定化する傾向がある。後者は，条件付き現金給付政策が主流となり，人的資本形成を通じて，貧困緩和への効果が期待される。

1　貧困・不平等への各国の取り組み

(1)　ラテンアメリカの貧困・不平等とさまざまなリスク

　現在，ラテンアメリカ人口の約3割が貧困状態で暮らしており，貧困，そして所得の不平等分配が重要な問題であることを前章で検討した。この10年で貧困と所得分配が改善したものの，世界レベルで見て依然として高く，ラテンアメリカ諸国の約8割の人が不公平感を抱いていることがアンケート調査からも示された。このことから，ラテンアメリカでは多くの人々が，必要最低限の生活を送る保障がなされていないだけでなく，現状に対して不満を抱いていることが予想される。そもそも，安定した生活が保障されずに，さまざまなリスクにさらされているとは，どのような状態を指すのか，考えてみよう。それから，

貧困と不平等が，生活の安定を脅かすリスクとどのように関係しているのか，考察してみよう。

われわれが日常生活を送るなか，たとえば，老後，どのように生計を立てていくのか，心配になるだろう。また，病気や怪我で働けなくなったらどうするのか。病院で高額な治療が必要なとき，自分で全額支払わなければならないのだろうか。あるいは，仕事を失ったら，どのように生活をしていけばよいのだろうか。このような不安を取り除き，安定した生活を送るためには，一定の所得水準を保ち，最低限の生活水準を保つ保障が大切なことがわかるだろう。それから，基礎的な保健サービスが普及していたり，基礎教育が完全に実施されていたりすることも重要だ。柳原（2007）によると，この所得と保健・教育状況の安定は，お互い関係しあっている。つまり，所得が不安定になると，栄養状態が悪くなったり，子供が学校へ行く代わりに働かざるをえなくなったりと，保健・教育状況の悪化につながりかねない。一方，保健・教育水準は，労働者の能力に影響をあたえ，ひいては所得のレベルにも影響する（柳原 2007：61-62）。

第9章で，必需品を手に入れる費用以下の所得（消費）しかない人が貧困状態にあると定義された。すなわち，貧しい人は，より大きなリスクにさらされ，生活の安定を手に入れることがより難しいといえる。そして，所得分配が不平等ということは，必要最低限の生活を送ることが難しい人と，生活に困らない人との間に見られる差が大きいことを示す。つまり，同じ社会のなかで，生活の安定が保障されて，リスクが少ない人と，そうでない人との隔たりが大きくなってしまっているのだ。言い換えると，ラテンアメリカ諸国で貧困と不平等が著しいということは，生活の安定が脅かされる貧しい人々が多数いるだけでなく，貧しい人と富裕な人との間で，生活安定の機会に大きな差が存在しているといえる。このことが，高い不公平感の原因になっていることがわかるだろう。

具体的に，政府は，所得と保健・教育状況の安定をもたらすために，さまざまな政策を行うことができる。それらは，一般的に社会政策と呼ばれ，教育政策，保健政策，社会保障政策，社会扶助政策，住宅政策など，多様な分野にわたっている。それでは，ラテンアメリカ諸国の政府は，いままでどのような社会政策を行ってきたのだろうか。また，それらの政策は，貧困緩和や所得のよ

り平等な分配，そしてリスクの軽減に役立ってきたのだろうか。

（2） 社会政策の推移

　ラテンアメリカにおける社会政策の概要を知るために，社会支出，つまり社会政策への公的支出の変化を見てみることにしよう。**表10-1**は，国連ラテンアメリカ・カリブ経済委員会（ECLAC/CEPAL）により集計された，ラテンアメリカ・カリブ地域の18カ国の社会支出データである。各国の社会支出レベルを比べるために，人口1人あたりで割った額，国内総生産に対する割合，公共支出に対する割合で表し，それぞれについて，1990/1991年と2005/2006年の数値を比較している。人口1人あたりで割った額は，各国でどのくらいのお金が，国民1人の社会政策費用に使われているのかを表している。国内総生産に対する割合は，一国の経済全体のなかで，社会政策の規模がどれくらいかを示す。そして，公共支出に対する割合は，政府のお金の使い方の優先順位を表すので，政府が社会政策をどれだけ重視しているのかの指標となる。

　具体的に数字を見てみよう（表10-1）。全体的に見てみると，18カ国の3つの指標について，90年代初頭から2000年代半ばにかけての15年間の間に，社会支出が増加していることがわかる。80年代に通貨危機を経験した後，構造調整や新自由主義経済改革のもとで緊縮財政を迫られ，社会支出に利用可能な財源も限られていた。しかし，90年代に入ると，ラテンアメリカ諸国の政府は，貧困解消の重要性と，労働の質向上が経済発展に欠かせないことを認識しはじめたのであった。その結果，ラテンアメリカ諸国の平均を見てみると，人口1人あたりの社会支出は308.53ドルから504.39ドルへ，国内総生産に対する割合は9.6％から12.7％へ，公共支出に対する割合は41.5％から48.4％へと増加した。コスタリカとエクアドルが公共支出に対する割合を減少させた以外，これら3つの指標についてすべての国で増加が見られた。この社会支出の増加は，高齢化による支出の自然増加の影響とも考えられるが，90年代以降，域内各国の政府は，慢性的な貧困や所得の不平等分配といった社会経済問題に対して，より真剣に取り組むようになったことを示している。

　しかし，国によってばらつきもある。たとえば，2005/06年の1人あたりの社会支出額を比べてみると，1000ドルを超えるのは，18カ国中，アルゼンチンとウルグアイの2カ国のみである。一方，ボリビア，エクアドル，グアテマラ，

表10-1 社会支出の推移（ECLAC/CEPAL集計）

国名／年	人口1人あたり (2000年ドル)		対国内総生産比 (%)		対公共支出比 (%)		1人あたり国内総生産 (2000年ドル)
	1990/91	2005/06	1990/91	2005/06	1990/91	2005/06	2006
アルゼンチン	1,179	1,712	19.3	20.3	62.2	63.3	8,733.4
ボリビア	126	183	13.2	16.6	39.6	48.3	1,064.4
ブラジル	604	917	18.1	23.0	48.9	72.1	4,021.3
チリ	380	719	12.0	12.4	61.2	66.4	5,889.1
コロンビア	123	314	6.6	13.9	28.8		2,678.5
コスタリカ	486	788	15.6	16.9	38.9	34.8	4,819.8
エクアドル	98	101	7.4	6.4	42.8	28.6	1,627.6
エルサルバドル	111	251	5.6	11.6	25.9	45.8	2,252.4
グアテマラ	49	123	3.7	7.7	29.9	54.2	1,614.4
ホンジュラス	80	152	7.5	11.4	40.7	52.5	1,363.4
メキシコ	355	724	6.5	10.6	41.3	59.0	6,951.5
ニカラグア	45	95	6.6	11.1	34.0	49.2	864.2
パナマ	229	383	7.5	8.3	38.1	10.9	4,749.1
パラグアイ	45	121	3.2	8.7	39.9	43.4	1,397.9
ペルー		210		8.5		50.3	2,555.8
ドミニカ共和国	74	263	4.3	8.5	38.4	39.1	3,240.3
ウルグアイ	820	1,370	16.8	20.9	62.3	63.1	6,770.2
ベネズエラ	441	653	8.8	12.5	32.8	42.3	5,429.6
平均	308.53	504.39	9.6	12.7	41.5	48.4	3,580.5

注：ボリビアとエルサルバドルは，1990/91ではなく，1995/96の数字である。
出所：ECLAC, *Social Panorama of Latin America 2008*.

ホンジュラス，ニカラグア，パラグアイの6カ国は，その5分の1以下の200ドルにも満たない。このことは，ラテンアメリカ域内でも多様性があることがわかる。さらに，表10-1が示すように，国内総生産で測った国の経済規模が大きいほど，1人あたりの社会支出額も大きいことが見てとれる。

次に，社会支出のなかで，どの社会政策にどのくらいのお金が使われているのか見てみよう（**図10-1**）。図10-1は，先述の国連ラテンアメリカ・カリブ経済委員会（ECLAC/CEPAL）により集計された，ラテンアメリカ・カリブ地域の21カ国の社会支出を，合計，教育，保健，社会保障・社会扶助，住宅・その他について，比較したものである。各政策部門の社会支出レベルを比べるために，各部門の国内総生産に対する割合について，1990/91年と2005/06年の数値を比較している。具体的な数字を見ると，すべての分野においてこの期間内に，社会支出が増加した。そのなかでも，社会保障・社会扶助政策は，4.8％から7.4％と高い増加率を見せた。さらに，同政策分野が社会政策の中で最大

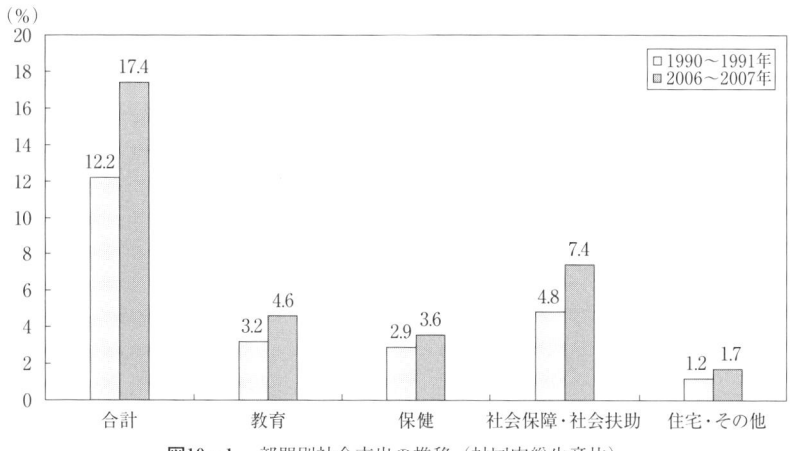

図10-1 部門別社会支出の推移（対国内総生産比）

出所：ECLAC, *Social Panorama of Latin America 2009.*

の割合を占めることは，域内政府は，社会保障・社会扶助分野を重視し，優先的に予算を振り分けていることを意味する。

それでは，社会保障・社会扶助政策とは，具体的にどのような方法でさまざまなリスクを軽減し，生活の安定を保障することをめざすのだろうか。両政策ともに，所得保障を通じて最低限の生活を保障することを目的としている。ラテンアメリカ諸国では，雇用者・被雇用者が拠出金を負担する社会保障政策（老齢年金や医療保険）は，フォーマル部門の労働者に適用されることが多く，所得分配に直接的な影響を及ぼす。一方，社会扶助政策は，主として，社会保障の適用を受ける機会が限られている，インフォーマル部門の低所得者層に所得保障の機会を提供する。社会扶助政策には，一時的に雇用機会を創出する公共事業，現金給付，食料支援，児童手当などが含まれ，その財源は税金によって賄われる。90年代以降，多くの開発途上国では貧困削減への関心が高まり，後者に含まれる条件付き現金給付政策という新しい政策が注目されるようになった（Barrientos 2010）。それぞれの政策が，どのように機能し，リスクの削減，そして貧困・不平等に影響を与えるのか，次節で詳しく見ていこう。

2 所得分配と社会保障

(1) ラテンアメリカにおける社会保障政策

ラテンアメリカの社会保障政策には，次のような3つの特徴がある。まず，一般的に社会保障という言葉は，老齢年金や健康保険などの社会保険と，生活保護などの社会扶助の総称として用いられる場合が多い。しかし，ラテンアメリカの文脈では，社会保障と社会保険は，ほぼ同じ意味で使われることが多い（宇佐見 2005：10）。社会保険は，その給付を受けるためには，拠出金を支払う必要がある。そして，その拠出金は，雇用者と被雇用者の両方が負担することが義務づけられている。そのため，フォーマル部門の労働者を主な支給の対象とし，インフォーマル部門に従事する人々は制度の適用外とされることが多かった。また，20世紀前半の輸入代替工業化とともに発展してきた社会保障制度は，職域別に整備され，厚遇される職業に従事するものは，より手厚い所得保障の恩恵を享受してきた。よって，社会保障の適用を受ける機会により恵まれているフォーマル部門の労働者の間にも，その生活安定の保障を得る機会には格差があった。さらに，1980年以降，経済自由化とともに，従来，国家が管理してきた社会保障制度に市場原理が導入されて以降，主として財政上の理由から，「社会保険料を払う人々がみんなでお金を出しあって共同でリスクの軽減を目指すこと」を原則とする確定給付型年金から，「自分のリスクには自分で備える」確定拠出型年金へと改革が行われてきた。

このように，拠出金の負担を伴う老齢年金や健康保険が主流であり，職域別に発展してきたラテンアメリカ諸国の社会保障制度は，生活安定保障のレベルは所得レベルに比例することから，社会における不平等を固定化する傾向があるといえる。また，過去20年間に行われた年金制度改革は，国家による所得保障の役割を小さくすることによって，こうした傾向に拍車をかける可能性があるといえる。ラテンアメリカの社会保障制度が，不平等に与えうるこれら2つの可能性について，次節で詳しく見ていこう。

(2) 社会保障と不平等

社会保険的性格が強い社会保障は，定期的に一定額の拠出金の支払い負担を

雇用者・被雇用者に課すという性格上，主に，企業に登録された労働者や正規に登録されたフォーマル部門の職業で働く労働者を対象としており，所得水準が低いインフォーマル部門の労働者に適用されないことが多いことから，所得格差を拡大する可能性が高い。インフォーマル部門には定義にはさまざまなものがあるが，通常，企業登録がないため労働法の適用を受けず，多様な小規模経済活動を含み（零細自営業者，家事サービス従事者，露天商，日雇い労働者，小規模家族経営など），就業は不安定で，所得・生産性は低いと考えられている（篠田・宇佐見 2009：19）。ただし，フォーマル部門の労働者のなかでも，社会保障の適用を受けていない人々も存在する一方，インフォーマル部門であっても社会保障が受けられる場合もある。

　就業形態・所得階層と社会保障適用の機会との関係については柳原（2007）で詳しく分析されているが，フォーマル部門とインフォーマル部門の間では，社会保障適用の機会にどれくらいの格差があるのか数字で見てみよう。表10－2は，2003～07年の期間のラテンアメリカ17カ国における，社会保障適用者の割合（全国平均，都市部，農村部，都市フォーマル部門，都市インフォーマル部門）と未拠出年金制度の有無について比較している。さらに，柳原（2007）やメサ－ラゴ（Mesa-Lago 2009）の分類を参考にこれら17カ国を，高保障国，中保障国，低保障国に分類して平均値を計算している。どのグループも，農村部よりも都市部の方が社会保障適用者の割合は高い。また，都市部について見てみると，フォーマル部門の社会保障適用率は，インフォーマル部門のそれよりも高くなっていることが分かる。具体的に，高保障国（チリ，コスタリカ，ウルグアイ，アルゼンチン，ベネズエラ）のフォーマル部門の社会保障適用率は平均して68.5％，インフォーマル部門は40.6％である。中保障国（メキシコ，ドミニカ共和国，ブラジル，パナマ）については，それぞれ78.1％，23.7％である。一方，低保障国（エルサルバドル，エクアドル，ホンジュラス，グアテマラ，ニカラグア，ボリビア，パラグアイ，ペルー）の平均値はそれぞれ，57.2％，6.8％となっている。このように，国別の社会保障適用の全体的レベルにかかわらず，一貫して，インフォーマル部門の社会保障適用割合が低くなっているが確認された。このことは，就業形態が不安定で，所得水準が低く，生活安定に対する大きなリスクにさらされている人の割合が多い国ほど，社会保障を享受する機会が限られていることを意味する。

表10-2 部門別に見た社会保障適用者の割合（2003〜07年）

(%)

	年	全国平均	都市部	農村部	都市フォーマル部門	都市インフォーマル部門	未拠出年金制度の有無
高保障国							
チリ	2006	66.7	68.1	55.7	82.6	51.6	有
コスタリカ	2006	65.2	67.1	62.0	86.4	39.7	有
ウルグアイ	2005	—	61.1	—	82.7	40.5	有
アルゼンチン	2006	—	60.0	68.8	22.3	55.0	有
ベネズエラ	2006	60.9	—	—	68.6	16.1	
高保障国平均		64.3	64.1	62.2	68.5	40.6	
中保障国							
メキシコ	2006	52.1	61.3	29.1	78.1	23.4	有
ドミニカ共和国	2006	58.4	61.6	49.5	70.2	8.5	
ブラジル	2006	49.5	56.0	20.5	78.7	35.1	有
パナマ	2007	47.8	60.2	24.3	85.3	27.6	
中保障国平均		52.0	59.8	30.9	78.1	23.7	
低保障国							
エルサルバドル	2004	28.9	37.2	13.8	75.8	8.2	
エクアドル	2006	28.7	33.1	20.4	59.6	14.9	
ホンジュラス	2006	19.8	32.6	7.4	65.6	5.7	
グアテマラ	2004	17.7	27.1	7.9	61.2	7.5	
ニカラグア	2005	17.4	25.7	5.7	58.6	3.2	
ボリビア	2004	15.6	20.2	9.0	44.4	6.0	有
パラグアイ	2005	14.1	20.0	6.0	46.5	4.4	
ペルー	2003	13.7	20.1	3.4	46.2	4.7	
低保障国平均		19.5	27.0	9.2	57.2	6.8	
ラテンアメリカ平均	2006	37.4	44.1	23.9	68.4	19.6	

注：社会保障には，老齢年金と健康保険が含まれる。また，都市フォーマル部門は，公共部門，6人以上の従業員を抱える企業，専門職・技術者，6人以上の従業員を抱える雇用者を含む。都市インフォーマル部門は，従業員5人以下の企業に勤める賃金労働者，および家事サービス従事者を指す。
出所：ECLAC, *Social Panorama of Latin America 2008*, Mesa-Lago (2009) をもとに筆者作成。

また，フォーマル部門に属する人々の間でも，職域別に社会保障の適用を受ける機会は異なる（Mesa-Lago 1978）。ラテンアメリカ諸国では，たとえば，伝統的に公共部門（国家公務員や議員）の所得水準は高く，同様に高水準の社会保障が約束されている。したがって，フォーマル部門に従事する人々の間でも，社会保障が適用される機会は所得水準に比例すると考えられる。つまり，皮肉なことに，所得が高く，生活の安定へのリスクが軽い人ほど，手厚い社会保障を受ける機会に恵まれているといえる。こうした所得に比例した，職域別の社会保障へのアクセス機会，および給付内容の格差は，所得の不平等分配を固定化させることが考えられる。

第10章　社会保障と社会扶助

表10-3　所得階層別に見た社会保障適用者の割合（2000～06年）

(%)

国　名	年	Q1	Q2	Q3	Q4	Q5
高保障国						
チリ	2006	47.24	61.48	65.39	67.09	71.65
コスタリカ	2006	48.26	57.95	61.85	67.61	78.09
ウルグアイ	2006	27.58	51.45	64.59	76.61	85.46
アルゼンチン	2006	8.64	28.42	42.51	53.31	61.17
ベネズエラ	2006	18.83	26.00	34.81	43.81	52.99
高保障国平均		30.11	45.06	53.83	61.69	69.87
中保障国						
メキシコ	2006	10.49	27.32	36.96	47.93	56.30
ドミニカ共和国	2006	6.72	15.10	20.59	26.02	32.31
ブラジル	2006	20.29	39.60	50.20	60.20	69.97
パナマ	2004	15.11	39.56	47.39	58.84	64.47
中保障国平均		13.15	30.40	38.79	48.25	55.76
低保障国						
エクアドル	2006	11.75	12.30	19.34	30.82	56.79
エルサルバドル	2005	3.82	17.23	28.14	38.93	57.90
ホンジュラス	2006	0.87	6.04	16.65	25.76	38.25
グアテマラ	2000	2.05	11.03	19.00	26.79	39.77
ニカラグア	2005	3.09	9.29	19.30	25.35	35.56
ボリビア	2005	0.24	3.16	10.20	14.27	35.03
パラグアイ	2006	0.30	4.38	12.29	19.52	27.85
ペルー	2006	2.06	4.45	11.59	19.22	32.95
低保障国平均		3.02	8.49	17.06	25.08	40.51
ラテンアメリカ平均		13.08	24.19	33.09	41.79	52.34

出所：Rofman, Lucchetti and Ourens（2008）をもとに筆者作成。

　表10-3は，経済活動人口に占める社会保障適用者の割合と，所得階層別に見た所得レベルとの関係を示している。Q1はもっとも所得の低い階層を意味し，Q5はもっとも所得が高い階層を指す。まず，ラテンアメリカ18カ国の平均を見てみると，Q1では13.08％しか社会保障の保護を受けていないが，その割合は所得レベルが上がるに従って高くなっている。Q5では，Q1の約4倍に相当する52.34％が適用を受けている。また，社会保障適用割合の所得階層間格差は，高・中・低保障国を比較すると，社会保障レベルが低い国ほど，所得階層間の適用比率格差は拡大している点は興味深い。具体的に，高保障国では，Q1の適用者比率は30.11％であるのに対して，Q5の同比率は69.87％と，Q1の約2.3倍の比率となっている。一方，中保障国では，Q1が13.15％，Q5が55.76％であり，階層間格差は約4倍，低保障国ではQ1が3.02％，Q

5が40.51％であることから、同差は約13.4倍となっている。

以上見てきたように、ラテンアメリカの社会保障制度は、主にフォーマル部門を対象としているため、生活安定を脅かすより大きなリスクにさらされているインフォーマル部門に従事する人々に対して、十分な所得保障の機会を提供していないことが、国別および所得階層別に見た社会保障適用者の割合を比較することによって確認された。

（3） 経済自由化と社会保障改革

ラテンアメリカの社会保障は社会保険とほぼ同義に扱われることはすでに述べたが、1980年代以降、域内諸国は経済自由化を進める過程で、財政負担の大きかった、国家が管理・運営に大きな役割を果たす社会保障制度改革に着手した。そのなかでも、老後の所得保障を目的とした公的年金制度改革は、個々人に対して保障を与えてきた国家の役割を限定し、市場原理を導入する方向性を強めることとなった。その結果、人々のリスクへの対応能力は、個々人の所得獲得能力にますます左右されるようになり、格差の固定化、もしくは悪化を招く可能性があるといえるだろう。

年金保険制度のあり方は多様であり、国家、市場（個人）、または家族の誰が負担を担うのかによって、社会全体でのリスクへの対処の仕方が異なる。すなわち、誰が保険料を支払うのか（負担者）と、誰に保障が適用されるのか（受給者）との関係のあり方によって、その所得分配効果は異なるといえるだろう。

財政的観点からは、一般税金によって費用が賄われ、すべての高齢者に決まった額の年金が一律に支給される普遍主義的確定給付年金では、世代間を越えて社会全体でリスクを共有し、その負担を分担している。この仕組みでは、国家の役割が大きい。その対極にある個人型確定拠出型年金では、個人が現役時代に一定金額の負担金を拠出し、将来の給付額は、市場での運用成績次第で決まる。この仕組みでは、リスクの共有は行われず、個人負担となる。こうした市場原理に基づく個人主義的システムでは、国家の役割は限定的である。経済自由化前の伝統的なラテンアメリカ諸国の公的年金制度は、その中間といえる職域別拠出型確定給付年金である。その起源および発展についてはメサ－ラゴ（Mesa-Lago 1978）が詳しい。国家が管理する職域別に発展した年金スキー

ム内で，現役世代は，拠出金を負担する一方で，将来の給付額は確定している。この点で，特定のグループ間ではリスクの共有が行われている。こうした仕組みは，現役世代が現在支払ったお金で，現在の高齢者を支える賦課方式と呼ばれ，高齢化が進むにつれて年金財政は逼迫することが予想される。年金財政赤字を補填するために，ラテンアメリカの国々は公的資金を投入した結果，国家財政赤字への負担が増大した。経済自由化で緊縮財政を余儀なくされるなか，ほとんどの域内諸国では，80年代以降，公的年金制度改革が行われたのであった。

　改革のあり方は多様であるが，一般的な傾向として，年金制度の民営化を含む，市場指向型の個人型確定拠出年金制度への移行が主流となった。また，公的年金制度のみの旧制度とは異なり，新制度では，公的年金による1階部分と，私的年金による2階部分からなる階層的システムが導入された。各国の改革についてはアルザ（Arza 2008）が詳しいが，年金制度改革には大きく分けて4つのパターンが見られた。第1は抜本的な民営化が行われたパターンで，これにはチリ，メキシコ，ボリビア，エルサルバドル，ドミニカ共和国が含まれる。1階部分には，公的資金による最低限の所得保障制度を残しつつ，主軸となる2階部分には個人型確定拠出型年金制度を導入し，段階的に後者へ移行していくこととなった。第2は並立型制度へと移行したパターンで，ペルーとコロンビアが該当する。主軸となる2階部分に，賦課方式による確定給付型年金制度と，個人型確定拠出型制度とが並立するかたちで存在し，社会保障適用者はどちらかを選ぶことができる。第3は混合型制度への改革パターンであり，ウルグアイとコスタリカが含まれる。これは，1階部分の賦課方式による確定給付型年金制度と，2階部分の個人型確定拠出制度から構成されるが，公的に運営される1階部分の比重が大きい点が特徴である。なお，アルゼンチンにおいても同様の改革が行われたが，近年，再び国営化へと再シフトしつつある。最後に，民営化は行われず，公的年金制度内で改革が行われたパターンとして，ブラジル，エクアドル，グアテマラ，ニカラグア，パラグアイ，ベネズエラが挙げられる。たとえばブラジルでは，2004年に公務員年金制度改革が行われ，退職公務員からの拠出金徴収が合憲とされた。

　以上見てきたように，ラテンアメリカ諸国の年金制度改革によって，国家が所得保障に果たす役割を縮小させ，個人の努力に任せる方向へと動きつつある

ように見える。それは，経済自由化が進むなか，国家は，生活安定へのより大きなリスクを背負う低所得者を放置することを意味するのだろうか。すでに見たように，もともと社会保障適用比率が低い国では，家族単位で高齢者を扶養する仕組みが重要だと考えられる。また，高社会保障国では，資力調査に基づいて，貧困な高齢者に対して未拠出型の年金制度を導入している国も多い（表10-2）。たとえば，高保障国であり，普遍主義的社会保障を特徴とするコスタリカや，域内で市場経済化にいち早く着手したチリでは，国家が税金によって貧困な高齢者の所得保障に着手している。また，多くのラテンアメリカ諸国では，90年以降，貧困問題への関心が高まり，社会扶助政策を重視する傾向が見られる。そのなかでも，貧困家庭を対象とした条件付き現金給付政策という，社会扶助政策の新たなアプローチの重要性が高まってきている。この条件付き現金給付政策について，次節で詳しく見ていこう。

3 貧困と条件付き現金給付政策

(1) 条件付き現金給付政策とは

　すでに述べたように，正規に登録された職業の雇用者・被雇用者が拠出金を負担する社会保障政策は，主にフォーマル部門の労働者を対象とする。その一方で，社会扶助政策は，主として，社会保障の適用を受ける機会が限られている，インフォーマル部門の低所得者層を対象としていることから，貧困緩和と大きく関連している。また，第9章で見たように，貧困削減のためには，教育・保健・栄養の向上など資産の保有量を上げるような政策をとることや，貧困家計に十分にターゲットされた移転を促進することが重要である。これらの目的を果たすため，1990年代後半以降，多くのラテンアメリカ諸国では条件付き現金給付（Conditional Cash Transfer）政策が貧困削減の主要な政策手段として導入されてきた。それでは，条件付き現金給付政策とはどのような政策なのだろうか。

　第1に，貧困家庭に対して直接的に現金を移転する。受給家庭は，拠出金を支払う必要はない。本当に必要としている，と判断された貧困家庭の消費レベルを短期的に向上させることをめざして，政府が決まった額の現金を定期的に支給する仕組みである。第2に，貧困家庭は，子どもを学校へ通わせたり，定

期健康診断を受けさせたりすることを条件に，支給を受けることができる。このことは，貧困家庭の福祉依存を防ぐなど，行動様式を変えるために重要だと考えられている。第3に，教育・保健・栄養に対する統合的な補助が行うことによって人的資本を形成し，将来，子どもたちが大人になったときに，補助に頼らず，自力で生計を立てる能力を向上させることをめざしている。こうした人的資本形成は，世代を超えて引き継がれる貧困のサイクルを断ち切るために重要だと考えられている。

この新たな貧困削減政策は，2009年末の時点で，ラテンアメリカとカリブ海地域の17カ国で実施されており，合計して2200万以上の家庭が受給対象となり，1億人以上の人々が支給を受けている（ECLAC/CEPAL 2009）。この数字は，域内人口の17％に相当する。支給範囲が拡大する一方で，支給額が小額であることから財政負担が比較的軽いことも，条件付現金給付政策が普及する一因となっている。具体的に，平均して，同政策は公的社会支出の2.3％，国内総生産の0.25％を占めるにすぎないのである。**表10-4**は，ラテンアメリカ・カリブ地域で実施されている条件付き現金給付政策をまとめたものである。

このように，条件付き現金給付政策は，生活安定を脅かす大きなリスクを抱える貧困家庭に的を絞って所得が移転されていることから，不平等の是正および貧困緩和に直接的な影響を及ぼすことが予想される。この新しい貧困削減政策は，実際，どのように機能しているのだろうか。次に，同政策の先駆的な例として取り上げられることの多い，メキシコのプログレサ・オポルトゥニダデスとブラジルのボルサ・ファミリアに着目し，その効果と問題点を探ってみよう。

（2） メキシコのプログレサ・オポルトゥニダデス

メキシコは，セディージョ政権下の1997年，ラテンアメリカでもモデル・ケースとして扱われることの多いプログレサ（フォックス政権下，02年に，オポルトゥニダデスと改名）を導入した。詳しくは浜口・高橋（2008）に譲るが，プログレサ・オポルトゥニダデスは，先に述べた，条件付き現金給付政策の3つの特徴に加えて，正確なターゲティング方式を設計することを重視した。具体的に，地域別の貧困度を示す周縁指数（Marginality Index）を用いて貧困地域を特定した後，専門度の高い資力調査法を用いて，本当に補助を必要としてい

表10-4　ラテンアメリカ・カリブ地域の条件付き現金給付政策

国　名	政策名	支給の対象	給付対象数	開始年
アルゼンチン	ファミリアス計画	2人以上の子どもがいて，かつ中学校卒業に達しない家庭。	50万世帯	2002
ボリビア	ファンシート・ピント	6年生以下の子ども。	120万人	2006
ブラジル	ボルサ・ファミリア	家族1人あたりの月収が60レアル以上120レアル以下の貧困家庭。	1100万世帯	2003
チ　リ	チリ・ソリダリオ	貧困家庭，子ども，高齢者，障害者。	25.6万世帯	2002
コロンビア	行動する家族	0～6歳の子ども，7～17歳の就学している子どもがいる極貧家庭。	170万世帯	2001
コスタリカ	アバンセモス	12～21歳の就学している子ども。	5.2万人	2006
エクアドル	人間開発のための給付	0～16歳の子ども，高齢者，障害者のいる家庭。	106万世帯	2003
エルサルバドル	連帯ネットワーク	0～15歳の子どもがいる農村部の極貧家庭。	10万世帯	2005
グアテマラ	ミ・ファミリア・プログレサ	社会経済基盤が脆弱な130市に住む，0～15歳の子どもがいる極貧家庭。	25万世帯	2008
ホンジュラス	家族支給計画	小学校4年生を修了していない6～12歳の子ども，妊婦，3歳以下の子どもがいる貧困家庭。	24万世帯	1998
ジャマイカ	パス	0～19歳の子ども，60歳以上の貧困状態にある高齢者，妊婦，障害者，貧困状態にある成人。	30万人	2001
メキシコ	プログレサ・オポルトゥニダデス	極貧家庭。	500万世帯	1997
ニカラグア	社会保護ネットワーク	教育分野は，1～4年生の小学生がいる家庭。保健分野は，0～5歳の子どもがいる家庭。	3.6万世帯	2000
パナマ	機会ネットワーク	極貧家庭。	7万世帯	2006
パラグアイ	テコポラ/プロパイス II	0～14歳の子どもと妊婦のいる農村部の極貧家庭。	9000世帯	2005
ペルー	フントス	14歳以下の子どもがいる貧困家庭。	45.3万世帯	2005
ドミニカ共和国	連帯	0～16歳の子どもがいる貧困家庭。	46万世帯	2005

出所：Fiszbein and Schady（2009：211-212）に加筆。

る家庭を選別している。また，現金給付に加えて，妊婦，乳幼児，栄養不足の子どもに対して，栄養補助食や医薬品などの現物給付を行っている。さらに，就学のための給付金の支給は，小学3年生から高校卒業までであるが，学年が上がるにつれて給付額を高く設定することにより，労働目的で学校を退学する可能性が高い高学年に対して，学校へ通い続ける意欲を与えるように工夫を施している。

97年にプログレサが導入されたとき，貧困問題がより深刻な農村部から政策が適用されはじめ，その後，段階的に給付範囲が拡大されていった。具体的に，2001年に準都市部，そして02年には都市部の貧困家庭が給付の対象とされるようになった。その結果，05年以降，メキシコ全市で政策が実施されるにいたり，全国で500万世帯が政策対象とされるまでに拡大したのであった。

　こうした特徴に加えて，メキシコ政府は，1997年の政策開始当時から，外部評価システムを組み込むことによって，政策施行過程における問題点の早期発見や，政策のインパクト評価の実施に努力してきたことも特筆に価する。メキシコ国内外の専門家による外部評価は，プログレサ・オポルトゥニダデスの次のような問題点を指摘している（Adato and Hoddinott 2010）。

　まず，とくに政策開始当初は，ターゲティングの正確さについて批判的な評価が下された。困窮度があまり高くない，受給資格のない家庭を選んでしまったり，逆に補助を本当に必要としている潜在的受給家庭を排除してしまったりする問題が指摘された。こうした問題に対して，メキシコ政府は受益者を選ぶ方法を改善することによって，より正確なターゲティングをめざしていった。また，現金給付によって，学校や保健所へ行く子どもの「数」は増えたが，学力の向上など「質」の向上に必ずしもつながっていない点が指摘された。「質」をよくするためには，学校や保健所の設備を改善したり，教員の質を上げたりすることが必要である。このためには，教育政策や保健政策など，他の社会政策分野との連携を強めていくことが求められている。さらに，貧困地域で，教育・保健・栄養補助を通じて人的資本が形成されても，その能力を発揮して雇用に結びつける機会が不足している。すなわち，経済成長による雇用の増加を伴わなければ，貧困家庭が自力で所得を得て，貧困状態から脱出する可能性は限られてしまうだろう。これらの問題点は，他国の条件付き現金給付政策にもあてはまることが多い。

（3）　ブラジルのボルサ・ファミリア

　ボルサ・ファミリアの詳細については浜口（2007）が詳しいが，ルーラ労働党政権下の2004年に，別個に運営されていた貧困削減政策を統合するかたちで，ボルサ・ファミリアが施行されるにいたった。メキシコのプログレサ・オポルトゥニダデスと同様に，3つの条件付き現金給付政策の特徴に加えて，給付対

象の家庭選別には工夫が施された。具体的に，家族1人あたり平均所得が70レアル以下の貧困家庭，および家族1人あたり平均所得が70レアルを超えるが140レアル以下であり，17歳以下の子どもがいる貧困家庭が給付対象とされた。さらに，給付を受けとるためには，自ら市役所に申請することによって，「カダストロ・ウニコ（Cadasrto Único）」という社会プログラム統合データベースに登録される必要があり，受給者資格が与えられた家庭は，磁気カードを用いて連邦貯蓄銀行から，毎月一定額の給付金を引き出す。ボルサ・ファミリアの現金給付を受ける条件として，受給家庭に教育と保健についての義務を課している。

政策開始の04年，受給家庭は650万世帯であったが，05年には870万世帯，06年には1120万世帯へと増加し，2011年2月現在，1120万を超える世帯に給付対象が広げられた。今後も，受給家庭の数が増加することが予想されるが，受給資格家庭の選定方法には問題点が指摘されている。条件付き現金給付政策の決定・運営について中央政府に権限が集中するメキシコの場合と異なり，ブラジルのボルサ・ファミリアでは，市政府の役割が重要である。「カダストロ・ウニコ」整備にあたり，市政府に各家庭の住居，所得，雇用に関する家計調査が任されている。より正確なターゲティングを行うためには，同調査がきわめて重要であるが，数々の問題点が指摘されている。たとえば，受給資格を得たい人は，所得を少なく申告する傾向がある。また，就業が不安定な人は，所得源や額が頻繁に変わるため，受給資格を満たしているのかどうかを認定することが難しくなる。さらに，アマゾン地域の先住民など，アクセスすることが難しい地域の低所得者について，正確な個人情報を得ることが難しい。

ブラジルの場合，外部評価システムが発展途上であるうえに，ボルサ・ファミリアが導入されてから6年しか経っていないため，貧困削減への効果や政策施行上の問題点を正確に把握することは難しい。しかし，現存の評価報告書から，ターゲティングの不備に加えて，次のような問題点が指摘されている。まず，ボルサ・ファミリアが所得の不平等分配や貧困の緩和に与えた効果が認められるものの，それらは限定的であり，貧困度が高い北東部に限られるとの評価がなされている。また，受給家庭の数の増加に伴い，子どもの就学率の向上は報告されている。しかし，人的資本形成の目的を達成するためには，就学率の向上が学力の向上につながる必要がある。しかし，提供される教育や保健

■□コラム□■

貧困削減政策と政治腐敗

　1997年，メキシコに条件付き現金給付政策のプログレサが導入されてから，同政策は他のラテンアメリカ・カリブ地域内諸国だけでなく，アジアやアフリカの多くの開発途上国に広まった。いままでにも，一般補助金による食糧補助や，コミュニティーに資金を移転するターゲティング政策など，多様な貧困削減政策が講じられてきたが，なぜ，条件付き現金給付政策が流行しているのだろうか。

　多くの開発途上国には，貧困に加えて，腐敗や汚職などの政治問題が山積みである。権力の温存または拡大をねらう政治リーダーは，あらゆる手段を使って，選挙で勝利することをめざす。しかし，民主主義の国で選挙に勝利するためには，国民の支持を得る必要がある。国民の多くが貧困に苦しんでいる場合，貧困削減政策が，国民にアピールするための手段として利用されることが多々あるのだ。たとえば，現政権が再選をめざす場合，有権者に対して「もしあなたが我が党に投票してくれたら，あなたに2倍の給付をあげよう」と約束するかもしれない。

　実際，メキシコやブラジルなど，多数の国々で，貧困削減政策を利用した政治腐敗の事例が報告されている。しかし，受給資格審査が厳しかったり，受給が義務遂行に条件づけられていたりすれば，政治腐敗が起こりにくくなる。少ない資源を用いて，効果的に貧困削減を行うという目的のほかに，こうした政治的配慮も，条件付き現金給付政策導入の背景に垣間見られたのであった。

サービスの質が悪いため，実質的な効果につながっていないことが指摘されている。政策が教育・保健・栄養状態の改善に実際にどれくらい効果があったのかを正確に把握するために，さらなる調査が求められているのが現状である。さらに，メキシコのプログレサ・オポルトゥニダデスと同様に，条件付き現金給付政策と雇用政策との連携強化の必要性が掲げられている。

4　今後の課題

　所得の不平等分配と貧困が世界的に見て高いレベルにあるラテンアメリカでは，多くの人々が，生活の安定を脅かすリスクに直面しながら暮らしている。そうしたリスクを軽減し，安心して健康的な生活を保障するために，政府の役

割は重要である。しかし，経済自由化が進むなか，ラテンアメリカ諸国の政府は緊縮財政を余儀なくされ，社会政策に利用できる資金は限られている。現実的には主としてフォーマル部門の労働者を中心に生活保障を与えることとなっている社会保障政策は，所得レベルに応じて保障のレベルも決まり，さらに個人型確定拠出型年金への移行に見られるように，市場指向的になりつつあることから，不平等を固定化してしまう可能性が高い。一方で，近年，貧困緩和への関心の高まりとともに，社会扶助政策の重要性が高まってきた。とくに，条件付き給付政策という新たなアプローチが，域内諸国で積極的に導入されてきた。同政策は，主に，社会保障政策が適用される機会が限られている，インフォーマル部門に従事する低所得者層を対象としていることから，貧困と所得分配の改善に効果をもたらしうる。現在まで，その政策効果は限定的であるが，教育・保健設備の向上や，雇用政策との連携強化など，改善点が明確になりつつある。これらの問題点を乗り越えることによって，ラテンアメリカ諸国では，より多くの人々が，安心して暮らせる社会に住むことができるようになるだろう。

●参考文献

宇佐見耕一編（2005）『新興工業国の社会福祉——最低生活保障と家族福祉』アジア経済研究所。

篠田武司・宇佐見耕一編（2009）『安心社会を創る——ラテン・アメリカ市民社会の挑戦に学ぶ』新評論。

浜口伸明（2007）「ボルサ・ファミリア」『海外事情』第55巻第2号，49-59頁。

浜口伸明・高橋百合子（2008）「条件付現金給付による貧困対策の政治経済学的考察——ラテンアメリカの事例から」『国民経済雑誌』第197巻第3号，49-64頁。

柳原透（2007）「ラテンアメリカにおける『生活安全保障』の課題と取り組み」『海外事情』第55巻第2号，60-74頁。

Adato, M. and J. Hoddinott (2010), "Conditional Cash Transfer Programs : A 'Magic Bullet' for Reducing Poverty ?" in M. Adato and J. Hoddinott eds., *Conditional Cash Transfers in Latin America*, Baltimore : The Johns Hopkins University Press.

Arza, Camila (2008), "Pension Reform in Latin America : Distributional Principles, Inequalities and Alternative Policy Options," *Journal of Latin American Studies*, no. 40, vol. 1, pp. 1-28.

Barrientos, Armando (2010), "Social Protection and Poverty," *Social Policy and Development Programme Paper*, no. 42, Geneva : United Nations Research Institute for Social Development, p. 31.

Fiszbein, Ariel and Norbert Schady (2009), *Conditional Cash Transfers : Reducing Present and Future Poverty*, Washington D. C. : World Bank.

Mesa-Lago, C. (1978), *Social Security in Latin America : Pressund Groups, Stratification, and Inequality*, Pittsburgh : University of Pittsburgh Press.

Mesa-Lago, C. (2009), "Efectos de la crisis global sobre la seguridad social de salud y pensiones en América Latina y el Caribe y recomendaciones de políticas," *Serie Políticas Sociales*, no. 150, Santiago de Chile : Economic Commissions for Latin American and the Caribbean, p. 76.

Rofman, R., L. Lucchetti and G. Ourens (2008), "Pension Systems in Latin America : Concepts and Measurements of Coverage," *SP Discussion Paper*, no. 0616, Washington D. C. : World Bank p. 144.

（高橋百合子）

第11章
地方分権化の進展と課題

　ラテンアメリカでは，1980年代から民主化，グローバリセーション，新自由主義的政策の3つの要因が重なって，公共部門の地方分権化が進められた。同時に，地方行政と市場の関係や地方行政と住民の関係が大きく変貌した。とりわけ2000年代は世界的な資源ブームのなかで活況を呈する地域経済が現れ，一部の地方自治体で財政収入が潤沢になるというめずらしい状況が見られた。分権化の影響も加わって強く豊かになった地方自治体に対して，住民の態度が変わり，意志決定過程への参加を求めるようになった。従来ラテンアメリカ地域の地方財政は脆弱で，財政収入の大部分が職員の人件費に費やされていたが，投資的経費（公共投資への支出）の余裕が生まれたので，住民が地方行政に関心を抱くようになったともいえる。このように分権と参加が連動している。本章ではこうした現況を整理し，地方自治体の今後の課題を展望する。

1　地方分権化の構図

(1) 分権化と集権化

　地方分権化とは，第一義的には国（中央政府）と地方自治体（地方政府）の間の，後者の権限や財源や事務遂行能力を強化する方向での行財政関係の再編過程のことである。一般的に，行財政制度とりわけ国と地方の関係の形成は各国独自の歴史的経緯を反映して，きわめて複雑である。しかし，本章では，地方分権化（以下「分権化」も同意）を「地方自治体を従来よりも強くすることである」ときわめて単純にとらえることにしよう。そのうえで中央集権化も重要であることを確認しておきたい。というのは，分権化は強い地方自治体にとっては都合がよいのだが，弱い自治体は地域間競争から脱落せざるをえない場合が多いからである。それでよいとする発想にも一定の経済学的な合理性はある。

しかし，エクアドルやボリビアやペルーなどのアンデス山岳の寒村や，ブラジルのノルデステ（北東部）地方の乾燥地帯の村を想起すれば，国の一般補助金によって貧困村を支えざるをえないという考え方に同感できよう。実際にその支援の仕組みとして，日本の地方交付税にあたる制度が各国で強化されてきている。それは，国（中央）の関与の維持ないし拡充を意味するので，集権化の方向を有する改革である。分権化は，集権的要素を含む制度の発展を伴うことを，最初に理解しておこう（第2節第1項参照）。

地方分権化の考察には，中央と地方の関係という軸以外に，地方行政と地域社会の関係および地方行政と市場との関係という2つの軸を加える必要がある。地方行政と地域社会の関係は，言い換えれば住民参加の問題である。よく「分権と参加」という表現を見かけるが，両者は切り離せないテーマである。

（2） 地方自治体の多層制

一般に地方自治制度は1層制か2層制である。たとえば日本の地方自治制度は，47の都道府県と1727の市町村（および東京都の23の特別区）からなる2層制である。2層制は「中間レベル」と「基礎レベル」の地方自治体から構成される。前者は日本の都道府県にあたり，ラテンアメリカ・カリブ海地域では，国によって，デパルタメント，プロビンシア，エスタード，レヒオンなど異なる名称がこれにあてられている。後者は日本の市町村・特別区にあたり，本章では「基礎自治体」と称したい。現地名称は通常「ムニシピオ（municipio）」なので，それも適宜用いたい。

ラテンアメリカ地域では，**表11-1**に整理したように総じて2層制単一制国家が多いが，ペルーは2002年まで「中間レベル」のない1層制であったし，グアテマラのように財政情報から見ると1層制に近い国もある。全世界の地方自治体をネットワークする都市・自治体連合（United Cities and Local Government：UCLG）の報告書（UCLG 2008）でも指摘されており，また表11-1からもわかるように，地方分権化が進んだとはいえ依然として集権的構造が残っているのである。このことは，ラテンアメリカ地域の特徴である。これは，人口や経済機会や情報の首都一極集中の状況（ペルーのリマ市への集中が一例）と重なる特徴である。

表11-1　ラテンアメリカ諸国の地方自治制度（2000年代前半）

	中間レベルの自治体の数	基礎自治体の数	財政支出で見た各級政府の構成比率				権威主義体制後の自治体選挙の年
			中央政府（％）	中間レベル（％）	基礎自治体（％）	全政府	
連邦制国家							
ブラジル	26	5,562	57.8	25.5	16.6	99.9	1986
メキシコ	32	2,439	68.1	27.5	4.3	99.9	1977
アルゼンチン	23	2,223	59.1	33.0	7.8	99.9	1983
ベネズエラ	24	335	—	—	—	—	1992
単一制国家							
ペルー	25	2,070	73.2	18.3	8.5	100.0	1981
コロンビア	32	1,099	70.2	12.8	17.0	100.0	1986
チリ	15	345	85.0	1.8	13.2	100.0	1992
ボリビア	9	327	70.5	21.0	8.5	100.0	1987
パラグアイ	17	231	93.0	1.8	5.2	100.0	1991
エクアドル	22	219	77.8	4.9	17.2	99.9	1935
グアテマラ	22	332	87.0	—	13.0	100.0	1986
ホンジュラス	18	298	94.4	—	5.6	100.0	1982
エルサルバドル	14	262	91.3	—	8.7	100.0	1984
ドミニカ共和国	32	152	93.0	—	7.0	100.0	1978
ニカラグア	17	152	96.2	—	3.8	100.0	1990
コスタリカ	7	81	94.0	—	6.0	100.0	1948
パナマ	9	75	96.2	—	3.8	100.0	1996
ウルグアイ	—	19	86.8	—	13.2	100.0	1985
キューバ	14	169	—	—	—	—	—

注：構成比の合計は四捨五入の誤差により100.0でない場合がある。一部図11-2の情報と食い違っているが年度の違いによると思われる。
原出所：CEPALの報告書，UCLG作成のCountry Profiles，世銀報告書類，各国政府報告書など。
出所：UCLG（2008）のTable 1（p. 168），Table 2（p. 176），Table 3（p. 179）およびBox（p. 183）の情報を統合して作成。

（3）　地方分権化をめぐる社会関係

　地方分権化をめぐる社会の動きを簡潔に理解するために，本章では，国民経済を単位とした社会を，国家・地方自治体，市場および市民社会（地域社会）の3つのサブ・システムから構成されるシステムとしてとらえよう。これを生態系が包み込むと考える。したがって地方分権化論は，国家・地方自治体，市場，地域社会，生態系の4領域を念頭において展開されるべきである。これを図示したのが**図11-1**である。

　図11-1のなかで，矢印の①が集権化・分権化の問題を，②は民営化や行政サービスの民間委託などの動きや法人税負担を，③は市民の行政への参加や個

第11章　地方分権化の進展と課題

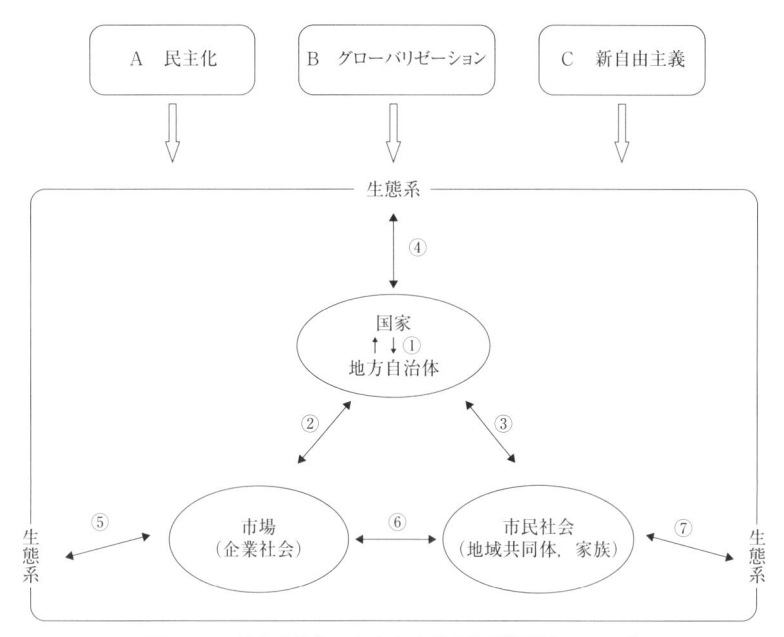

```
     ┌─────────┐    ┌──────────────┐    ┌──────────┐
     │ A 民主化 │    │B グローバリゼーション│    │C 新自由主義│
     └────┬────┘    └──────┬───────┘    └─────┬────┘
          ↓                ↓                   ↓
  ┌─────────────────────────────────────────────────────┐
  │              生態系                                  │
  │                 ↕ ④                                 │
  │              ┌──────┐                               │
  │              │ 国家  │                               │
  │              │ ↑↓① │                               │
  │              │地方自治体│                              │
  │              └──────┘                               │
  │           ② ↙        ↘ ③                          │
  │  生   ⑤  ┌──────┐  ⑥  ┌──────────┐  ⑦   生       │
  │  態 ←──→│ 市場  │←──→│ 市民社会   │←──→ 態       │
  │  系     │(企業社会)│    │(地域共同体,家族)│     系       │
  │         └──────┘    └──────────┘                  │
  └─────────────────────────────────────────────────────┘
```

図11-1　地方分権化にかかわる社会的諸関係と3つの力
出所：筆者作成。

人税負担を，それぞれ意味している。ここまでが本章が扱う範囲である。④は国や地方自治体の環境政策を，⑤は企業活動の環境影響や企業の公害防止対策などを，⑥は企業のCSRやメッセ活動などを，⑦は住民による環境保全のボランティア活動などを意味する矢印であるが，本章の検討の対象外とする。

この7つの関係が多様に変化してきているが，1980年代以降，とくに90年代以降の過去20年については，再編を規定する力として，民主化とグローバル化と新自由主義の3つの力が認められる。つまり7つの関係にA～Cの力が作用しているのである。以下①から③の順に概観しておこう。

（4）　3つの関係軸

第1に，①の政府間行財政関係の再編（集権化，分権化）についてである。ラテンアメリカ以外の途上国地域にもある程度共通する傾向であるが，ラテンアメリカの多くの国では1980年代に軍事独裁政権の終焉と民主化という政治の流れが生じた。軍事政権は中央集権的な体制であったが，民主化（図11-1のA）

の流れで地方分権化が進められたのである。地方分権化と民主化は必ずしもイコールとなる保証はないが，少なくとも権限や事務が国から地方へ委譲されることを通じて，政治がより民衆に近づくというメリットが生じた。

　第2に，②の市場との関係を検討しよう。これには企業が税や社会保障費を負担するという関係と，行政から各種サービスを受けるという関係があるが，関係再編という面では「小さな政府」路線での民営化や民間委託や行政改革への変化が生じたことが，過去約20年間の特徴である。地方の住民から見ると，地方分権化の過程で行政サービスが後退したと見える場合がある。これは分権化の影響というよりも，民営化や行政改革といった新自由主義的改革の影響なのである（図11-1のCの力）。他方で，地方市場の変化にも着目すべきである。すなわち成長地域と衰退地域の対比が強まったのである。これは図11-1のBの力と関係している。グローバルな競争力のある企業が立地する地域の経済は急成長したが（例：ペルーの鉱山地域），アジアからの良質廉価な製品との国際競争に負けた企業の多い地域は衰退した（例：ブラジルの一部の靴産地）。

　第3に，③の住民と行政の関係の変化という局面を考察する必要がある。すなわち国―地方間の関係だけでなく，中央・地方の行政と市民・住民との関係が近年劇的に変化した。地方自治には団体自治と住民自治の2つがあることを地方自治の教科書で教わるが，後者の住民自治の局面が多様に展開しはじめたのである（図11-1のAの力）。これはラテンアメリカにおける新しい民主主義（直接民主主義）の台頭というテーマとして，脚光を浴びている。

　④から⑦については論じないが，④の国・地方自治体の環境政策の問題の重要性のみ指摘しておこう。ラテンアメリカ地域はアマゾンの熱帯林，大西洋岸森林地帯，その他の森林帯をたくさん抱え，二酸化炭素の固定化という点からも地球生態系にとって重要な地域である。地方分権化すると，国だけでなく地方自治体にも環境保全能力とくに違法伐採摘発の能力が求められる。それが向上したか否かは，一地方の利害を超えて地球環境に直結する重要な検証課題である。

2　ラテンアメリカにおける行財政の地方分権

(1)　政府間行財政関係

　政府間行財政関係（図11-1の①）とは，権限，事務，財源，税源，人的資源などの配分にかかわる関係である。行財政の専門用語としての「事務（functions）」の配分とは，産業振興や義務教育や医療保健や公衆衛生などの仕事を，中央政府と中間レベルと基礎自治体のいずれのレベルで実施するかといった役割分担を意味している。

　税源配分とは，ある税を地方税とするか国税とするかの問題で，財源配分との違いに留意すべきである。ラテンアメリカのどの政府でも，国税収入の一部が地方税に移転されているが，この場合国税収入の一部が地方の「財源」になったわけである。税源と財源の区別は，地方分権化を論じる際に重要である。

　国と地方の行財政関係を考える際に，最初に2つの理念型を想定しよう。完全な集権システムと完全な分権システムである。前者では，権限，事務，税財源などほとんどが中央政府に集中しているので，地方自治体は基本的になく，国の出先機関としての役所が町や村に存在するのみという状態である。後者では税源が大胆に地方に配分されている状態である。たとえば極端な設計としては所得税，消費税，資産税，贈与税などのほとんどを地方税にしてしまい，事務も地方に厚く配分するとしよう。国は税収も少ないが事務も権限も少ないという状態である。後者の設計を選択してしまうと，地理的な意味での「水平的公平」に問題が生じる可能性がある。すなわち高額納税者（企業と個人）が集中する地域は豊かになるが，過疎地域の自治体は税収が乏しく，経済的に衰退し，荒廃しかねない。ただし，極端な分権型構造を維持したまま衰退地域を支援する方法として，富裕地域から衰退地域への自治体間の水平的財源移転がある。この場合国は移転資金が通過するだけで，国税の一部を衰退地方の財源にするという垂直的財源移転は生じない。

　以上の集権か分権かの極端な二類型は，実際には存在しない。現実の国と地方の関係は，「ミックス型」である。「ミックス型」とは，事務，権限，税財源等が中央と地方の両方に配分されているだけでなく，中央政府から地方政府へと（および自治体二層制の国では，中間レベルから基礎自治体へと），歳入分与の制

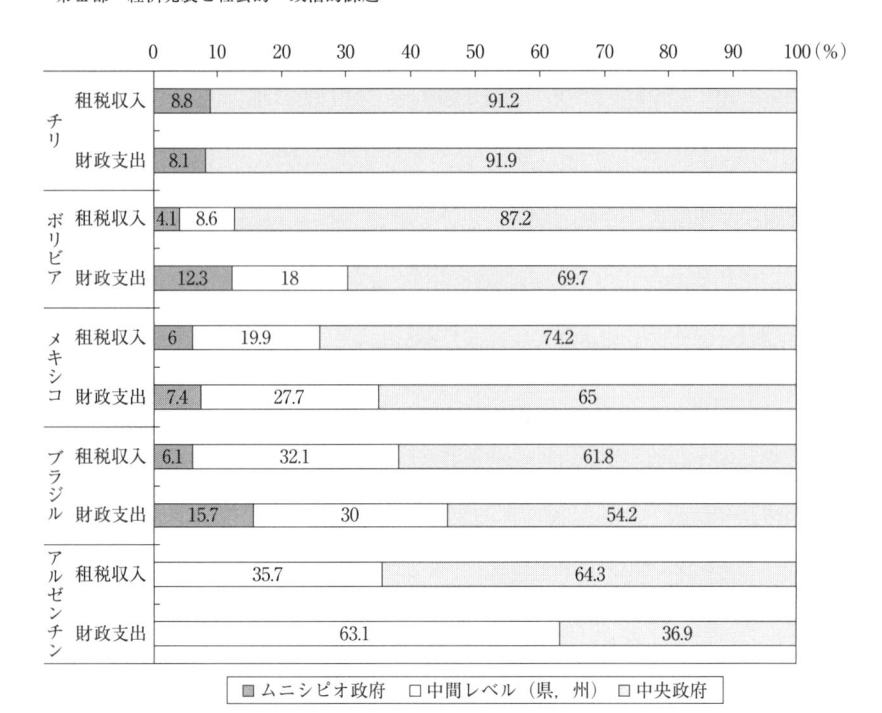

第Ⅲ部 経済発展と社会的・政治的課題

		ムニシピオ政府	中間レベル（県，州）	中央政府
チリ	租税収入	8.8		91.2
	財政支出	8.1		91.9
ボリビア	租税収入	4.1	8.6	87.2
	財政支出	12.3	18	69.7
メキシコ	租税収入	6	19.9	74.2
	財政支出	7.4	27.7	65
ブラジル	租税収入	6.1	32.1	61.8
	財政支出	15.7	30	54.2
アルゼンチン	租税収入		35.7	64.3
	財政支出		63.1	36.9

図11-2 ラテンアメリカの国と地方の財政関係（1992～2002年）
出所：Finot（2005：37-38）のGráfico 1 とGráfico 2 を統合して筆者作成。

度があることを意味している。つまり国から地方へ（または中間レベルから基礎自治体へ），税源ではなく財源をある程度移転するという制度が機能している。これを地方財政調整制度または政府間財政調整制度という。国税収入の一部を地方へ交付する際に，地域間経済格差を是正する効果を持たせて交付することを，「平衡化」という。平衡化機能を発揮するタイプの地方財政調整制度は，所得再分配機構といえる。これは分権的ともいえるが，基本的には集権的な性格を有している。所得再分配機能は，そもそも集権的メカニズムなのである。

　以上を1990年代の状況を反映した**図11-2**で確認しよう。ここに挙げた5カ国のいずれも「ミックス型」である（ただしチリは完全な集権型により近い）。ボリビアで見ると，「税源」配分では中央政府は87.2％を得ているが，「財源」配分（つまり財政支出）で見ると中央の構成比が69.7％に減っている。その差の約18％分は国から地方へと地方財政調整制度によって移転されたのである。つま

り国税収入の一部が地方の「財源」となったわけである。この税収と財政支出の差に着目すると，アルゼンチンの地方財政調整の規模が5カ国中最大であることがわかる。なお図11－2では同国に基礎自治体がない表記となっているが，表11－1のように実際には，財政支出は少ないとはいえムニシピオもあり，中間レベル（同国ではプロビンシア）からムニシピオへの財政移転（地方交付金の類）も制度化されている。また基礎自治体の役割の大きさという点では，ブラジルとボリビアのムニシピオの財政支出に占める構成比がとくに大きい。ただし両国とも，ムニシピオ独自の税源は少なく，上位政府からの財政移転にかなり依存していることがわかる。またメキシコ，ブラジルおよびアルゼンチンの中間レベルの政府の大きさが顕著であるが，これは中間レベルの政府の権限や政治力が強い形の連邦制国家であるという特徴を裏づける数値である。単一制国家のなかでは，ボリビアの中間レベルが比較的大きいことも，注目しておきたい。

　ラテンアメリカの地方とくに農村部の経済は，多国籍アグリビジネスと結びついた大規模農園のある地域は例外として，疲弊している場合が多い。とくに山岳部の農村部は非常に貧しく，かといって切り捨てるわけにはいかない。そういった貧困地域を支援するために，地方財政調整制度が重要なのである。

　ラテンアメリカでは，過去約20年の間に総じて事務の地方委譲が進んだ。全体としては，図11－1の①の地方分権化が進んできたのである。

（2）　分権化の4つの事例

　日本では，1997年に地方分権一括法が国会で可決され（施行は2000年4月），分権化に拍車がかかった。明治地方自治制以来の，官治的自治の象徴の1つとして批判された機関委任事務がついに廃止されたが，その後何が日本の分権化の特徴といえるであろうか。住民にもっともわかりやすい例は法定外目的税の導入であろう。地方自治体が自由に目的税を新設できるようになり，30を超える地方自治体で「地方環境税」が導入された。大きくは産業廃棄物税と森林（水源）環境税に分かれる。平成21年現在の法定外目的税としての「地方環境税」に限ると，28の都道府県と3つの市町村で導入されており，総収入は約90億円である（総務省の統計サイトより。URLはhttp://www.soumu.go.jp/）。経済学的にみて厳密な意味での環境税（ピグー税）ではないので，本章では括弧を付し

ておきたい。増税にすぎないとの印象も手伝って、住民の記憶に残る例といえよう。同じく住民の視点に立って考えると、どのような事例をラテンアメリカの分権化の特徴として挙げることができるだろうか。

第1は、社会投資基金の分権化である。ラテンアメリカでは1990年代に、貧困撲滅のために、とくに80年代からはじまった新自由主義的な構造調整政策の負の影響（貧富格差拡大）を緩和するために、多くの国で社会投資基金（social investment fund）が設立され、国際機関の援助資金を含めた開発資金がそこを経由して地方に移転された。これは基本的に中央集権的開発金融機構であったが、その後2000年代に地方分権化が進められた。ペルーのFONCODES（Fondo de Compensación de Dessarollo Social：社会開発補償基金）が一例であり、90年代はフジモリ政権下の中央政府機関として集権的に所得再分配政策とくに農村の貧困対策を実施した。しかしフジモリ後の政権は、地方行政の能力向上にも重点を置くようになり、FONCODESが分権化された。

社会投資基金は1990年代のネオ・ポピュリズムを陰で支えた制度ともいえる。ネオ・ポピュリズムとは、新自由主義下での財政緊縮を維持しつつ（従来のポピュリズム政権の「ばらまき政策」を拒否）、大衆・有権者一般の人気を確保する政治体制を意味した。財政出動に厳しく制約をかけた環境下で高支持率を維持するために、いわば大統領直轄ともいえる社会投資基金が活躍したのである。その後2000年代に入り、新自由主義のネオ・ポピュリズム政権が終焉して、ラテンアメリカ全体で中道ないし左派政権へと政治が移動した。そのなかで社会投資基金が分権化され、地方行政との融合が追求されるようになった。

第2に、貧困層への現金給付制度と地方自治体の関係が注目に値する。ラテンアメリカでは最近CCT（Conditional Cash Transfer：条件付き現金給付）とよばれる所得再分配政策を実施している政府が多い。拡大する貧富格差への対応として制度化されたのである。メキシコの「オポルトゥニダデス（Oportunidades）」、チリの「チリ・ソリダリオ（Chile Solidario）」、ブラジルの「ボルサ・ファミリア（Bolsa Família）」、ニカラグアの「レ・デ・プロテクシオン・ソシアル（Red de Protección Social）」など、国によって呼称は多様であるが、ある条件を充たした貧困家庭に現金を給付する福祉政策である。欧米先進国での格差社会への類似の対応例としては、「ワークフェア原理」を組み込んだ「負の所得税」または「給付付き税額控除」の導入が挙げられる。これは労働意欲を高

めるインセンティブを組み込んだ貧困層向けの給付金制度である。この動向と好対照をなすラテンアメリカでの格差社会対応が、CCTである。インセンティブを組み込んだ点は共通しているが、インセンティブの内容が「子どもの就学・健康管理促進意欲」だという点が相違点の1つである。しかしCCTにも「ワークフェア原理」の要素が認められる。子どもを就学させたことによる児童労働からの収入の減分と就学費用の増分をあわせた負担純増効果が給付金を上回り、そのことが親の労働意欲の維持または増加に結果しているとの評価もある。子どもを学校に行かせることや、ワクチン接種といった健康管理を徹底するうえでモニタリングが肝要なのだが、その実施を担うのが各国の地方自治体なのである。CCTの成果で貧困状況が緩和してきたといえるであろうが、CCTの機能と平行して、モニタリングの主体としての地方行政の改善や、学校の質や医療保健施設の質の改善が追求されたのである。つまりCCTという集権的所得再分配機構と地方分権化は、同じメダルの両面といえる。

　第3が教育行政の分権化、第4は保健行政の分権化である。項を改めて検討しよう。

（3）　教育行政の地方分権化

　CCT政策で、子どもの就学を給付金受給の条件とした以上、政府としては学校の質を高めなければならない。また国際的にも国連や世銀などの活動を通じて、基礎教育の充実をはかる機運が高まった。そこで**表11-2**に見るように、学校教育の地方分権化が進められた。ラテンアメリカの教育行政に関する詳しい研究として、ディ・グロペロの論考が挙げられる。その1つによれば（Di Gropello 2004）、ラテンアメリカ諸国の教育行政の分権化は3タイプに分類できる。分類の基準は、ステイクホルダー（利害関係者）間のP—A（Principal-Agent）関係の違いである。P—A関係とは、教師と生徒、行政官と住民、有権者と政治家などの関係に見られるような、命令・指示・依頼等の発信−受信関係を意味する用語である。ステイクホルダーとして、グロペロは政治家と行政官（政府部門）、貧者と非貧者（地域社会部門）および教員と学校（教育サービス供給部門）を掲げ、貧者—政治家など各主体間に、契約、顧客としての意思表示および政治的発言といったP—A関係があるという構図を設定している。

　教育行政分権化の第一類型は「地方政府モデル」で、アルゼンチン、ブラジ

表11-2　ラテンアメリカの教育行政の地方分権化

国　名	開始年	内　容
アルゼンチン	1978	小学校の管理運営責任を県へ。
	1992	中学校の管理運営責任を県へ。
ボリビア	1994	1994年に「大衆参加法」が制定。95年に「行政分権化法」が制定され，基礎的教育の施設を基礎自治体へ委譲し，人的資源管理と計画を県へ委譲。
ブラジル	―	州と基礎自治体による初等教育制度は1930年より存在。1970年より初等教育の基礎自治体への委譲が集中的に取り組まれる。80年代央から半数の州で学校自治が増強されてきた。
チリ	1981	基礎教育施設の管理を基礎自治体へ委譲。
コロンビア	1991	1991年憲法で，基礎教育のための計画と人的資源管理の主要責任を県へ委譲。基礎自治体は学校施設に責任をもつようになった。
メキシコ	1992	基礎教育のための施設の管理責任が州へ委譲。
ニカラグア	1993	初等教育，中等教育のための自治センターが設置され，センターはサービス提供のための幅広い責任を付与された。1997年に中等教育の50%，初等教育の13%がこれにカバーされた。

注：ブラジルについては年度が特定できない。
　アルゼンチンの「県」はprovincias，ボリビアとコロンビアの「県」はdepartamentosを指す。
出所：Di Gropello（1999：159）のCuadro 1を筆者訳出。

ル，チリおよびメキシコがこの類型に属する。特徴は，地方政府とくにムニシピオ（基礎自治体）への分権化が顕著で，かつ市民の地方行政への参加・意思表示が強いことである。むろん4カ国でも差異があり，ブラジルとアルゼンチンでは，中央と地方の事務配分の線引きがあまり明確でないのに対して，チリでは区別が明確に文書で規定されている。

　第二類型は「二層モデル」で，地方自治体でも，中間レベル（県や州）とムニシピオ・レベルが役割を共有しているパターンである。コロンビアとボリビアがこれに属する。教育の分権化は，コロンビアでは1986年にはじまり，ボリビアでは94年のかの有名な「大衆参加法（Ley de Paticipacion Popular）」ではじまった。ボリビアではこの法律で，農村部にも地方自治が導入されたのである。第一類型よりも，教育行政に関して相対的に中間レベルの自治体の役割が重視されているといえる。

　第三類型は「学校自治」モデルで，エルサルバドルとニカラグアがこれに属する。文字通り学校への権限委譲を強め，国も住民も直接学校現場に働きかける仕組みになっている。ブラジルは住民参加型の「COOP学校」もあるなど学校現場の自治が強く，この第三類型の特徴も備えている（ただし学校自治の困難さに関する多様な論議もある）。

このように各国とも分権化が進められてきたが，課題は教員給与の引き上げを通じた教員の質の向上と，学校施設の拡充である。筆者は2008年にクリチバ市の小学校を取材したが，豊かな先進国のようだとブラジル国内で羨望されるクリチバ地域ですら教室数が足りず，小学校は午前と午後の入れ替え制である。スポーツ・クラブや習いごとのスクールや塾の類も少ないので，児童の多くは無為に午前または午後を過ごしているようである。こうした社会資本整備の問題は分権化だけでは解決できず，国全体としての取り組みが求められる。

（4）医療保健行政の分権化

　医療保健行政の分権化も広く進められている。最初に取り組んだのはチリだといわれており，1980年代のピノチェト軍政期にプライマリー・ケアの施設の所有・権限・事務を国内の308（当時）のムニシピオに委譲した。他方病院は中間レベルの政府の管轄下にとどめた。89年の民政移行後の民主政府は保健セクターへの資源配分を増大させた。コロンビアの医療保健行政の分権化は，教育行政と同様に91年憲法ではじまった。32の県と1070のムニシピオ（それぞれ当時）に，施設や人的資源や事務が委譲された。ボリビアでは，これも教育行政と同様に94年の「大衆参加法」で医療保険行政の分権化が開始した。

　医療保健行政の場合，とくに病院・診療所の経営に関しては公的保険制度が関係する。保険制度は規模が大きいほどメリットがあるので，制度そのものは国レベルでよく，地方に分割する必要はない。ユニバーサリティ（広くカバーするという意味）という点で世界的に有名なのは，ブラジルのSUS（Sistema Único de Saúde：統一保健機構）である。これは国税・地方税の収入を財源とする制度で，最貧層も加入できる，診療時自己負担額ゼロの仕組みである。たとえば州財政の場合，財政収入の12％（法定）をSUSを含めた医療保健セクターに配分せねばならない。一般に民間病院は診療費が高く，貧者に対して排除的であるが，SUSに加盟している公立診療所は貧者も利用できる。ブラジルではこのSUSの運営事務の分権化が進められてきた。従来医療施設への診療費支払いの事務は，連邦，州，ムニシピオの3レベルで実施されてきたが，ムニシピオの比重が格段に高められてきたのである。すなわち図11-3に示したA・B・Cの3つの矢印のうち，AよりCの比重が増してきたのである。

　今後の問題はSUS系統の病院・診療所の医療サービスの質である。ブラジル

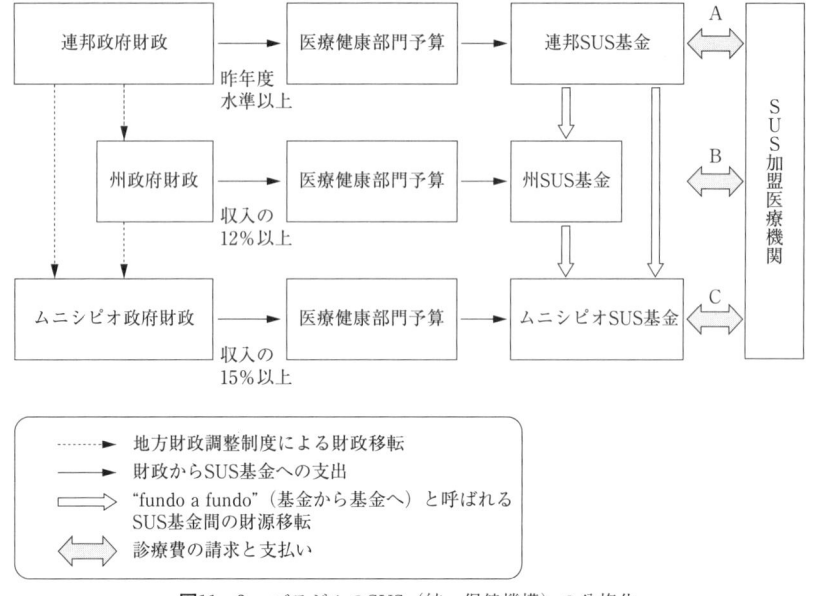

第Ⅲ部　経済発展と社会的・政治的課題

```
┌─────────┐      ┌─────────────┐      ┌─────────┐  A
│ 連邦政府財政 │─────▶│ 医療健康部門予算 │─────▶│ 連邦SUS基金 │◀──▶ ┐
└─────────┘      └─────────────┘      └─────────┘     │
      │    昨年度                          │            │S
      ⋮    水準以上                        │            │U
      ▼                                    ▼            │S
┌─────────┐      ┌─────────────┐      ┌─────────┐  B  加
│ 州政府財政  │─────▶│ 医療健康部門予算 │─────▶│ 州SUS基金 │◀──▶ │盟
└─────────┘      └─────────────┘      └─────────┘     │医
      │    収入の                          │            │療
      ⋮    12％以上                        │            │機
      ▼                                    ▼            │関
┌───────────┐    ┌─────────────┐    ┌───────────┐ C  │
│ムニシピオ政府財政│──▶│ 医療健康部門予算 │──▶│ムニシピオSUS基金│◀─▶┘
└───────────┘    └─────────────┘    └───────────┘
             収入の
             15％以上
```

　　　⋯⋯▶　地方財政調整制度による財政移転
　　　───▶　財政からSUS基金への支出
　　　⇒　　"fundo a fundo"（基金から基金へ）と呼ばれる
　　　　　　SUS基金間の財源移転
　　　⟷　　診療費の請求と支払い

図11-3　ブラジルのSUS（統一保健機構）の分権化
出所：Ministério de Saúde（ブラジル保健省）(2006)や関連文献を参照して，筆者作成。

の病院の評価についての国際的な研究によれば，総じてサービスが低質で，質の向上には診療報酬制度を含めた医療制度の総合的な改善が必要であるといわれている。ただし筆者が2008年にブラジル南部パラナ州クリチバ市で4カ月暮らしていたときに利用した市内（やや貧困なカジュル地区）のSUSの診療所の水準は，高額を支払って受診した民間病院と比較しても，高いという印象を強く受けた。ちなみに筆者のような外国人滞在者も，SUSの診療所は無償で利用可能であった。クリチバ市のSUSの医療サービスの質の高さは，ブラジル全体の状況と比較すると，例外的といえるかもしれない。

（5）　地方分権化の効果

　以上のような教育や医療保健における分権化を通じて，ラテンアメリカの教育と健康の状況はどのように変化したであろうか。**表11-3**に示したとおり，初等教育，幼児死亡率，出産のいずれについても総じて状況は改善している（エルサルバドルの好転と，ハイチの低迷が顕著である）。この改善と，地方分権化

表11-3 主要ラテンアメリカ諸国における教育と医療保健の状況

国　名	初等教育修了率（％）		幼児死亡率（1000人中）		熟練保健スタッフのもとでの出産（％）	
	1991年	2006年	1990年	2006年	1990年	2000〜07年
アルゼンチン	―	97	29	16	96	99
ボリビア	―	101	125	61	43	67
ブラジル	93	106	57	20	72	97
チ　リ	―	95	21	9	―	100
コロンビア	70	105	35	21	82	96
コスタリカ	79	89	18	12	98	99
ドミニカ共和国	―	83	65	29	96	56
エクアドル	―	106	57	24	―	75
エルサルバドル	41	88	60	25	52	92
グアテマラ	―	77	82	41	―	41
ハイチ	27	―	152	80	23	26
ホンジュラス	64	89	58	27	45	67
メキシコ	88	104	53	35	―	83
ニカラグア	42	73	68	36	―	67
パナマ	86	94	34	23	―	91
パラグアイ	68	95	41	22	66	77
ペルー	―	101	78	25	80	87
ウルグアイ	94	99	23	12	―	99
ベネズエラ	43	96	33	21	―	95
全ラテンアメリカ	82	100	55	26	75	88
日　本（比較）	101	―	6	4	100	100

注：「初等教育修了率」は，ISCED（International Standard Classification of Education）の変更により，1998年以前と99年以降のデータは完全に比較可能とはいえない。
　　「熟練保健スタッフのもとでの出産」の「2000〜07年」は，各国最近年のデータ。
出所：World Bank（2009：354-355）Table 2より抜粋。

と地方行政のガバナンスの向上は，相関しているだろうか。理論的には，分権化とガバナンスと社会指標の3つの関係が問われるべきであるが，筆者の知る限り，国際的研究は分権化とガバナンスの関係の検証にとどまっている。とくに医療保健部門の分権化が地方自治体のガバナンスの改善にどう影響したかの研究が多いが，現時点では国や地方によって分権化の効果は多様で，肯定・否定の両面が認められる。現業部門を含めた地方行政のガバナンスの改善と社会指標の改善の関係の分析は，今後の課題である。

3　地方分権化と地域市場

　ラテンアメリカの地方自治体とくに基礎自治体の財政は，従来はあまり地域

経済の景気動向に左右されなかったといえる。納税者が集中する首都圏の大都市は別にして，財政収入に占める地方税の構成比が1割以下の地方自治体が多いからである。しかし2000年代に入って，世界的な資源ブームのなか，ラテンアメリカの地域経済・地域市場（図11-1の②）のなかには大変活性化した地域が現れた。鉱業ブームや大豆ブームやバイオ燃料ブームなどで，そうした地方自治体では財政収入に占める地方税の構成比が高まった。また鉱山地域では企業がロイヤルティ税（国税）を支払い，それが当該企業の立地する地方自治体に還付される。その還付額が激増し，当該基礎自治体の財政が潤ったのである。従来，ラテンアメリカの地方自治体は，職員の人件費など経常経費を賄う程度の財源しかなかったが，投資的経費の支出へ踏み出す財政的余裕が好況のなかで生まれたのである。

　他面で，こうしたブームから見放された地域もあり，地方自治体間の格差は拡大していると思われる。たとえばブラジルについて詳しく調べたところ（山崎 2009a），2000年代に住民数や地域GDPが急増したムニシピオのほとんどが，世界的ブームにかかわる企業が立地する地域であった。世界一の小型ジェット旅客機メーカーに成長したエンブラエル社のあるサンパウロ州のガヴィアォン・ペイショト（Gavião Peixoto）市は，2002年から2006年の5年間で地域GDPが8.3倍になった。大豆経済で伸びたミナスジェライス州のサペザル（Sapezal）市は，大豆の流通を押さえて大富豪となったマッギ（Maggi）家の拠点であるが，2000年から2008年の間に住民数が3倍以上に増えている。他方衰退地域も多く，とりわけパラナ州とバイア州の2州のムニシピオ間格差は，他州よりも大きい。つまりムニシピオ間の格差拡大のパターンは，州によっても異なっている。地方分権化と地域間格差拡大の間の因果関係は簡単には解けないが，両者がくしくも符号していることは確かである。総じて従来以上に，地方財政調整制度によって衰退ムニシピオを支援する重要性が増していると考えられる。これはラテンアメリカ全体にいえることだと思われる。

4　分権化と市民社会

（1）　地方行政への住民参加

　近年世界的に，市民・住民による地方行政への「参加」の多様な経路が模索されている（図11‐1の③）。ラテンアメリカでも同様で，多様な取り組みが展開している。たとえば各国で，住民評議会（municipal council）が制度化され，住民の行政への参加が促進されている。とくにボリビアの1994年の大衆参加法は，ムニシピオの強化とともに，まさに住民参加を促進するための法律であった。国際機関による住民参加促進支援も活発である。世界銀行は，貧困者を意思決定過程の中心に据えるというコミュニティ主導型開発（CDD：Community Driven Development）を世界各地で推進しているが，ラテンアメリカでは中米ニカラグアでの事業に注力している。1990年ごろより，同国の2つの機関と連携して6事業を展開してきた。

　こうしたなか，ムニシピオの予算策定そのものへの住民参加を追求する動きも出てきた。「参加型予算（PB：participatory budgeting）」と呼ばれる制度である。村の公共施設の整備や環境影響評価への住民参加といった個別事業への参加ではなく，住民にムニシピオ全体の方向性を考える機会を与える，部門横断的な直接参加の制度である。最初に導入したのはブラジルのリオグランデドスル州のポルトアレグレ市（州都）であるといわれている。地域によって制度の細部は異なるが，現在では全世界に拡がっている。ブラジルでは，基礎自治体約5560団体のうち百数十団体がこれを導入している。典型的モデルはポルトアレグレ版のPBである。PBは，住民が大きな集会を開催して，今年最重要の予算項目を何にするかを決める仕組みである。同市の過去20年以上の経験で実際に選択されたのは，大衆住宅，生活道路，下水道，教育，保健などの公共投資の項目であった。つまり大枠の重点の確定を住民参加で行い，細部の詰めは住民代表46名と市財務局スタッフに委ねている。

　法律面を補足しておくと，第1にポルトアレグレ市のPBは条例（ブラジルではこれも「法律」と呼ぶ）で裏づけされている。最上位の法では1988年連邦憲法第14条と第29条が地方行政への大衆参加を根拠づけている。ただしPBという文字は市法（条例）にも連邦憲法にもない。重要なことは，住民が法律や市議

会とは無関係に自発的に市民版の予算をつくっているわけではなく，市の財務局と一緒につりあげているということである。つまり，これは市役所（政権サイド）のプロジェクトなのである。第2に，住民の最終予算案は市議会で審議・可決される。第3に，同市は150万人の大都市であるが，PBへの参加者は毎年数千人に過ぎず，その意見が代表性を有するのかについての法律上の疑問が呈されている。

　いずれにせよ予算策定は緻密な作業であり，時に数千人が集まる「直接民主主義」の集会では，予算策定の緻密な作業をするわけではない。そこは次年度の重点分野を確定するという意味で，大枠を決めている。実際の予算編成作業には当然役所サイドの財務や予算の担当官も参加する。ポルトアレグレ市では一部の住民の意志だけが過度に尊重されているわけではなく，住民と市議会議員と行政官の3つのプレーヤー（主体）の間のバランスがPB制度の数度の修正を通じて模索されている。

　近年ブラジルのPBの経験はかなり研究されるようになり，実態の一部が詳細に判明してきて，問題点も浮き彫りにされてきている。ワンプラーの研究によれば，百数十のムニシピオが導入しているとはいえ，実質的によく機能しているのはポルトアレグレ市と，イパチンガ市（ミナスジェライス州）を含めた数自治体にすぎないという（Wampler 2007）。PBを導入したものの市長に意欲がなく，結局は予算通りに事業が執行されないケースも多いようである。そもそも予算はあくまで予算であり，一般的に決算と予算はある程度解離するが，PBにおいては市長が住民のつくった予算を軽視または無視するケースすら生じているのである。住民の当初の要望が最終的に財政支出に結実して事業の実施に至るか否かは，予算制度そのものよりも，住民と市議会の間の政治力学に依存するといえる。

（2）　行政への市民参加の総合評価

　PBを含めた直接民主主義の総合的評価は，多面的とならざるをえない。市民の行政への直接参加は，一方で民主主義の深化として歓迎されるべき側面を有しているが，他方で間接民主主義（代議制）との法律的整合性の問題もあるし，行政のサービス提供責任を住民・市民が補完ないし代替している面があるとすれば，納税者としてそれを是認してよいのかという問題もある。過去約20

年間、住民参加が促進された時期は、ちょうど図11-1のグローバリゼーション（B）と新自由主義（C）が進んだ時代でもあり、「小さな政府」論による行政の合理化が求められていた。そのような環境下での住民参加は、行政の責任放棄を免罪する面もあるとの批判を導いている。実際にブラジルのPBについても、予算を組む際の大枠つまり自治体財政規模そのものは「小さな政府」路線での緊縮財政であり、それを住民は受け容れざるをえない。緊縮財政路線への批判者の中には、PBは予算緊縮への不満の安全弁に過ぎないとする論者もいる。PBを推進しているブラジル労働者党内部にすらそうした批判があると報告されている（山崎 2006：145）。

総合的に見て、ラテンアメリカでは現在、間接民主主義と直接民主主義のバランスをどのようにとるかという問題についての最適解を求めて、行政と住民による多様な試みが展開しているといえる。

5　分権化の課題

第1節で「分権と参加」についての全体の構図を図11-1を見ながら概観した。第2節では行財政の分権について詳述し、とくにラテンアメリカの農村部の現実にかんがえみると、集権的な所得再配分機構としての地方財政調整制度の重要性も高いことを確認した。そのうえで、教育と医療保健分野での地方分権化の動向を確認した。第3節では、地方分権化と地域市場の関係、第4節では地方分権化と市民社会の関係を考察した。このように図11-1の①～③を中心に検討を進めた。

表11-3で見た各社会指標の改善に地方分権化がどの程度寄与したかについての検証は、今後の課題である。筆者のラテンアメリカでの居住経験や各国の専門家による研究の成果や世界銀行や国連などの国際機関の報告書での評価などから判断して、地方行政の機能が徐々に改善しつつあることは間違いないが、課題も明らかである。学校教育にせよ医療保健にせよ、分権化だけで質の向上が果たせるわけではなく、学校でいえば学校施設とくに教室の増加という課題があり、国全体での社会資本建設の戦略が求められる。また地域市場との関係では、2000年代の好況のなか、地方財政に資本支出の余裕が生まれるというまったく新しい状況が生まれた。このなかで、従来のような経常経費をめぐる

■□コラム□■

クリチバ市と地方自治

　筆者は2008年の4月から約4カ月，大学の在外研究制度によりクリチバ市で暮らす機会を得た。同市はパラナ州の州都で，人口が約185万人（2009年）である。ジャイメ・レルネルという建築家・都市計画家が1970年代に市長に就任し（71～75年），その後連続ではないが合計3期にわたって市長を務めて（第2期が79～83年，第3期が89～92年），同市を世界的「環境都市」に発展させたのである。都市・環境政策としては，バス専用ラインを駆使した効率的な公共交通システム，徹底したゴミ回収とリサイクル，公園・緑地の充実，高さ制限（美しいスカイライン創造），歩行者天国の整備など，枚挙にいとまがない（服部 2004）。

　クリチバ市の環境都市としての顕著な発展は，地方自治の意義を考えるうえできわめて興味深い。第1に，第1期と第2期のレルネル政権はいずれも軍政時代で，この2回は選挙ではなく任命により市長に就任している。地方自治が限定されていた時代に，「環境都市クリチバ」が萌芽し，発展したのである。第2に，ブラジル全体が民主化して「分権と参加」の時代に入ってからも，「参加型予算」（PB）導入に積極的ではなく，ようやく2008年に導入論議がはじまった。筆者は滞在中にPB導入のポスターを市バスの中で見かけたが，現時点でもインターネットの市公式サイト（http://www.curitiba.pr.gov.br/）にPBのページがみつからない。このように「環境都市クリチバ」の誕生と発展は，民主化や分権化の成果ではない。一般に美しい街並みは民主主義のなかった中世に形成されている。近代都市でも，たとえば現在のパリの美観は皇帝ナポレオン3世治世下でのオースマン計画によるもので，住民自治の成果ではない。「環境都市クリチバ」は，住民自治というよりも，地方行政（市長と優秀な行政スタッフ）の「賢人主導」で発展したといえるだろう。

　クリチバ市の賢人主導が軍政時代と民主化・分権化時代で変化したのかどうか，賢人主導の限界が市政に現れていないのかどうか，今後も賢人主導で発展していくのか，あるいは今後は「分権と参加」を積極的に活用していくのか。これらの点は今後の同市の発展を占ううえで重要なポイントであるだけでなく，都市計画にとっての「分権と参加」の意義を考えるうえでも重要である。

腐敗だけでなく，投資的経費（公共投資）をめぐる不正支出の可能性が生まれている（石井・山崎 2009；山崎 2009b）。こうした汚職問題を含めたガバナンスの向上が，従来以上に求められる時代に入っている。市民社会との関係では，参加型予算についての研究が徐々に蓄積されてきたなかで，限界や問題点も多数浮き彫りにされてきた。

総じて，地方分権化はpanacea（万能薬）ではないことが，具体的に明らかになりつつあるといえる。しかし今後もこのプロセスが継続することは間違いない。2000年代の好況は，恩恵に属さない衰退自治体も多いわけであるが，多くの地方自治体財政を潤したことも事実である。一時的であるかもしれない豊かさではあるが，それが新たな不効率問題に結果するのではなく，地方自治体の経営能力の向上と住民参加を含めた地方自治の発展と環境保全に導くことが望まれる。

● 参考文献

石井陽一・山崎圭一（2009）「ラテンアメリカにおける腐敗リスクと対策」『ラテンアメリカ時報』2009/10年冬号，通巻1389号，34-42頁。

服部圭郎（2004）『人間都市　クリチバ』学芸出版社。

山崎圭一（2006）「ブラジル参加型予算の意義と限界」日本地方自治学会編『自治体二層制と地方自治』敬文堂，133-151頁。

山崎圭一（2009a）「第3章　地方の活性化とその動因」国際貿易投資研究所編『平成20年度　ブラジルの消費市場と新中間層の形成』国際貿易投資研究所。

山崎圭一（2009b）「維持可能な発展視点からのブラジル経済の腐敗に関する一考察」『横浜国際社会科学研究』第14巻第3号，9月，193-211頁。

Di Gropello, Emanuela (1999), "Los modelos de descentralización educativa en América Latina," *Revista de la CEPAL 68*, Agosto, pp. 153-170.

Di Gropello, Emanuela (2004), "Education Decentralization and Accountability Relationship in Latin America," *World Bank Policy Research Working Paper*, No. 3453, November.

Finot, Ivan (2005), "Descentralización, transferencias territoriales y desarrollo local," *Revsita de la CEPAL 86*, Agosto, pp. 29-46.

Ministério de Saúde (2006), *Entendo o SUS*, Brasília：Ministério de Saúde.

UCLG (2008), *Decentralization and Local Democracy in the World—First Report by the United Cities and Local Governments*, UCLG and World Bank.

Wampler, Brian (2007), *Participatory Budgeting in Brazil : Contestation, Cooperation, and Accountability*, Pennsylvania : Pennsylvania State University Press.

World Bank (2009), *World Development Report 2009*, Washington D. C. : World Bank.

(山崎圭一)

第12章
経済自由化と政治変化

　市場経済への転換は，政治変化を引き起こし，21世紀に入り多くの国で左派政権の台頭へとつながった。歴史的に著しい格差・排除構造をもつラテンアメリカにおいて，市場改革の結果生じた社会変動，改善されない貧困や失業率，格差の拡大，また改革政権の破綻という厳しい現実を受けての変化である。それは改革を率いた民主政治に対する信頼を低下させ，先導したアメリカとの関係にも亀裂を生んだ。政治変化は地方分権化などによる制度変化や，21世紀に入ってからの資源価格の高騰による経済成長で多くの国が自信を取り戻したことにも起因する。左派政権は，社会的公正の実現に価値を置き，市場原理にすべてを委ねる新自由主義から，グローバリゼーションとの関係の見直し，資源の戦略的活用，開発における国家の積極的関与へと政策転換を導いている。経済政策，市場統合，対米関係などから，左派政権は穏健左派と急進左派に大別されるが，内実は多様であり，特に急進左派政権は民主主義の変質などの課題を抱えている。

1　経済自由化への政策転換

（1）　経済破綻からワシントン・コンセンサスへ

　1980年代のラテンアメリカを襲った債務危機と経済不況（「失われた10年」）の結果，国によっては4桁から5桁のハイパーインフレーションに見舞われ，市民生活に甚大な影響が及んだ。それは，第二次世界大戦前後から推進されてきた各国の国家主導型の開発体制の破綻を決定づけ，グローバリゼーションに伴う開発枠組みの転換を不可避とするものであった（小池・西島 1997）。

　「ベルリンの壁崩壊」と重なる89年，ワシントンの国際経済研究所（IEI）で開催された国際会議で，債務危機後のラテンアメリカの経済再建について議論された。主催者がまとめた改革アジェンダが，財政規律，国営企業の民営化，

価格・貿易の自由化，規制緩和等の10項目であり，後に「ワシントン・コンセンサス」として知られるようになる市場経済への大転換をうながす政策の大枠である。民間債務の削減を伴うアメリカ政府主導の債務救済（ブレイディ・プラン）にうながされ，IMF（国際通貨基金）との合意を経て，新自由主義改革が，90年代のラテンアメリカ諸国を席巻した。

メキシコのサリーナス政権（1988〜94年），アルゼンチンのメネム政権（1989〜99年），ペルーのフジモリ政権（1990〜2000年），ブラジルのカルドゾ政権（1995〜2002年）などが，それぞれの国で改革を主導した政権である。19世紀半ば，アメリカとの戦争に敗れた結果，領土の半分を割譲したことから反米を外交の基軸としてきたメキシコでは，サリナス政権のもとで北米自由貿易協定（NAFTA）を発足させ，アメリカ，カナダとともに発展する道を選択した。サリナス政権の制度的革命党（PRI）は，メネム政権のペロン党と同じく，強い民族主義のもとで国家主導型開発体制を率いてきたポピュリスト政党である（章末コラム参照）。また大蔵大臣として経済の安定化に成功し，大統領に就任して民営化など自由化を推進したブラジルのカルドゾは，先進国による収奪に低開発の元凶を求める従属論者として知られた学者である。新自由主義改革を先導した政党や知識人には，冷戦の崩壊やグローバリゼーションに伴う大きな意識の変化や思想的転換が生じていた。

また市場化とともに民主化が世界的にもグローバリゼーションの両輪であり，それがラテンアメリカにおいては徹底して浸透したが，「アメリカの裏庭」という地政学的な条件のもとで，一極支配とも呼びうる冷戦後のアメリカの指導性がとくにそこでは際立っていた。1991年，80年代から進展した軍政から民政への移行が完成した段階で，アメリカが主導し，カナダを含む西半球全体の地域協力機構である米州機構（OAS，本部はワシントン）を通じて，回復した各国の代表民主主義を，地域として集団で防衛する協力体制が樹立された（2001年，米州民主憲章に結実）。1994年には，クリントン米大統領が各国首脳に呼びかけて開催した米州サミット（社会主義キューバは除外，34カ国の首脳会議）において，市場経済と代表民主主義のもとで，アラスカからアルゼンチンまでのアメリカ大陸全体をFTAA（米州自由貿易地域）として統合する構想が合意されたのである。

市場化，民主化，地域統合が，ポスト冷戦期の米州における各国の共通の基

盤であり，そのもとでアメリカを中心とするかつてない協力関係が築かれた。

（2） 民主主義の歪み

　1970年代半ばにかけ軍政のもとで実施されたチリを除けば，各国の市場改革は民主政治のもとで遂行されたが，経済破綻からの回復において，グローバリゼーションのもとで否応なく構造調整を迫られたという側面が強かった。そのため，大統領令で実施して議会を迂回するなど，民意とかかわりのないところでテクノクラティックに重要政策が決定され，制度としての民主主義の発展に否定的な影響を与えた国も少なくない。その結果，行政府優位で時に恣意的な権力行使のあり方が強められた国が少なくなく，議会はチェック機能を果たせず，司法は操作され，三権分立は形骸化するなど，代表民主主義の制度的歪みや弱体化が生じ，その正統性の低下を招いた。

　このなかでウルグアイのように，電力の民営化など重要法案が国民投票にかけられ否決されるなど，民主制度を優先したため改革がより漸進的だった国もあるが，他方ペルーのように，完全に民主制度を逸脱した例もある。フジモリ政権は，少数与党での経済改革の試みに行きづまり，92年4月，大統領自ら軍を動員して議会を閉鎖し，憲法を停止する非常国家再建政府を樹立（「自主クーデター」），そのもとでテロ対策とともに民営化などの経済改革を推進した。フジモリ政権の強権的手法は国際的な批判と議論を呼んだが，国民の高い支持に支えられ，その後の治安の改善と経済再建につながった。

2　左派政権の誕生

（1） ポスト新自由主義へ

　市場化，民主化，地域統合というポスト冷戦期のコンセンサスは，21世紀に入ると崩れはじめる。

　1999年ベネズエラで，反新自由主義や反米を掲げたチャベス大統領が就任する。反グローバリゼーションの動きが世界的に広がるなか，2000年にはエクアドルで，政府のドル化政策に反発した先住民勢力が軍の一部と組んで大統領を追放した。同じくボリビアでは，世界銀行が支援したコチャバンバでの水の民営化が，住民の反乱で撤回される（「水戦争」）。翌01年には，先進国，多国籍企

業を中心とするグローバリゼーションに対抗し，NGOや社会運動などを結集し「もう1つの世界は可能」を掲げる世界社会フォーラムが，スイスのダボスで開かれる世界経済フォーラムにぶつける形で，ブラジルのポルトアレグレで開催される。02年にかけて，改革の模範生を任じたアルゼンチンが経済破綻に追い込まれ，ペルー・アレキパでは，地方電力の民営化が民衆の抗議で中止に追い込まれた。経済自由化の動きはラテンアメリカで徐々に勢いを失っていく。

　市場改革への反発を背景に，ラテンアメリカ諸国では左派政権が次々と誕生し，1990年代に進展した対米協調関係にも亀裂が生じはじめる。左派政権は，ベネズエラに続き，チリ，ブラジル，アルゼンチン，ウルグアイへと広がり，大統領選挙のラッシュとなった2005年から06年にかけて地域全体に拡大した。ボリビアでは，先住民勢力に支持され「天然ガスの国有化」を公約に掲げた政権が誕生し，国有化を実現した。パラグアイでは，貧者の側に立つ「解放の神学」の元神父が大統領に就任，南米諸国はコロンビアを除きすべての国で左派政権となった。その動きは中米にも広がり，ニカラグアやエルサルバドルでは，1980年代の革命政権を率いた左派勢力や，中米和平合意後に市民社会に復帰した旧ゲリラ勢力が政権に就いた。またメキシコでも2006年の選挙で，北米自由貿易協定の見直しを迫った左派の民主革命党（PRD）候補が，僅差で敗れたものの躍進を遂げた。

（2）　新自由主義改革への反動

　このような政治変化をもたらした要因は，何よりも改革への反動である。

　国家主導の統制型・保護主義型開発体制から民間主導の自由市場経済への転換は，旧社会主義圏の資本主義への体制移行にも似て急激なものであった。緊縮財政，貿易や価格の自由化，「小さな政府」への移行や民営化に伴い，補助金の削減，企業のリストラや倒産，失業率の急増など，市民社会の生活に甚大な痛みと犠牲を及ぼした。それは不十分であったがそれまでの国家が市民の面倒を見る福祉国家から，個人の責任で生きることを余儀なくされる新自由主義への変化を伴うドラスティックな転換であった。

　ボリビアでは，鉱山公社の職員数は3万人から7000人にまで削減された。アルゼンチンやペルーでは，国営企業のうち戦略的に政府に残すべきものをもたず，すべてが民営化の対象となり，外資を中心とする民間資本に売却された。

民営化は，製造業や金融，通信，輸送，鉱山，エネルギーにとどまらず，水道事業や道路，港湾，公園，年金，教育等あらゆる分野に及んだのである。グローバリゼーションの勢いに対しラテンアメリカ諸国には，国家主権のもとで社会状況に照らし選択的に政策を導入するとか，痛みを和らげるために変化の速度を変えるとかという裁量の余地があまり残されていなかった。一挙に急激な改革をせざるをえないほどに，旧来の開発モデルは破綻に瀕していたからである。いずれにしても，そこにはカール・ポラニーがその古典『大転換』において，産業革命以降の市場社会の発展に伴い生じた「悪魔のひき臼」と表現したものと類似の変化の過程があったのである（Silva 2009）。

　問題は，市民社会に大きな痛みを伴った大転換がもたらした成果の乏しさであった。

　猛威をふるったハイパーインフレーションは鎮まり，経済は安定化した。外資を引きつけ，エマージング・マーケット（新興市場）へとラテンアメリカ諸国は急転換する。半世紀の保護主義経済のもとで旧態依然としていた，通信や道路，空港等のインフラは外資の参入で刷新され，金融など様々なルールが世界的スタンダードに塗り替えられた。

　しかし，メキシコ（1994年），ブラジル（99年）で新たに金融危機が発生し，チリを除くと各国は持続成長の道を切り開くことができず，90年代の経済成長率は年率約3％にとどまった。97年の通貨危機にもかかわらず年7％以上の成長率で90年代を駆け抜けた東アジアの半分以下であり，「失われた10年」に先立つ70年代までのラテンアメリカの成長率の半分にも届かないものであった。

　この低い経済実績は，98年に到来する「失われた5年」を経てさらに悪化した。貧困対策などセーフティ・ネットは型どおり用意されたが不十分で，4割を超す貧困人口など社会問題の改善につながらず，失業率は倍増し10％台に高止まりし，格差が拡大する結果となった。教育や資産等で歴史的に著しい格差・排除構造をもつラテンアメリカにおいては，自由化だけでは公正な競争はそもそも期待できず，グローバリゼーションに対応できる層と恩恵から取り残される層の格差が広がった。民営化や労働関係の柔軟化など，構造調整によって労働市場に吐き出された失業者は，自由化のもとで新たに参入した企業によって十分吸収されることはなく，インフォーマルセクターは拡大し，中間層も困窮化が進み階層分化が生じた。

つまり大きな犠牲を払った改革の結果として期待されたＶ字型の持続回復へとはいたらず，実績とのギャップが改革疲れや改革への深い失望を人々に与えたわけである。とくにアジア通貨危機が，ロシア危機へ，その結果ブラジルの金融危機へと伝播して再度，南米を覆うことになる98年からの経済不況（「失われた５年」）を分水嶺として，市場経済改革を推進する政権は支持を失い，左派政権が誕生することになった。

（３） アメリカの政策変化と改革政権の破綻

　市場改革の実績の低さに，2001年９月11日の同時多発テロ後のアメリカのラテンアメリカ外交の変化が加わった。ブッシュ大統領は，米州の統合への変わらぬコミットメントを公にして政権を発足させ，就任直後の米州サミットでも，05年１月までのFTAA交渉の妥結と同年の発効に対し各国の同意をとりつけていた。だが同時多発テロでアメリカの優先順位は中東や安全保障に移り，1990年代にアメリカが主導してきた市場統合への求心力は失われ，2005年までの設立目標は頓挫，アルゼンチン（05年）で開かれた米州サミットでは交渉再開の合意すらとりつけられない有様だった。

　この政策変化のなかで親米改革政権が破綻し，反米感情が強まった。

　アルゼンチンは，新自由主義改革を導入したメネム政権のもとで湾岸戦争に参戦したうえに，改革の優等生として，北大西洋条約機構（NATO）外のアメリカの同盟国を任じてきたが，ブラジル危機の影響で2001年末に金融危機が深刻化し，１ペソ＝１ドルに設定した兌換法の維持が困難となり，預金封鎖に追い込まれた。このときブッシュ共和党政権は，モラルハザード（倫理の欠如）を理由に救済せず，アルゼンチンは27人の犠牲者を出す暴動と略奪の末，デラルア政権（1999～2001年）が崩壊，債務不履行，兌換法の撤廃と通貨暴落という，国際的支援を欠いたなかでの最悪の結末を迎えた。メキシコ（1994年），ブラジル（99年）の金融危機の際，クリントン民主党政権が，先進国や国際機関を動員して救済しただけに，IMFの指導のもとで模範的改革を進めたはずと考えてきたアルゼンチンとしては，この対応は受け入れがたいものであった。これを機に，同国では反米，反IMF感情が一気に噴出する。アルゼンチンの破綻は，ワシントン・コンセンサスの破綻の象徴と受けとめられた。

　もう１つの例はボリビアである。市場改革（「新経済政策」）が90年代にもた

らした4〜5％の安定成長は，98年に失速し，失業率は倍増した。アメリカに支援されたバンセル政権（1997〜2001年）による徹底した違法コカ（コカインの原材料）栽培撲滅政策が，ブラジル危機による経済の落ち込みに拍車をかけたからである。強硬な麻薬取り締まり政策はコカ栽培農家の反発を招き，反対闘争を指導した栽培農家連合のモラレス組合長を国家的リーダーに押し上げることになる。とくに2002年の選挙でモラレス候補の追い上げを前に，アメリカ大使が「コカ栽培を勧めるリーダーが当選すれば援助を停止する」という趣旨の発言をして反米感情に油を注ぎ，モラレス候補が首位に１％差に迫る躍進を援ける結果となった。また先住民・社会勢力に追い詰められた親米サンチェス大統領（2002〜03年）が経済支援を求めてワシントン入りした際も，ブッシュ政権はIMFとの緊縮財政の合意の履行をうながした。そして同大統領は，03年10月，「天然ガスの対米輸出」に反対する先住民・社会運動の蜂起で辞任を迫られアメリカに逃走，事実上の亡命となった。最貧国の親米政権はブッシュ政権に見捨てられたのである。

　さらにブッシュ政権の国連決議を経ないイラク戦争には，中米やコロンビアを除く多くの国で反対に遭遇した。また同時多発テロ後のアメリカ外交には冷戦思考が復活し，アメリカ政府は米州における民主主義擁護の多国間の枠組みを自ら崩すことになる。02年４月，反米を掲げるチャベス政権が民衆層を味方につけて改革を進めるベネズエラで，反チャベス派の軍事クーデターが発生した際，ブッシュ政権は経済界代表を首班とした暫定政権を即座に支持する姿勢を示した。暫定政権は憲法を停止し，議会を閉鎖するにいたる。結果としてアメリカ政府は，民主的に選ばれた政権を地域全体で擁護すべしとする1990年代に構築した米州のガバナンスを自ら否定することになり，アメリカに対する不信とその指導力の低下を決定づけた。結局，代表民主主義の集団的防衛体制に忠実になろうとするラテンアメリカ諸国の圧力のなかで，国内の親チャベス派の巻き返しによって反米のチャベス大統領は２日後に皮肉にも「民主主義のチャンピオン」として復権を遂げる。

（4）　資源ナショナリズムの台頭

　次の要因は資源価格の高騰である。2003〜08年，ラテンアメリカ諸国は，世界経済の回復と中国等新興国の高成長，それに伴う資源価格の高騰，輸出ブー

ムの到来という対外的な好環境に援けられて,「失われた5年」を脱し,年率5％で成長する景気拡大期に入った。財政や国際収支が好転するなかで,外貨準備が積み増しされ,債務比率の減少等を背景に,ラテンアメリカ諸国は新興国として経済運営に自信を深める。ブラジルやアルゼンチンは,IMF（国際通貨基金）に対する債務を前倒しで完済し,IMFの管理から自立するにいたった。

このなかで,ベネズエラやボリビアでは,国有化や課税強化など天然資源に対する国家管理を強化し,増大する国家収益を貧困層に再分配する1970年代にも似た資源ナショナリズムの動きが台頭した。とくにチャベス政権は増大する石油収入をテコに,教育,保健などの分野でミシオンと呼ばれる貧困層向けの社会政策を進めるとともに,周辺国への支援を通じて,反米勢力の結集に成功していくことになる。

また資源確保を目指す中国は,2000年代に入りラテンアメリカ諸国との貿易関係を急速に拡大し（貿易額は10倍以上）,各国において,アメリカと1,2を競う貿易相手国として急浮上し,戦略的な関係の樹立をねらいはじめた。また資源価格の高騰で力を取り戻したロシアもラテンアメリカに目を向けはじめるなど,アメリカの影響力がラテンアメリカ域内で低下するなかで,各国がアメリカ以外の国と戦略的関係を築きやすい環境が到来した。

（5） 民主化の帰結

最後に民主主義の1つの帰結という側面を無視することはできない。1980年代にラテンアメリカ諸国は軍政から民主化の道を歩みはじめたが,深刻な経済危機のなかで90年代は市場経済改革が優先され,政権政党にも有権者にも選択肢がなく,改革政策を支持するか,不満であっても,それが政策に反映されにくい状況があった。

実際90年代においても,新自由主義改革への異議申し立ての動きは断続的に発生した。92年ベネズエラでチャベス落下傘部隊長らの率いる2度にわたった軍の蜂起,メキシコで北米自由貿易協定の発効の94年元旦にあわせた先住民勢力を中心とするサパティスタ民族解放軍の蜂起,97年エクアドルで先住民や市民の抗議行動のなかで大統領が議会で解任される事件が起きている。また99年にはアルゼンチンで左派のデラルア政権が誕生したが,メネム政権の改革を踏

襲する以外に政策の余地がなかった。

　ところが21世紀に入ると新自由主義への不満が横溢し，改革を支えたアメリカの指導力も減退し，4割に達する貧困人口，世界的に最大の所得格差を抱える社会で，社会問題の改善に向けた要請がしだいに選挙を通じてダイレクトに票につながることになる。

　さらに経済実績の低さは，改革を主導した既成政党や代表民主主義それ自体の信頼をさらに失わせた。また多くの国で新自由主義の席巻で失業者が増大するなど，左派勢力も大きく勢力を削がれた。エクアドルやボリビアでは，左派に替わって先住民勢力が反グローバリゼーションの言説をアピールしはじめた。政党の代表機能が失われるなかで，実質を伴わない民主主義に不満をもつ社会底辺層や先住民を動員する社会運動が，道路封鎖など街頭での実力行使を行い，改革への反対や大統領の辞任を要求する「街頭での政治」が活発化し，「街頭からのクーデター」が頻発するにいたった。

　また新自由主義改革のなかで，国際機関の勧告もあり進められた地方分権化などの制度変化が，新しい政治勢力の登場をうながした。次に述べるベネズエラ，ボリビア，エクアドルなどの急進左派は，こうした変化から生み出された新たな社会運動や市民運動を支持基盤として台頭する。「小さな政府」への移行による「国家の退場」の結果，本来政府が担うべきと想定された社会サービス分野にNGOの参入が制度的にうながされ，政党に替わる政治アクターを形成し，発言力を増大してきたという構造変動も無視できない。またグローバリゼーションや通信革命にうながされ，先進国や国際NGOによる支援を経て，先住民の権利や環境保護などを求める多様な社会勢力の登場がある。

　メキシコでは，北米自由貿易協定など経済自由化の進展が，先住民の反乱や，与党の制度的革命党（PRI）の分裂と弱体化を誘うとともに，市民社会の発展を促し，2000年の大統領選挙において一党支配体制が崩壊し，71年振りに政権交代となった。新自由主義は，一面において疑いなく，政府から自律した市民社会の勃興をうながしたのである。

3 急進左派と穏健左派

(1) 左派の意味するところ

　左派政権の性格や政策内容は多様であるが，根本では，弱者の保護や社会的公正の実現を価値とし，社会問題への対処を優先事項としている。新自由主義の修正，とくに問題解決を市場原理に委ねようとするイデオロギーからの脱却を共有している。アルゼンチン，ペルー，ボリビアのように，開発の戦略的な見取り図をまったく放棄し，すべての国営企業を民営化の対象とする国があった。こうした市場原理主義とでもいうべき状況を再考し，国家開発計画の策定，補助金の活用，天然資源の戦略的活用や工業化など，開発における国家の役割を再評価し，社会問題の改善や経済発展に向け国家が戦略的に関与すべきだとする立場である。外交面でも，グローバリゼーションやアメリカとの関係のあり方を含め，国益の増進を念頭に積極的戦略的な展開を進めているところに特徴がある。

　資源ナショナリズムや，開発における市場から「国家への回帰」という状況を引き起こしたわけだが，それは1970年代までを特徴づけた国家主導の開発体制への先祖返りを意味するものではない。ベネズエラを除けば，ほとんどの国が，マクロ経済の安定に腐心し，80年代の破綻を決定づけた債務増やハイパーインフレの再来を警戒している。また自由貿易の原則を維持しており，戦略的に天然資源の工業化や輸出向け工業の育成等への関心を示しているものの，保護主義経済への回帰を伴うものではない。

　世代間や階層間の連帯が基礎にあった年金の賦課方式を，個人積み立て型に転換した年金の民営化に代表されるように，新自由主義のもとで個人主義が強調され，民営化により外資が急速に参入し開発が進んだために，社会の亀裂や排除が深まったとの現状認識から，連帯や共生，統合，包摂といった要素を再度汲み入れるべきとする認識を背景としている。ただし，グローバリゼーションのもとでどのような経済社会のあり方が望ましいかについての，単一のビジョンやモデルが存在するわけではない。ビジョンや改革のあり方ついて国によっては国内的に鋭い対立や分岐を抱えながら，各国それぞれの状況に応じた模索を続けている。「いくつもの左派」というのが実態だが，そのなかでもあ

えて分類すれば，急進派と穏健派の2つに分けることができよう。（遅野井・宇佐見 2008）

（2） 急進左派

急進左派は，ベネズエラのチャベス政権（1999年～），ボリビアのモラレス政権（2006年～），エクアドルのコレア政権（2006年～）に代表される。

これらのアンデスの急進政権は，既存の政党政治システムの崩壊を背景に，新に登場した社会勢力を支持基盤としている。ベネズエラでは，債務危機を挟む経済危機のなかで伝統的な2大政党制が崩壊し，他方ボリビアでは政党間の合意により新自由主義改革を率いてきた政党システムが崩壊した。いずれも強いカリスマ性をもつリーダーに指導されているところに特徴がある。

憲法制定議会を通じて支配権を握り，旧来の統治制度や政治経済システムからの転換を標榜して改革を進めており，「革命政権」を自任している。チャベス政権は「21世紀の社会主義」の建設を掲げ，モラレス政権の社会主義運動（MAS）は，「共同体的社会主義」の樹立をめざすなど，社会主義への憧憬を保持し，社会主義キューバとの関係も緊密である。地球温暖化との関連でも，資本主義こそが環境破壊の元凶であるとして，反資本主義の立場を強調している。

たとえば先住民・社会運動に支えられたモラレス政権は，征服以降の300年間の植民地と，それに続く200年の共和国がいずれもヨーロッパ由来の原理によって統治され一次産品の輸出モデルに支配されたとして，500年を見据えた国家構造の脱植民地化を掲げる。天然資源の工業化とともに，スペイン語世界の白人・混血系のみならずアイマラ，ケチュア，ガラニーなど36の民族が対等な関係を築く「多民族国家」の樹立をめざしている。

経済的には経済への国家介入を強化し，民営化企業の再国有化や企業家的国家の再建，国営部門，協同組合などの社会部門と民間部門による混合経済体制を想定している。とくに資源ナショナリズムのもと天然資源の国家管理を強め，拡大した収益を社会政策として再分配する傾向がある。所得の再分配とともに，農地改革などを通じて貧困層に生産手段を保障しようとしている。資源価格の急騰を背景に財政は拡張型となりやすいが，ボリビアがマクロ経済の安定にこだわるのに対し，ベネズエラはより財政規律が弱く，30％を超すインフレに苦しんでいる。国有化や反資本主義のもとで，投資環境はいずれも悪化しており，

石油や天然ガスなど主要産業の生産は停滞し，国際価格の上昇によって補われる状況が続いている。選別的な外国企業との関係や中国やロシア，イランなど戦略的な同盟国との関係によって，今後，必要となる資本や技術がどのように補完されるかについては予断を許さない。

　外交的には反米主義を標榜する。FTAA（米州自由貿易地域，スペイン語でALCA）を「アメリカのラテンアメリカ支配の道具」として批判してきたチャベス政権は，それに対抗するALBA（ボリバル代替統合構想）を2004年キューバとの間で設立，その後ボリビア，ニカラグア，エクアドル等急進左派政権の加盟を得て，協力関係を推進している。アメリカ主導で進められた自由競争・自由貿易に基づく統合が必ず敗者や排除を生み出すと非難し，それに替わる連帯や公正の原理に立ち，互恵や補完関係をうながす協力関係の推進を唱えている。さらにチャベス政権は，石油価格や食糧価格の急騰にあわせ，ペトロカリブの枠組みのもとで，長期融資に基づく補助金付きの石油を中米・カリブ海諸国18カ国に供与し，反米網の石油価格が急騰するなかで，強化を図っている。これは，小規模の非産油国にとっては願ってもない支援の枠組みであり，アメリカ政府も足元に及ばないベネズエラによる多額の経済支援となっている。

　しかし，急進左派の反米主義は矛盾を抱えている。チャベス政権は，ロシアから50億ドルを超す軍備の調達を進め，08年11月にはメドベージェフ大統領の訪問に合わせ，ロシア海軍との合同軍事演習を実施するなど，「アメリカの裏庭」でこれ見よがしの政策を展開した。中国，ロシアにとどまらず，イランなどとの関係強化を図り，対米依存を克服しようとしているが，ベネズエラは石油輸出の半分を依然，アメリカ市場に依存している。

　ボリビアは，「反米帝国主義」を口にしてアメリカとのFTA（自由貿易協定）に反対しつつ，アメリカ市場への繊維・アパレル等の無税輸出を保障したアンデス貿易特恵（ATPDEA）の継続を求める一貫しない対応をとってきた。だが，コカの栽培をアンデスの文化遺産として首肯するモラレス政権は，2008年，国内対立が激化するなかで，コカの代替作物化など麻薬対策に従事していた米国際援助庁（USAID）や，麻薬取り締まり機関（DEA）を米中央情報局（CIA）の手先として追放し，自立的麻薬対策へと転換した。さらに東部の反政府勢力との陰謀を理由にアメリカ大使を国外退去とするにいたり，アメリカ側の報復でアンデス貿易特恵のリストからボリビアは外された。

またエクアドルのコレア政権は，アメリカ軍がアンデスの麻薬対策のため10年間借用していたマンタ空軍基地の使用を，09年以降更新しないとする公約を貫いた。これに対しアメリカのオバマ政権が，コロンビアに代替の7基地に確保し，それを脅威とするチャベス政権との間で，一時緊張状態を引き起こした。
　急進左派は「革命政権」を自任するものの，選挙によって政権の正統性を確保するという民主的ルールからは逸脱できないでいる。だが，米州民主憲章がその集団的防衛を謳う代表民主主義の概念からは大きく逸脱し，参加型民主主義や共同体的民主主義などいわゆる直接民主主義やラディカル・デモクラシーの立場を強調している。民衆層との直接的な関係の強化によるポピュリズムの性格を強め（章末コラム参照），大統領への権力の集中と議会の形骸化，新憲法による連続再選の容認など権力維持に腐心し，反対派やメディアへの締めつけや，選挙プロセスへの関与などの傾向が生まれている。国内的にも反対派との鋭い対立を抱え，社会は分極化している。（村上・遅野井 2009）

（3）　穏健左派

　これに対し，穏健左派は，ブラジルの労働者党（PT）のルーラ政権（2003～10年），チリ社会党系のラゴス（2000～06年）政権とバチェレ政権（06～10年），ウルグアイの左派拡大戦線（進歩会議）のバスケス政権（05～09年）などが代表格で，旧来の社会主義勢力が政権に就いた例である。これらの左派政権は，社会的公正を重視するが，自由民主主義と市場経済政策の原則を堅持しているところに特徴がある。旧来の国家主導型開発の破綻や社会主義経済体制の崩壊の経験，グローバリゼーションなどから多くのものを学びながら，現実的な立場からイデオロギーを刷新してきた中道左派である。あるいはペルーのアプラ党ガルシア政権（2006～11年）など，かつてのポピュリズム型の改革政党で，社会民主主義を思想としている政党がそれにあたる（章末コラム参照）。
　ブラジル，ウルグアイで左派勢力は，地方分権化などの制度変革から力を得て，参加型予算等の地方自治体での参加型民主主義を基礎に勢力を拡大し，国政での政権獲得にいたったが，国政レベルでは代表民主主義の定着に力を注いでいる。経済政策では穏健左派は，グローバリゼーションを前提に，外資導入策，自由貿易体制を支持し，その成果を基礎に社会投資を強化しようとしている。つまり積極的な外資の導入と自由貿易による経済成長を進め，その成果を，

社会政策を通じて貧困層を含め国民全体で分かちあうとする立場で，チリにおける「公正をともなう成長」路線に代表される。ルーラ政権の条件付現金給付政策（ボルサ・ファミリア）によって，ブラジルでは貧困層人口の大幅な減少に成功している。

また外交的には，いたずらに反米を掲げることはせず，アメリカとも国益の増進を前提に妥協的関係を維持しようとしている。たとえばブラジルは，農業生産者に対する多額の補助金供与の問題で，公正さを欠く非対称な貿易ルールの押しつけという点からアメリカ主導のFTAAには反対だが，エタノールなど代替エネルギーの開発ではアメリカと協力しようとしている。他方，チリは，アメリカと二国間のFTA（自由貿易協定）を結びながらも，国連安保理非常任理事国として国連決議を経ないブッシュ政権のイラク開戦には反対の立場を貫いた。

ペルーのガルシア政権は親米的な路線をとり，主要国とのFTA網の構築を通じた自由貿易による発展を進めてきたチリを後追いする政策を展開しているが，より新自由主義の特徴を残している。アメリカに続き，2010年には中国とのFTAの発効にこぎつけ，日本とも経済連携協定（EPA）の交渉合意にいたった。またEUとの交渉をコロンビアとともに開始し妥結した。さらに08年リマで開催したAPEC首脳会議では，チリ，オーストラリア，ニュージーランドなどが進める環太平洋戦略的経済連携協定（TPP）にアメリカなどと参加を表明し，将来的なアジア太平洋経済連携協定の核になる構想を打ち出している。

左派政権のなかでは，堅調な経済発展を背景にブラジルのルーラ政権が推進する多国間外交が注目されている。多極的な世界秩序のあり方が望ましいとしている点で，ベネズエラや中国，ロシアなどと一致しているが，過度にイデオロギーに陥らず国益重視の実利主義に基づき，戦略的に多角的な連携を強化している。ハイチの国連PKOの指揮など，国連常任理事国入りをめざし多国間での責任分担を担う一方，多極化の推進に向けた外交は目覚ましく，WTOにおける途上国の結束や南・南協力の推進，最近の世界金融危機をめぐるG20への参加のほか，BRICs，インド・南アフリカとの連携（IBSA），南米アラブ首脳会議の開催などにリーダーシップを発揮している。

またメルコスル（南米南部共同市場），南米諸国連合（UNASUR）の発足など，ブラジルは南米統合において指導的役割を果たしているほか，2008年末にはア

メリカのオバマ政権の発足を前にラテンアメリカ・カリブ首脳会議をブラジルに招集し，アメリカ抜きのラテンアメリカ・カリブ共同体の構築を試みている。だが，対米関係や開発政策において，左派政権には大きな分岐が横たわっており，アメリカ抜きの地域共同体がブラジルの指導のもとで急速に強化されることは考えにくい。

4　展望と課題

（1）　世界経済危機と左派政権

　経済改革の実績と過去の金融危機の経験，資源ブームで蓄えた豊富な外貨準備，財政余剰に基づく景気刺激策，旺盛な内需に支えられるなど，新興国として危機に対応するラテンアメリカ諸国のマクロ経済基盤は相対的に強いものがある。リーマン・ショックを契機とした金融危機の影響で，2009年のラテンアメリカ経済は，6年間の平均5％成長から－1.8％に下落したが，2010年には6％成長へとV字回復を遂げた。

　このインパクトは，社会改革を掲げ貧困層のかさ上げをねらう左派政権に及んだ。財政や貿易収支の悪化に見舞われ，先進国からの出稼ぎによる送金の減少は貧困層の家計を直撃した。とくにメキシコ，中米などアメリカ経済との統合度が高い国ほど，影響は大きかった。社会政策，地域開発が，資源開発に携わる外資系企業の収益への課税に依存することが大きいところでは，とくに深刻である。

　このなかで，財政が膨張型だったベネズエラは，為替の切り下げに迫られ，インフレが高進し，物資の供給を確保するため民間企業の国有化を進めている。石油価格の急騰に支えられたベネズエラのオイル外交の余地は狭まり，保健部門など貧困層向けの社会政策の実施も困難に直面した。長期政権化に向け09年，再選制限を撤廃する憲法改正にこぎつけたチャベス大統領の政策は，そうした危機感を反映するものであるが，10年の議会選挙を前に反対派への締め付けを強化するなど体制の権威主義化が顕著となった。アルゼンチンの年金基金の「国有化」は市場に誤ったシグナルを与え，エクアドルでも一部の債務が不履行となった。

　当面は財政に余力のある国が多く，また内需に支えられ，ブラジルなどを中

心にV字回復となったが，資源価格や世界経済の動向，とくにヨーロッパの金融危機の動向によるところが大きいのが実態である。持続的な成長への枠組みをいかに創り上げていくことができるかにかかっている。それこそが，効果的な社会政策の継続を保証する前提となる。

（2） 社会格差など構造問題への対処

このなかで，チリでは2010年の大統領選の決戦投票で，20年ぶりに右派が政権を奪還した。パナマでも保守派に政権が移った。

チリでは，20年間の中道左派の民主連合（コンセルタシオン）のもとでの持続的成長によって，1人あたりの国民所得は1万ドルに達し，貧困人口は3分の1まで減少する実績の高さを誇った。10年1月には南米ではじめてOECD（経済協力開発機構）入りが決まったが，直後を襲った巨大地震の際に被災地で略奪が発生し，先進国入りを目前にした国民に衝撃を与えた。略奪の発生は，改善されない社会格差への反発が底流に潜んでいるためと考えられる。貧困層は底上げされたものの所得格差の改善は鈍く，人口比で見ると上位（富裕層）の10％が国民所得の約40％を占める状況が続いている。また相対的な貧困率は30％を超えており，失業率は10％といぜん高く，グローバリゼーションへの対応に苦慮し，その恩恵から排除されている層がいまだ大きいことを示している。

市場改革の勝者でもあるチリですらそうであり，他の国々にとっては，問題は推して知るべし，である。社会格差など構造問題への対処こそが，左派政権に託された課題であり，存在理由である。この問題にどのように実質的にアプローチできるかに左派政権の成否がかかっているといっても過言ではない。ゲリラ勢力に替わり，麻薬取引に絡んだ組織犯罪の拡大がメキシコなどで問題となっているが，それは改善が困難な不平等な社会構造と関係している。

天然資源依存型開発のあり方，雇用創出とインフォーマルセクターへの対応，国内市場との関係などを考慮に入れ，いかに包摂型の開発枠組みを各国が創り上げていくかがが問われている。経済自由化以降，多くの国で天然資源依存型開発に回帰したが，それは雇用創出能力が低いだけでなく，多くの国で環境汚染などをめぐり，多国籍の開発企業と周辺住民との間で紛争に発展している。先住民の政治進出や抗議活動の活発化は，森林やエネルギーなど資源開発により生活空間が脅かされていることによるものである。

また国際的な競争力の向上とともに格差是正への対応で求められるのは，教育の質の改善による人的資本の向上である。識字率や就学率など量的な意味で教育開発は進んでいるが，OECDの学習到達度調査などが示しているようにラテンアメリカ諸国の多くは，学力的にはきわめて低水準で推移している。知識集約型の経済に対応するためにも，積極的な教育刷新に向けた政策が求められよう。

　また開発への戦略的な視点が見直され，その方向に変化が進むなかで，問われてくるのは，「強い国家」構築のためのガバナンス能力の向上である。健全な財政運営と今後も相対的に資源価格が高止まりを見せるなかで，資金的余裕が地方政府を含め政府に見られるが，国によってはそれが有効に使われていない現状があり，社会的な不満につながっている。「大きな政府」が旧来の開発モデルのように，支持者の政治的雇用による「弱い非効率な政府」となったのでは，かつての国家主導体制と同じの過ちを繰り返すことになろう。ガバナンスの強化が求められる。

（3）　民主主義の深化か変質か

　最後に，とくに急進左派については，反新自由主義に立脚した憲法の全面的な改定による急激な制度転換を伴っている。国内を二分する対立をはらんだ末の憲法改正に基づく新たな法制度が，その目的に沿ったかたちで十分機能するかは予断を許さないものがある。鋭い国内対立は継続しており，支持者の動員を背景にした，制度化よりは状況が優位に立つ革命的状況がつねに醸成される恐れがある。そのなかで，ベネズエラなどでは国内に見切りをつけた優秀な人材の国外流出も問題となっている。

　さらに，急進左派においては，民主主義の変質の問題も重要である。チリのバチェレ大統領やブラジルのルーラ大統領のように，穏健左派の大統領がたとえ支持率が高くとも，任期を延長する策動をせず，チリでは野党に政権が交替しようとも，民主制度の定着や深化に配慮する姿勢を示してきた。

　対照的に，急進左派は，再選の制限を撤廃したチャベス大統領を筆頭に，憲法制定議会を通じて権力を集中し，民衆の支持を足掛かりとして権力維持を図ろうとし，民主主義の変質を加速している。選挙を通じ民主主義を装ってはいるが，カウディージョ（頭領）主義，権威主義といったラテンアメリカに伝統的な政治文化への退行を予想させるものがある。

■□コラム□■

ポピュリズム（民衆主義）

　世界恐慌から第二次世界大戦にかけて，一次産品輸出体制と寡頭的な支配体制が動揺する段階において，カリスマ性をもつ指導者が登場して民衆層を動員し，民族主義的な改革を進める運動が各国で起きた。中間層主導で国家主導型開発を担う20世紀ラテンアメリカの代表的な政治運動である。政策的には，外国資本やアメリカの覇権に対し国有化や民族主義を高揚させることによって国民の団結を図り，輸入代替工業化を推進した。農地改革，雇用創出，福祉増大など所得再分配政策により需要を喚起して成長を図ったが，財政赤字とインフレを引き起こし，外貨不足や借金体質を招くことになった。指導者が巧みな演説で労働者や民衆の心をとらえて，個人的な政治目的を実現するための運動や大衆迎合的な政策を指すこともある。

　1980年代の債務危機を機に国家主導の開発モデルの破綻によりポピュリズムの終焉がささやかれたが，民営化を進めた新自由主義のもとでも，貧困対策などの社会政策を通じて直接民衆層と向きあうことで支持基盤を築き，既得権益に対抗し，改革を進める例が見られた。フジモリやブラジルのコロール政権（1990〜92年），サリナスやメネム政権などがそれで，ネオポピュリズムと呼ばれる。21世紀に入り新自由主義への反動と資源ナショナリズムの興隆とともに，チャベス政権などカリスマ性をもつ指導者に率いられて登場した急進左派のなかに，外資の国有化，所得再分配，農地改革など国家主導型開発への改革を進める古典的なポピュリズムが復活している。大きな排除・格差構造を抱え，強力な指導者への個人崇拝が息づくラテンアメリカにおいて，民衆の名をもって登場するポピュリズムは転換期に現れやすい現象といえよう。

● 参考文献
遅野井茂雄・宇佐見耕一編（2008）『21世紀ラテンアメリカの左派政権——虚像と実像』アジア経済研究所。
加茂雄三ほか（2005）『ラテンアメリカ（第2版）』自由国民社。
小池洋一・西島章次編（1997）『市場と政府——ラテンアメリカの開発の新たな枠組み』アジア経済研究所。

村上勇介・遅野井茂雄編（2009）『現代アンデス諸国の政治変動』明石書店。
Silva, Eduardo (2009), *Challenging Neoliberalism in Latin America*, New York: Cambridge University Press.

（遅野井茂雄）

終　章
ポストネオリベラリズムの課題

　ラテンアメリカ経済は長い停滞の時期を経て成長軌道に入った。一次産品価格の上昇は成長を加速した。2008年の世界金融危機は同時不況をもたらした。金融不安，失業，社会格差が世界を覆っている。ラテンアメリカ経済についても不確実性を高めた。金融危機は，実体経済に影響を与えただけではなく，市場原理に基づく開発に対する懐疑を強めた。世界はポストネオリベラリズムの時代を迎えている。ラテンアメリカでもポストネオリベラリズムの開発政策が求められている。しかし，その内容は，市場経済を逆転させて国家の経済介入を強めることではなく，市場経済を基本的な制度としながら，国家による市場の規制を強化し，また市場でも国家でもない社会の役割を加えた多元的な経済の創造である。

1　ラテンアメリカのネオリベラリズム

　ラテンアメリカを主導してきたネオリベラリズム（新自由主義）はその影響力を弱めている。度重なる通貨危機，低い経済成長率，貧困と経済格差の存続，拡大が，ネオリベラリズムから正統性を奪っている。しかし，それらの経済問題がすべてをネオリベラリズムに帰するわけではない。またラテンアメリカの政府がネオリベラリズムに完全に沿って政策を実行してきたわけではない。

（1）経済自由化
　ラテンアメリカは1980年代に開発政策を内向的な輸入代替工業化から経済自由化，開放へと転換した。ネオリベラルな改革によってラテンアメリカ経済は，かつての混乱からようやく脱出した。資源配分はかつてより効率化し，比較優位のある産業の成長が見られた。財政赤字は縮小し，宿命的なインフレは収束

した。市場原理に基づく開発は、経済の安定化を実現したが、経済成長率は低い水準にとどまった。加えて、幾度となく通貨危機を引き起こし、失業、経済格差を拡大した。その結果、経済自由化を推進したネオリベラリズムは厳しい批判に晒された。人々は、IMF、世界銀行が指導する改革を批判し、効率より公平を重視する左派政権を支持した。

こうした政治変化にもかかわらず、ベネズエラ、ボリビアなど一部の国を除いて、多くの左派政権はネオリベラリズム改革を維持した。財政規律を重視するとともに貿易、金融自由化を継続した。輸入の急増に対し、一時的に関税を引き上げ、量的な制限を加えたことはあったが、貿易自由化の基本を変更することはなかった。金融取引は、規制が強化されたが、基本的には市場に委ねられた。民営化は後退することはなかった。左派政権のもとで新たな民営化は実施されなかったが、それは石油など一部を除いて民営化がほとんどの分野ですでに実施済みだったからである。民営化済みの企業を再び国営化することは、ベネズエラ、ボリビアを除いて、なかった。

ラテンアメリカの経済自由化と経済安定化は、海外からの直接投資を増加させた。中国など東アジアの高成長は、投機的要因と相まって、一次産品価格を上昇させ、ラテンアメリカの貿易収支を好転させた。経済安定化、外貨流入、に加えて社会政策の実行は、国内市場を発展させた。2008年に発生した世界経済危機は、ようやく光明が見えたラテンアメリカ経済を暗転させた。ラテンアメリカの対外部門に与えた影響は、アジア経済危機や対外債務危機よりも大きいものであった。経済成長を支えていた輸出が減少し、直接投資、海外からの送金も減少した。しかし、対外部門の悪化に比較して、GDP、雇用の落ち込みは小さいものであった。これは、所得の上昇と消費者金融の拡大によって国内消費が堅調なことと、政府が機動的に景気刺激策をとったことに起因している。景気刺激のため財政出動がとれたのは、ネオリベラルな改革によって、財政が均衡、黒字化し、インフレの封じ込めに成功したからである。

（2） 社会政策

ラテンアメリカでは、左派政権を含めて、ネオリベラリズムの改革が基本的に維持されたが、他方で、教育政策、貧困政策など社会政策が重視された。社会支出は、財政に占める割合だけでなく、絶対額でも増加した。財政の均衡が

社会支出の増加を可能とした。教育を重視したのは、それがソーシャル・インクルージョン（社会的包摂）の手段であり、また長期的な経済成長にとって不可欠であるとの認識に基づくものであった。貧困政策の実施にあたっては、財政の制約を考慮し、政策が対象とする人口を限定し、加えて受益者に対して子弟の就学など条件を課した。メキシコにはじまりブラジルなど多くのラテンアメリカ諸国で採用された条件付き現金給付（CCT）がそれである。

他方で、左派政権であれば実施するであろう、土地制度改革、累進率を高め財産税を強化する税制改革、普遍的な社会保障制度導入などの改革は進展しなかった。改革が、上層だけでなく中間層の反発を買い、政治が不安定化するのを回避するためであった。多くの政権は、経済成長を優先し、成長の利益が下層まで浸透するトリクルダウンを通じて、貧困の削減と分配の公正化が実現することを期待した。しかし、教育など社会政策を通じて、それまで社会的に排除されてきた人々の社会への参加、包摂をうながそうと考えたのも事実である。単純に市場原理を導入したわけではなかった。

経済自由化を進める一方で教育など社会政策を重視する政策ミックスは、英国ブレア政権の「第三の道」に似ている。「第三の道」は、ワークフェア、すなわち就労をつうじて福祉を高めることを政策としている。教育は労働能力を高め、産業の競争力向上と経済成長を通じて、雇用と所得の増大を可能にする手段である。ワークフェア・ステートは、従来の福祉国家と異なり、教育と就労を通じる福祉をめざす社会投資国家、積極的福祉国家であった。イギリス、そしてラテンアメリカのように、高率の失業率や構造的な格差がある社会で、就労をつうじる福祉が実現可能かどうかについては、疑問、批判があるが、経済成長と雇用において一定の成果を実現したのも事実である。

（3） 新一次産品輸出経済

新しい世紀のラテンアメリカ経済を牽引したのは一次産品の生産、輸出であった。一次産品といってもかつての伝統的一次産品だけではなく、新たな一次産品が加わり、多様性が増加した。一次産品の加工度も高まった。その意味で特定の一次産品に偏ったモノカルチャとは異なるものであった。貿易、資本自由化によって、アメリカその他の食品、流通業者などがラテンアメリカから先進国市場にいたるサプライチェーンを形成したことも、一次産品輸出をうな

がした。中国などアジアの新興国の急速な成長と食糧，資源需要もまた，一次産品輸出を促がす要因となった。一次産品輸出によってラテンアメリカの貿易収支は大幅に改善した。一次産品輸出主導の経済成長が実現した。

ラテンアメリカが輸出する食糧，鉱物資源など一次産品価格の上昇は，部分的には過剰流動性の増大に伴う投機に起因している。中国などアジア諸国の高い成長率，消費の高度化など需要側の要因，資源埋蔵量，農業適地の減少など供給側の要因を考慮すれば，一次産品価格は今後も上昇基調を維持しよう。ラテンアメリカにはリチウムなどの希少金属，エタノールなどのバイオ燃料といった新しい資源，エネルギーでも大きな供給能力をもつ。一次産品輸出は今後も，ラテンアメリカの経済成長を牽引するセクターになると予想される。

2　ネオリベラリズム改革の限界

これまで述べたようにネオリベラズムによる改革は，経済安定化，経済成長など一定の成果を上げたが，なお多くの課題を抱えている。それらが放置されれば経済発展を制約する。

（1）　マクロ経済制約

自由化，開放経済のもとでは，各国経済は国際的な経済変動から大きな影響を受ける。ラテンアメリカのように後発国は外的なショックに対して脆弱である。とくに小国の経済は特定の輸出商品，市場への依存が高く，外的なショックが引き起こすリスクは大きい。突然の輸出価格の下落，資金流入の減少，流出は経済を破綻へと導く。破綻を防ぐには，財政，為替など適正なマクロ経済政策とともに，投機資金の規制などを必要としているが，ラテンアメリカの多くの国々は十分な行政能力，制度をもちあわせていない。2008年のリーマンショック，10年のギリシャ危機は，ラテンアメリカに対して大きな影響を与えている。中国など東アジアの高成長は，世界経済とともに，ラテンアメリカ経済を下支えしているが，東アジア経済もバブル，経済格差，少数民族問題など政治，経済の不確実性を抱えている。

ラテンアメリカの経済成長を牽引している要因の1つは一次産品輸出であるが，それに過度に依存した経済は成長の持続性の観点から問題をもっている。

一次産品は価格変動が大きい。一次産品価格の上昇局面では，為替の上昇によって，工業製品の輸入が増加し，国内の工業は縮小し，多くの雇用を奪う。いわゆるオランダ病である。反対に一次産品価格の下降局面では輸入能力を減少させ，国内経済は縮小する。ベネズエラ，ボリビアでは，石油，天然ガス輸出が生み出す外貨を貧困政策，所得再分配政策の手段としている。国土が生み出す富を社会政策に利用するのは，政府として当然の行為であるが，財政規律が失われ，バラマキが横行する可能性がある。一次産品輸出経済は経済成長，安定性の観点でリスクををもつ。

ラテンアメリカでは，一次産品輸出が増加する一方で，製造業は停滞している。製造業は中国など東アジアとの競争がある。とくにメキシコの電子機器，アパレル，靴，中米のアパレルは東アジアとの厳しい競争にさらされている。GDPに占める製造業の割合は低下している。生産性の伸び率は低く，東アジアを大きく下回っている。国際的に成長が著しい電子，通信機器などが製造業に占める割合は，東アジアに比べて著しく低い。製造業の投資，R&Dも東アジアに比べ低水準にある。製造業の停滞は経済成長率を押し下げている。

高い経済成長と投機的マネー流入によってブラジルなどでは消費が過熱しインフレ懸念が高まっている。また輸入の増加による貿易黒字の縮小に加えて，利潤送金などサービス支払いが増加し，経常収支が悪化している。国内外部門で慎重なマクロ経済政策が求められている。

（2） 社会制約

教育政策，貧困政策などの社会政策の実施によって，ラテンアメリカでは就学率の向上，貧困の減少が実現した。経済の回復と貧困政策が功を奏して，大半の国で分配は改善した。しかし，就学率の向上は，教育の質を考慮した場合，多少眉唾ものである。初等教育から高等教育まですべての段階における就学率の向上は，教育施設，教員，教育内容の質の向上を意味するものではない。所得分配についても，改善したとはいえ，国際的には依然として不公平であることに変わりがない。ラテンアメリカでは，国連のミレニアム開発目標（MDGs）に呼応して，基礎教育の普及を重視したが，経済自由化は高学歴者に対する労働需要を高めた。その結果，基礎教育の普及は分配の改善につながっていないケースが多い。

ラテンアメリカの不公正な分配は，不平等な教育機会とともに，土地制度，税制，社会保障制度にも起因している。ネオリベラリズムは機会の平等を主張するが，奇妙なことに，これらの制度が機会の平等を奪っていることに無関心である。左派政権は，制度の問題に関心はあったが，予想される政治的影響の大きさを恐れ，制度の変更に着手することがなかった。CCTは一定の成果を収めたが，それだけでは貧困撲滅，格差是正は可能ではない。CCTはまた，現金給付の対象となる貧困層を確定し，受益者に条件を遵守させるため，政府の高い統治能力を必要とするが，ラテンアメリカのすべての国がそうした能力を備えているわけではない。

　ラテンアメリカでは貧困層の所得が上昇したが，食糧価格の上昇はその効果を減殺する可能性がある。この地域は世界最大の農産物の純輸出（輸出マイナス輸入）地域であるが，小麦，トウモロコシ，米など穀物では純輸入地域である。とくに小国では穀物の輸入依存度が高い。こうした構造は，経済自由化以前にもあったが，経済自由化以後に生じた国もある。NAFTA以後トウモロコシをアメリカからの輸入に依存することになったメキシコ，構造調整の条件としてアメリカによって米輸入を強制されたハイチがその例である。これらの国では穀物価格の高騰によって，人々が生活苦，飢餓に直面した。他の国々でも穀物価格高騰は貧困層に大きな打撃を与えた。貧困，格差は，社会不安，さらに政治不安を醸成し，持続的な経済成長を制約する要因となる。

（3）　環境制約

　ラテンアメリカ経済を牽引する一次産品輸出は，森林破壊，土壌の劣化，水の枯渇，汚染などの環境問題を引き起こしている。中米における野菜，果物，食肉の生産，南米における大豆，食肉，木材などの生産は熱帯林を破壊し，乾燥化させている。大規模な森林破壊は二酸化炭素，メタンガス排出によって，地球温暖化に加担している。大量の農薬，化学肥料の使用は土壌を劣化させ，水の枯渇，汚染をもたらしている。遺伝子組み換え大豆，トウモロコシの栽培は環境汚染のリスクを高めている。中米，カリブのエビ養殖，観光業はマングローブ林，サンゴ礁を破壊している。鉱物，エネルギーの生産は資源枯渇のスピードを速めている。

　世界では，旱魃，洪水などの異常気象，淡水の減少，土壌の劣化などによっ

て，農業適地は急速に減少しつつある。広大な土地，豊富な水資源をもつラテンアメリカは世界のパン籠として期待されている。その結果，新たな農地が開かれ，新たな農産物が植え付けられ，多数の家畜が飼育された。しかし，農地の拡大に伴う土壌の劣化，水資源の枯渇は農業の持続を危うくする。森林破壊に伴う乾燥化，降水量の減少は農地の拡大を困難にする。マングローブ林の破壊は漁業を不可能とする。サンゴ礁の破壊は観光業を難しくする。鉱物，エネルギーの枯渇は鉱業を不可能とする。要するに，環境破壊，悪化は経済の持続的な発展を制約する。

3　ポストネオリベラリズムの課題

ネオリベラリズムが批判にさらされている。ポストネオリベラリズムが議論されている。ポストネオリベラリズムの開発は何か，どこに開発の優先目標を置くか，どのような制度が必要なのであろうか。

(1)　ポストネオリベラリズムの開発枠組み

ラテンアメリカの開発枠組みについてはこれまで，市場か，それとも国家といった二元論的な議論が支配的であった。輸入代替工業化では国家の役割が強調された。輸入代替工業化が破綻すると市場こそが開発の唯一の制度とされた。市場原理主義の開発が破綻すると，再び国家の役割が強調された。こうしてラテンアメリカの開発政策は大きく振れた。

ネオリベラリズムは，市場が機能する前提として，合理的な経済人と完全情報の存在を挙げている。すなわち経済主体は自らの利益，厚生を最大化するように合理的に行動し，経済人には合理的な意思決定に必要なすべての情報が与えられているという前提である。しかし，とくにラテンアメリカなど開発途上国では，こうした前提は存在しない。情報を正確に伝達する手段は十分発展していない。情報はまた特定の地域，部門，社会階層に偏在している。その結果経済主体は合理的に行動できない。情報の偏在はまた社会格差の要因となる。

世界経済危機は，ラテンアメリカに限らず，経済の市場化の是非，開発における市場と国家の役割は何かという問題を改めて提起している。経済の市場化，グローバリゼーションが不可逆なものであったとしても，市場にどのような規

制を加えるか，どのような制度を構築するかが問われている。

ポストネオリベラリズムは反ネオリベラリズムではない。市場が完全でないことは，金融危機，失業など数々の市場の失敗を見れば明らかである。市場に過度な信頼を置くネオリベラリズムは改める必要があるが，市場に代わる制度がないことも事実である。市場が失敗を犯すように政府もまた失敗を犯す。政府の失敗よりも市場の失敗の方がましだというのが，ネオリベラリズムのメッセージであった。重要なのは，市場が不完全であることを前提に，市場の失敗を補完する制度を構築することである。

開発の新たな制度設計において，市場，国家に加えて，市民社会が重要な制度となる。ラテンアメリカでは1960年代以降の軍政期に民主化を求める市民運動が生まれた。80年代に民政への移管が進むと，市民運動は一気に広がり，多くの政党が支持基盤を広げるため市民政党へと変貌した。世界銀行など国際開発機関は，開発プロジェクトの実行にあたって，コミュニティ（地域社会）の参加を重視するようになった。ブラジル南部の都市ポルトアレグレでは，市民が予算編成する参加型予算（Participatory Budgeting）がスタートし，その後ラテンアメリカの多くの自治体で同様なシステムが導入された。経済自由化によって市場（企業）の役割は強まったが，それは企業の責任が大きくなったことを意味する。企業が成長する一方で社会では貧困など社会問題が存続した。政府は社会問題を解決する十分な能力をもっていなかった。そこで，企業の社会的責任（CSR）の重要性が議論され，多くの企業が社会貢献活動に取り組むようになった。要するに，市民社会という新しい制度が重要性を増し，政府，市場は行政，経済活動実施にあたって，市民社会とその利益を重視し，また市民の参加を求めるようになった。

（2） 新しい経済セクター

ラテンアメリカでは，連帯経済，社会経済，共生経済などといわれる新しい経済セクターあるいは制度が生まれつつある。それは市民社会の一部である。連帯経済は，市場，政府が提供できない領域で財，サービスを提供している。連帯経済は，営利を第一義とはせず，社会的な目的を実現するために経済活動で，自由，民主，協働などを行動原理とするものである。

農村において数多くの農業協同組合が組織されたが，都市においても信用組

合，消費者協同組合など協同組合組織が多数誕生した。アルゼンチンでは倒産した企業を労働者が引き継ぎ経営する，再生工場運動が活発である。ブラジルでも労働者が協同組合を組織し，倒産企業を引き継ぐ例が増えている。いわゆる労働者自主管理企業である。社会的課題達成を目的とするが，一般企業のように有料でサービスを提供する社会的企業（ソーシャル・ビジネス）も広がりつつある。アルゼンチン，エクアドル，メキシコなどでは，地域通貨によってコミュニティ内での取引をうながし，地域経済を活性化し，人々の生活を支える試みが行われている。高度に組織化されていないが，ペルーなどの貧困地域では，女性たちが就労，家事，育児などを分担し支えあう活動が存在する。

連帯経済は現状では市場経済に浮かぶ島のような存在にすぎない。経済が回復すると収縮してしまうことが多い。しかし，それは単なる景気変動の緩衝材ではない。連帯経済は，医療，教育，福祉などの社会サービスだけでなく，農業，金融などの経済活動でもしだいに定着しつつある。

自由，民主，協働などの連帯経済の原理は政府，企業セクターでも導入しうる。企業，政府セクターは社会セクター（連帯経済）と連携可能であり，連携がより高い社会，経済的成果を生み出しうる。市場（企業），国家（政府），社会（市民社会）は，それぞれ異なる組織・行動原理をもつが，すべてが究極において公共性をもち，持続的で公平な社会の実現という共通の目的をもっており，またもつ必要がある。こうした目的実現に向けて，3つのセクターが相互に牽制し，参画する必要がある。たとえば，国家，社会セクターは，市場セクターとの競争，効率性原理を考慮し，行政，社会活動を行う必要がある。市場セクターの活動は，営利を追求にするにあたって，社会的利益に配慮を払う必要がある。国家セクターは，市場を強化する役割を果たす一方で，市場の放恣を規制する必要がある。脆弱な社会セクターを強化するのも国家セクターの役割である。要するに，市場，国家，社会からなる多元的な経済を創造する必要がある。

（3）制度改革・構築

ラテンアメリカが持続的に発展するためには，市場，国家，社会の協調を踏まえて，制度改革を進め，新たな制度を構築していく必要がある。

経済成長のエンジンは広い意味での技術革新である。それを支えるナショナ

ル，ローカルな革新システムが必要である。ブラジル，メキシコのような経済発展が進んだ国では民間企業の役割が大きいが，後発国では政府の役割が大きい。それらの国では技術開発と普及は政府によって可能である。外国企業は技術移転の担い手である。その意味では外国企業をいかに誘致するかが重要となる。市場が独占，寡占の状態にあれば技術移転は進まない。競争政策が必要となる。技術革新は製造業に限らない。農産物の加工度を高めること，鮮度を維持したまま輸送するコールドチェーン，有機農産物の生産，先進国企業に依存しない新たな流通ルートの創造が期待される。ラテンアメリカでは生物多様性を利用した薬品，化粧品などの開発も可能性がある。これらを実現するには，研究開発，生産者の組織化，輸出組合，資金支援などの制度，企業，政府，大学，研究機関など多様な組織の協力が必要となる。

　貧困，所得格差は改善したが，国際的に見てなお貧困人口は大きく，所得分配は不公正である。ラテンアメリカの政府はこれまで貧困，不公正な分配の構造的要因には目を背けていた。構造化した貧困と格差を克服するために，土地，税制，その他の制度改革に着手する必要がある。所得税の累進率の引き上げ，資産，相続に対する課税強化が不可欠である。土地課税の強化は土地再分配の手段として重要である。社会保障の改革も必要である。社会保障では市場原理が導入され，年金は賦課方式から積立方式の方向に転換しつある。しかし，ラテンアメリカでは非正規雇用の割合が高く，彼らの多くは年金制度に加入していない。積立方式では彼らは年金受給資格がない。また，たとえ加入した場合でも低所得層は少額の年金しか受給できない。広範な非正規雇用，貧困層が存在している現状を考えれば，税による最低保証の年金が不可欠である。

　労働法改革は制度改革のなかでもっとも遅れた分野とされる。過度な政府介入，労働者保護が，産業の競争力を低下させ，失業，雇用の非正規化をもたらしているというのが，改革の必要性の根拠である。しかし，労働者保護の一方的な削減は，単に労働者の生活水準を引き下げるだけでなく，企業の生産性向上など技術革新への動機を低下させることになる。適正な保護を維持するとともに，企業内外で労働者の能力開発をうながす制度も必要となる。

　環境保全に向けての制度改革も必要となる。環境破壊，悪化は持続的開発を制約する。ラテンアメリカでは環境保護のための法，制度の整備は進んだが，資金，知識の不足から，それらは実効性が乏しい。制度の強化が必要である。

CDM（クリーン開発メカニズム）などの国際的連携は，資金，技術の不足をカバーする手段の1つである。環境保全では，地域にある知識の活用，地域の人々の参加が不可欠であり，住民，NGOとの協力，協働のための制度が必要となる。

●参考文献
内橋克人・佐野誠編（2005）『ラテン・アメリカは警告する——「構造改革」日本の未来』新評論。
遅野井茂雄・宇佐見耕一編（2008）『21世紀ラテンアメリカの左派政権——虚像と実像』アジア経済研究所。
篠田武司・宇佐見耕一編（2009）『安心社会を創る——ラテン・アメリカ市民社会の挑戦に学ぶ』新評論。
田中祐二・小池洋一編（2010）『地域経済はよみがえるか——ラテン・アメリカの産業クラスターに学ぶ』新評論。
西島章次・細野昭雄（2003）『ラテンアメリカにおける政策改革の研究』神戸大学経済経営研究所研究叢書 62。
Bresser Pereira, Luiz Carlos (2004), *Democracy and Public Management Reform : Building the Republican State*, Oxford : Oxford University Press.

（小池洋一）

資　　料

資料1　ラテン

	独立年	首都	通貨単位	人口 (1000人) 2009	GDP (100万ドル) 2009
アルゼンチン	1816	ブエノス・アイレス	ペソ	40,276	307,155
ボリビア	1825	ラ・パス	ボリビアノ	9,863	17,340
ブラジル	1822	ブラジリア	レアル	193,734	1,573,410
チリ	1810	サンティアゴ	ペソ	16,970	163,669
コロンビア	1810	ボゴタ	ペソ	45,660	234,045
コスタリカ	1821	サン・ホセ	コロン	4,579	29,240
キューバ	1902	ハバナ	ペソ	11,204	na
ドミニカ共和国	1844	サント・ドミンゴ	ペソ	10,090	46,788
エクアドル	1822	キト	ドル	13,625	57,249
エルサルバドル	1821	サン・サルヴァドル	ドル	6,163	21,101
グアテマラ	1821	グアテマラ・シティ	ケツァル	14,027	37,322
ハイチ	1804	ポルトー・プランス	グールド	10,033	6,479
ホンジュラス	1821	テグシガルパ	レンピーラ	7,466	14,318
メキシコ	1821	メキシコ・シティ	ペソ	107,431	874,810
ニカラグア	1821	マナグア	コルドバ	5,743	6,140
パナマ	1903	パナマ・シティ	ドル	3,454	24,711
パラグアイ	1811	アスンシオン	グアラニー	6,349	14,236
ペルー	1821	リマ	ヌエボ・ソル	29,165	130,325
ウルグアイ	1825	モンテビデオ	ペソ	3,345	31,511
ベネズエラ	1811	カラカス	ボリバル・フエルテ	28,384	326,133
アンティグア・バーブーダ	1981	セント・ジョンズ	東カリブ・ドル	88	1,132
バハマ	1973	ナッソー	バハマ・ドル	342	na
バルバドス	1966	ブリッジタウン	バルバドス・ドル	256	3,595
ベリーズ	1981	ベルモパン	ベリーズ・ドル	333	1,354
ドミニカ国	1978	ロゾー	東カリブ・ドル	74	378
グレナダ	1974	セント・ジョーンズ	東カリブ・ドル	104	627
ガイアナ	1966	ジョージタウン	ガイアナ・ドル	762	na
ジャマイカ	1962	キングストン	ジャマイカ・ドル	2,700	12,070
セント・クリストファー・ネイヴィース	1983	バセテール	東カリブ・ドル	50	545
セント・ルシア	1979	カストリーズ	東カリブ・ドル	172	946
セント・ヴィンセントおよびグレナディーン諸島	1979	キングスタウン	東カリブ・ドル	109	583
スリナム	1975	パラマリボ	スリナム・ドル	520	na
トリニダード・トバゴ	1962	ポート・オブ・スペイン	トリニダード・トバコ・ドル	1,339	21,204

注:「na」はデータなしを示す。
出所:国名,独立年,首都,通貨単位は外務省 (http://www.mofa.go.jp/mofaj/area/latinamerica.html)。そ

資　料

アメリカ基本統計

1人あたり GDP(ドル)	インフレ率 (%)	国内貯蓄比率 (GDP比,%)	移民フロー (1000人)	平均寿命	5歳未満幼 児死亡率 (1000人中)	都市人 口比率 (%)	インターネッ ト利用者 (100人あたり)	携帯電話 台数 (100人あたり)	自動車 保有台数 (1000人あたり)
2009	2009	2009	2005	2008	2009	2005	2008	2008	2007
7626	10.0	23.2	−100	75.3	14.1	91.4	28	117	314
1,758	−2.4	22.9	−100	65.7	51.2	64.2	11	50	68
8,121	4.8	14.6	−229	72.4	20.6	84.2	38	78	198
9,644	4.2	21.6	30	78.6	8.5	87.6	32	88	164
5,126	4.9	18.4	−120	73.0	18.9	73.6	38	92	66
6,386	8.9	20.5	84	78.9	10.6	61.7	32	42	152
na	na	na	−163	78.7	5.8	75.6	13	3	38
4,637	3.0	10.1	−148	72.6	31.9	66.8	22	72	123
4,202	4.3	23.6	−400	75.1	24.2	63.6	29	86	63
3,424	−1.0	11.3	−340	71.3	16.6	59.8	11	113	84
2,661	2.4	11.9	−300	70.3	39.8	47.2	14	109	117
646	3.5	16.1	−140	61.2	86.7	42.7	10	32	97
1,918	4.4	na	−150	72.2	29.7	46.5	13	85	na
8,143	4.3	21.7	−2,702	75.1	16.8	76.3	22	71	244
1,069	16.4	10.2	−206	73.1	25.6	55.9	3	55	48
7,155	4.1	34.9	8	75.7	22.9	70.8	27	115	188
2,242	−0.1	12.0	−45	71.9	22.6	58.5	14	95	82
4,469	3.0	22.5	−525	73.3	21.3	71.1	25	73	52
9,420	5.9	17.1	−104	76.0	13.4	92	40	105	na
11,490	8.4	21.6	40	73.5	17.5	92.3	26	97	147
12,920	2.8	50.6	na	na	11.7	30.7	75	158	na
na	na	na	2	73.5	12.4	83.1	32	106	82
14,050	na	na	−3	77.0	11	38.4	74	159	406
4,062	−0.3	na	−1	76.3	18	50.2	11	50	178
5,132	1.7	2.3	na	na	9.8	72.9	38	137	na
6,029	−0.9	−8.5	−5	75.3	14.5	30.6	23	58	na
na	na	na	−40	67.1	35.3	28.2	27	na	95
4,471	6.5	12.8	−76	71.8	30.9	52.7	57	101	na
10,988	3.9	7.3	na	na	14.9	32.2	33	163	na
5,496	−0.3	−3.0	−1	na	19.8	27.6	59	100	na
5,335	3.0	−2.7	−5	71.7	12.4	45.9	60	119	204
na	na	na	0	69.0	26.3	73.9	10	81	na
15,841	−15.7	na	−20	69.3	35.3	12.2	17	113	351

の他はWorld Bank（http://www.worldbank.org/data/）による．

資料2 ラテンアメリカ関連年表

年	月	社 会 の 動 き
1946	6	アルゼンチンでペロン政権が樹立
1948	2	サンチャゴに国連ラテンアメリカ経済委員会（CEPAL，英語でECLA）が発足
	4	ボゴタで米州会議が開催され，米州機構（OAS）憲章採択される
1952	4	ボリビアでMNR革命政権樹立。パス・エステンソロ大統領就任
1955	9	アルゼンチン，軍事クーデターでペロン大統領失脚
1959	1	キューバ，カストロによる革命政権樹立
	12	米州開発銀行（IADB）の創設
1961	6	1960年2月のモンテビデオ条約によりラテンアメリカ自由貿易連合（LAFTA）発足
	8	ケネディ大統領提唱の「進歩のための同盟」発足
	10	中米共同市場（CACM）発足
1962	10	キューバ，ミサイル危機発生
1964	3	ブラジルで軍事政権樹立。カステロ・ブランコが大統領に
	4	第9回OAS外相協議会でキューバへの経済封鎖を決議
	11	ボリビアで軍事政権樹立。バリエントスが大統領に
1965	4	ドミニカ共和国の革命政権，アメリカの軍事介入で転覆
1967	10	ゲバラ，ボリビアで死亡
1968	5	カリブ自由貿易連合（CARIFTA）発足。73年にカリブ共同体に改組
	10	ペルー，ベラスコ革命軍事政権樹立
1969	6	エルサルバドルとホンジュラス間にサッカー戦争が勃発
	10	アンデス共同市場（ANCOM）発足
1970	11	チリでアジェンデ社会主義政権発足。銀行，銅山の国有化
1973	9	チリで軍事クーデター，アジェンデ政権崩壊
1974	7	アルゼンチン，イザベル・ペロン政権発足。76年3月の軍事クーデターで失脚
1975	10	パナマでラテンアメリカ経済機構（SELA）設立総会。中南米26カ国が参加
1977	3	OAS会議でカーター大統領が「人権外交」を提唱
1978	7	アマゾン流域の8カ国によるアマゾン開発条約調印
1979	7	ニカラグア，サンディニスタ革命により，ソモサ独裁政権崩壊
	8	エクアドルで民政移管。軍制終焉のさきがけとなる
1980	7	ペルー，民政移管。ベラウンデ大統領就任
	8	新モンテビデオ条約によりLAFTAからラテンアメリカ統合連合（ALADI）に改組
1982	4	マルビナス（フォークランド）戦争勃発
	9	エクアドル，63億ドルの対外債務の一部返済延期を要請
	11	メキシコで対外債務危機発生。IMFから38億4000万ドルの緊急融資を受ける
1983	1	メキシコなど4カ国が中米紛争の平和的解決をめざすコンタドーラグループ結成
	2	ブラジルで470億ドルの対外債務返済が不能となる
	3	ウルグアイ，ベネズエラで対外債務返済の延期
	10	グレナダで政変が生じ，米軍がグレナダに侵攻
	12	アルゼンチン，軍事政権終焉。アルフォンシン急進党政権樹立
1984	11	チリとアルゼンチン，長年のビーグル海峡に関する紛争解決
1985	4	ブラジル，民政移管。サルネイ大統領就任
	7	ペルー，ガルシア大統領就任。債務支払いを輸出の10％以下にすると宣言
	9	メキシコ大地震
	11	コロンビア，ネバド・デル・ルイス火山の大爆発。死者2万人

資料

年	月	事項
1986	2	ハイチ，デュバリエ独裁体制崩壊
	3	ブラジル，インフレ抑制政策としてクルザード計画実施
1987	1	エクアドル，対外債務返済の一時停止
	2	ブラジル，対外債務の返還不能となり，モラトリアム宣言
	8	中米和平のためのグアテマラ合意（いわゆるエスキプラス合意）が成立
1988	12	メキシコ，PRI（制度的革命党）のサリーナス大統領就任
1989	1	ベネズエラ，債務の一部についてモラトリアムを宣言
	3	米財務長官ブレイディが対外債務削減を含むブレイディ・プランを発表
	12	米軍，パナマに侵攻。ノリエガ将軍を拘束
1990	1	メキシコにブレイディ・プランが適用され，対外債務の35％が減削される
	2	ニカラグア，サンディスタと反政府ゲリラ間で停戦協定成立
	3	チリ，民政移管されエイルイン大統領が就任
	6	ペルー，日系人のフジモリ政権が発足
1991	2	ハイチ，アリスティド大統領就任。9月の軍事クーデターで国外追放
	3	ブラジル，アルゼンチンなど4カ国でメルコスル創設で合意（アスンシオン条約）
	4	アルゼンチン，兌換法（カレンシー・ボード）導入
	9	エルサルバドルで，政府と反政府ゲリラ間で包括的和平協定合意
1992	2	ベネズエラ，軍部によるクーデター未遂事件発生。チャベス中佐など逮捕
	4	フジモリ大統領，憲法停止と議会を解散する（アウトゴルペ）
	6	リオデジャネイロで国連地球サミットが開催され176カ国が参加
	10	コロンブスの米州到達後500周年
1993	5	パラグアイ，ワスモシ大統領，39年ぶりの民政大統領に
1994	1	アメリカ，カナダ，メキシコによるNAFTA（北米自由貿易協定）が発効
	1	メキシコ，サパティスタ武装蜂起
	7	ブラジル，「レアル計画」実施
	7	ハイチ，国連安保理が多国籍軍の介入を承認。アリスティド大統領復帰
	12	第1回米州サミットがマイアミで開催。米州自由貿易地域（FTAA）が提案される
	12	メキシコ，大規模な資本逃避による通貨危機の発生
1995	1	ブラジル，カルドーゾ大統領就任
	1	南米南部共同市場（メルコスル）発足
	4	ペルー，フジモリ大統領再選
1996	12	ペルーの日本大使公邸で左翼ゲリラ「トゥパク・アマル」による人質事件発生
1998	10	ブラジル，IMFとの間で，総額415億ドルの緊急融資で合意
	11	ハリケーン「ミッチ」による中米諸国に大きな被害
1999	1	ブラジルで通貨危機発生。変動相場制へ移行
	12	パナマ運河の全面的返還
	2	ベネズエラ，ウーゴ・チャベス大統領就任
2000	1	エクアドル，通貨スクレの「ドル化」政策発表
	5	フジモリ大統領，3選されるも，後に辞任
	12	アルゼンチン，IMFなどと総額で397億ドルの緊急融資の合意
2001	12	アルゼンチンで，通貨危機による混乱がはじまる
2002	2	アルゼンチン，カレンシー・ボード制の崩壊と変動相場制への移行
2003	1	ブラジル，労働党のルラ大統領就任
	2	チリと韓国で太平洋をまたぐはじめてのFTA（自由貿易地域）の調印
	9	メキシコのカンクンでのWTO総会で途上国の反発強まる
2004	2	ハイチで反政府勢力の活動が活発化し，アリスティド大統領が国外に脱出
	5	アメリカと中米5カ国によるCAFTA（中米自由貿易協定）が調印

2005	3	ウルグアイで中道左派のバスケス大統領就任
2006	1	ボリビアでは初の先住民出身であるエボ・モラレスが大統領に就任
	3	チリではじめての女性大統領としてバチェレが就任
	5	ボリビアで天然ガスが国有化
	12	メキシコで国民行動党党首のフェリペ・カルデロンが大統領に就任
2007	5	ベネズエラのチャベス大統領による天然資源産業の国有化はじまる
2008	2	キューバでフィデル・カストロを引継ぎラウル・カストロが国家評議会議長に就任
		移民100周年に基づく日本ブラジル交流年
2009	4	メキシコで新型インフルエンザの発生が確認。その後世界的流行に
2010	1	ハイチでM7.0の地震で約20万人の死者
	2	チリでM8.8の大地震
	3	チリで右派大統領・セバスチャン・ピニェラが就任
	10	チリ，サンホセ鉱山の落盤事故で69日ぶりに33名が生還
2011	1	ブラジルではじめての女性大統領としてジルマ・ルセフが就任

索 引
（＊は人名）

ア 行

アーリー・リフォーマー　20
アグロフォレストリー（森林農業）　168, 171
アジア通貨危機　5
アシエンダ　141
アスンシオン条約　75
新しい経済セクター　262
アマゾン　158
　　――の乾燥化　164
　　――発電所計画　171
新たな一次産品輸出　145
アルゼンチン　135
アンデス共同体　76
アンデス準地域統合　72
アンデス地域　140
　　――統合　69
一次産品　63
　　――輸出経済　96, 101
　　――輸出悲観論　3
一時的貧困　192
遺伝子組み換え　148, 157
遺伝資源　123
移動労働力　137
移民労働力　137
医療保健行政　225
インターネット　145, 186
インフォーマルな制度　26
インフォーマル部門　199
インフラ　93, 97, 104, 105, 137, 185
インフレーション　36, 54
インフレ・ターゲティング政策　44
ヴァーレ社　116
失われた10年　36, 74, 144
失われた5年　239, 240

内向きの発展　140
ウルグアイ　144
エクアドル　142
エコツーリズム　168, 171
エタノール　101, 121, 159
エビ養殖　159
エルサルバドル　226
塩害　157
エンコミエンダ　140
エンブラエル社　228
オーソドックス・タイプの安定化政策　38
オフショア金融市場　53
オランダ病　127, 259
穏健左派　244
温暖化ガス　162, 163

カ 行

カーボン・ニュートラル性　122
外国銀行　61
外国直接投資　73, 105, 106
開発の利益と不利益の不公平な配分　169
開放経済　96, 97
カウディージョ　251
化学肥料　157
革新システム　264
確定拠出型年金　200
化石燃料　119
カダストロ・ウニコ（Cadastro Único）　210
ガバナンス　227
カピタニア制　141
株式市場　53
＊ガルシア，アラン　247
＊カルドーゾ，フェルナンド　236
カレンシー・ボード　42
為替アンカー制度　42

273

為替レート 62
環境税（ピグー税） 221
環境制約 260
環境都市 232
環境破壊 128
環境法制 166
環境保護政策 166
環境保全 264
　　——に向けての協調 171
観光業 160
韓国 94
関税同盟 69
間接税 24
間接民主主義 230
官民パートナーシップ 105
機会の不平等 193
機関投資家 56
基礎的財政収支（プライマリー・バランス）
　　46
急進左派 244, 245
キューバ 137
給付付き税額控除 222
教育 185
教育行政 223
教育私的収益率 190
教育政策 256
共同市場 69
拠出金 199
銀行危機 22
金融機関 50
金融危機 55, 239, 240
金融規制監督 62
金融サービス 61
金融システム改革 21
金融資本市場 50
金融制度 51
金融センター 53
金融仲介機能 21, 50
金融統合 56
グアテマラ 142, 183

——議定書 78
クズネッツ仮説 188
クラスター 101, 103
クリオーリョ 26
クリチバ市 168, 226, 232
グローバルコモンズ（人類全体の公共財）
　　172
経済自由化 255, 256
契約栽培 146
決定24号 72
原産地認証制度 148
憲法制定議会 245
公正 194
構造調整政策 222
構造的財政ルール 127
構造的要因 15
構造派 37, 38
公的年金制度 204
高付加価値化 148
コーヒーの時代 135
コールド・チェーン 145
国営化 107, 110, 111
国債 53
国際金融市場 56
国際金融のトリレンマ 42
極貧線 179
穀物法 134
国連環境開発会議（リオサミット） 166
個人型確定拠出型年金 204
コデルコ社 116
ゴミの分別収集 169
コモディティ 93, 100, 101
＊コレア，ラファエル 245
コンセッション 105, 106

サ 行

債券市場 51
財源配分 219, 220
債務危機 39, 97
債務不履行宣言（デフォルト） 39

索　引

サッカー戦争　72
左派拡大戦線（進歩会議）　247
砂漠化　158
左派政権　256
サパティスタ民族解放軍　242
サプライ・チェーン　101, 105
サリーナス革命　85
＊サリーナス・デ・ゴルタリ，カルロス　236
参加型民主主義　247
サンゴ礁　160
＊サンチェス・デ・ロサダ，ゴンサロ　241
資金調達　50
資源ナショナリズム　110, 124, 241
自主クーデター　237
市場競争　14
市場自由化　4
市場による統合（market-led integration）　73
市場メカニズム　14
自然災害　164
自然資本　154
持続可能な開発　167
持続可能な都市　168
持続的成長　28
自動車　63, 102, 103
ジニ係数　187
資本自由化　19
資本取引　50
市民社会　262
社会運動　243
社会支出　197
社会正義　194
社会政策　196, 256
社会制約　259
社会的企業（ソーシャル・ビジネス）　263
社会的公正　28
社会投資基金　222
社会扶助　196, 200
社会保険　200
社会保障　196, 200

従属論的　97
自由貿易地域　69
条件付き現金給付政策　→CCT
証券投資　19, 58
勝者と敗者　6
消費　178
情報・通信アクセス　185
職域別拠出型確定給付年金　204
食糧問題　129
所得　178
　──格差　260, 264
　──の不平等分配　197
　──貧困　177
資力調査法　207
新経済政策　240
新興国　60
新自由主義　14, 34, 39, 218, 236, 255
　──経済政策　83
人的資本形成　210
森林破壊　156
森林劣化　158
垂直的財源移転　219
水平的財源移転　219
スーパーマーケット　103, 146
スラム　161
＊スリム，カルロス　186
税源配分　219, 220
生産分与方式　121
税制改革　23
製鉄　103
制度改革　263
制度構築　15, 263
制度制約要因　29
制度的統合（integration de jure）　73
制度の役割　26
政府間行財政関係　219
政府系企業　20
生物多様性　157
政府能力　25
政府の役割　15, 25

275

『世界開発報告』 179
世界銀行 144
世界社会フォーラム 238
世界大恐慌 140
セズマリア 141
セラード（サバンナ） 148, 158
ソーシャル・インクルージョン（社会的包摂）
　172, 257
外向きの発展 140

タ 行

ターゲティング 209
第一次産品輸出経済 154, 156, 257
第一次世界大戦 139
対外共通関税 75
対外債務 4
　——危機 144
対外的ショックに対する脆弱性 7
大気汚染 160
第三の道 257
大衆参加法 224, 225, 229
大豆 228
　——栽培 158
対数分散 187
大土地所有制度 140
第二世代改革 9
太平洋の弧（アルコ・デル・パシフィコ） 88
兌換法 240
多国間環境条約 166
多国籍企業 98, 99, 105, 109, 110, 137
脱税 24
多民族国家 245
単一制国家 221
地域格差 188
地域統合 105, 109
地域ブランド 148
小さな政府 144, 218, 231
地球温暖化 161
地方環境税 221
地方財政調整制度 220

地方自治制度 215
地方分権一括法 221
地方分権化 214
＊チャベス，ウーゴ 241, 245
中央銀行 64
中国 94, 100, 101, 104, 242
中米諸国 137
直接税 24
直接投資 19, 58
直接民主主義 230
貯蓄 54
チリ 142, 181
　——・ソリダリオ 47
賃金格差 28
通貨危機 16, 43
デカセギ 149
鉄道 137
天然ガスの国有化 238
天然資源の呪い 128
統合産業方式 72
投資 54
　——家 50
　——のコーディネーション 25
同時多発テロ 240
土地所有制度 2
土地制約 134
土地なし農業労働者 2
トランス・ラティンス 93, 109, 110
取引コスト 26
ドル化 42

ナ 行

ニカラグア 142
21世紀の社会主義 245
日墨EPA →日本メキシコ経済連携協定
日本企業 107, 112
日本チリ経済連携協定 89
日本メキシコ経済連携協定 70, 89
ネオ・ポピュリズム 222
ネオリベラリズム →新自由主義

索　引

農業のビジネス化　146
農村の非農化　150
農地改革　141
農薬　157

ハ 行

バイオ・パイラシー　123
バイオ・プロスペクティング　123
ハイチ　193, 226
ハイパー・インフレーション　4, 35, 37, 40
＊バスケス，タバレ　247
＊バチェレ，ミシェル　247
パラグアイ　148
反景気循環的財政政策　8
パンパ　138
非正規化　23
非伝統的輸出農産物　145
＊ピノチェット，アウグスト　82
氷河の溶解　165
平等化　188
貧困　178, 196, 259, 264
　　――の決定要因　190
貧困緩和　196
貧困ギャップ率　181
貧困削減　188
貧困線　179
貧困率　179
ファミリービジネス　100
フェアトレード　168, 171
フォーマルな制度　26
フォーマル部門　199
複数為替レート　143
　　――の一元化　17
＊フジモリ，アルベルト　222, 237
負の所得税　222
不平等　196
普遍主義的確定給付年金　204
ブラジル　135
　　――通貨危機　59
　　――の奇跡　38

ブランド化　134
ブレイディ・プラン　58
プレサル油田　120
フレックス燃料エンジン車　122
プログレサ・オポルトゥニダデス　207
分権と参加　215
平均関税率　17
平均寿命　185
平衡化　220
米州機構　236
米州サミット　236
米州民主憲章　236
ベースメタル　116
ペソ危機　5, 19
ヘテロドックス・タイプの安定化政策　40
ペトロカリブ　246
ペトロブラス　120
ペルー　138
ペロン党　236
貿易自由化　17
法定外目的税　221
ポストネオリベラリズム　261
ポピュリズム（民衆主義）　252
ボリビア　138, 183
ボルサ・ファミリア　46, 207, 222
ポルトアレグレ市　229
ホンジュラス　181

マ 行

マイクロファイナンス　103, 191
マキラドーラ　89, 95
マクロ経済制約　258
マクロ経済の不安定性　54
マッギ（Maggi）　228
マネタリスト　37
マングローブ　159
慢性的貧困　192
マンデル・フレミング命題　42
ミシオン　242
水戦争　237

277

ミニフンディオ　2
民営化　20, 103, 106, 107, 110, 111
民間年金基金　54
民主連合（コンセルタシオン）　250
ムニシピオ（município）　215
メキシコ　138
　　──通貨危機　55
メソアメリカ地域　140
メソアメリカ統合・開発プロジェクト　79
メタンガス　164
モータリゼーション　160
目的税　221
モノカルチャ経済　139
＊モラレス，エボ　241, 245

ヤ 行

有害ゴミ　160
輸出関税　143
輸出プラットフォーム　89
輸送費　134
輸入代替工業化　3, 38, 96, 97, 143
輸入割当　17

ラ・ワ行

＊ラゴス，リカルド　247
ラディカル・デモクラシー　247
ラティフンディオ　2
　　──＝ミニフンディオ構造　141
リーマン・ショック　7, 249
リーマン・ブラザーズ証券　62
リスクの軽減　197
＊ルーラ・ダ・シルバ，ルイス・イナシオ　247
レアメタル　101, 117
＊レルネル，ジャイメ　232
連帯経済　262, 263
レントシーキング　25
連邦準備理事会　64
連邦制国家　221
ロイヤルティ税　228
労働市場改革　23

労働市場の柔軟化　23
労働者送金　63
労働生産性　30
労働の外注化　23
労働法改革　264
ロシア　246
ワークフェア原理　222
ワークフェア・ステート　257
ワシントン・コンセンサス　16, 236

A to Z

ALBA（ボリバル代替統合構想）　246
ANCOM（アンデス共同市場）　72
APEC（アジア太平洋経済協力）　84, 248
ATPDEA（アンデス貿易特恵）　246
BBVA（ビルバオ・ビスカヤ・アルヘンタリア銀行）　66
BRICs（ブラジル，ロシア，インド，中国）　248
BRT（Bus Rapid Transit）　168
CACM, MCCA（中米共同市場）　69, 94
CAF（アンデス振興公社）　76
CARICOM（カリブ共同体）　70, 94
CARIFTA（カリブ自由貿易連合）　69
CBI（環カリブ・イニシアティブ，カリブ開発計画）　80
CCT（条件付き現金給付）　6, 206, 257, 222, 260
CDD（コミュニティ主導型開発）　229
CDM（クリーン開発メカニズム）　172
CSR（企業の社会的責任）　262
DR-CAFTA（米国・中米・ドミニカ共和国自由貿易協定）　79, 80
FEALAC（FOCALAE，東アジア・ラテンアメリカ協力フォーラム）　88
FONCODES（社会開発補償基金）　222
FTA（自由貿易協定）　82
　　包括的──　86
FTAA（ALCA，米州自由貿易地域）　74, 240, 246

索　引

GATT（関税および貿易に関する一般協定）
　　24条　71
GATTプラス　86
IBSA（インド・南アフリカとの連携）　248
IIRSA（地域インフラストラクチャー統合構想）
　　77
IMF（国際通貨基金）　4, 57, 144
INBio（生物多様性研究所）　167
ISO14000　167
LAFTA（ALALC，ラテンアメリカ自由貿易
　　地域）　69
M&A（合併・買収）　93, 99, 102, 108
MERCOSUR（南米南部共同市場）　70, 75, 94,
　　102, 109, 145
NAFTA（北米自由貿易協定）　70, 94, 109,
　　145
　　――パリティ　80
　　――プラス　81
OECD（経済協力開発機構）　250
PB（参加型予算）　229, 262
PPP（旧プエブラ・パナマ計画）　79
PRD（民主革命党）候補　238
PRI（制度的革命党）　236
PT（労働者党）　247
RICAM（メソアメリカ国際道路網）　80
SCH（サンタンデール・セントラル・イスパノ
　　銀行）　66
SICA（中米統合機構）　78
SIEPAC（中米諸国送電網システム）　80
SUS（統一保健機構）　225
TPP（環太平洋戦略的経済連携協定）　84,
　　248
UNASUR（南米諸国連合）　76, 248
　　――創設条約　76

279

《執筆者紹介》（所属，執筆分担，執筆順．＊は編者）

＊西島　章次（元・在ブラジル日本大使館公使，序章・第1章）

道下　仁朗（松山大学経済学部教授，第2章）

桑原　小百合（財団法人国際金融情報センター中南米部長，第3章）

細野　昭雄（国際協力機構〔JICA〕研究所長・政策研究大学院大学客員教授，第4章）

堀坂　浩太郎（上智大学名誉教授，第5章）

浜口　伸明（神戸大学経済経営研究所教授，第6章）

谷　洋之（上智大学外国語学部教授，第7章）

＊小池　洋一（立命館大学経済学部教授，第8章・終章）

久松　佳彰（東洋大学国際地域学部教授，第9章）

高橋　百合子（神戸大学大学院国際協力研究科准教授，第10章）

山崎　圭一（横浜国立大学大学院国際社会科学院教授，第11章）

遅野井　茂雄（筑波大学人文社会系教授，第12章）

《編著者紹介》

西島章次（にしじま・しょうじ）
- 1949年　神戸市に生まれる。
- 1978年　神戸大学大学院経済学研究科博士課程修了。
- 1994年　経済学博士（神戸大学）。
  　　　　神戸大学副学長，神戸大学経済経営研究所教授，在ブラジル日本大使館公使を歴任。
- 2012年7月28日　歿。
- 主　著　『グローバリゼーションの国際経済学』（編著）勁草書房，2008年。
  　　　　『ラテンアメリカ経済論』（共編著）ミネルヴァ書房，2004年。
  　　　　East Asia and Latin America : The Unlikely Alliance, co-edited., Rowman & Littlefield, 2003.

小池洋一（こいけ・よういち）
- 1948年　埼玉県に生まれる。
- 1971年　立教大学経済学部卒業。
- 現　在　立命館大学経済学部教授。
- 主　著　『地域経済はよみがえるか――ラテン・アメリカの産業クラスターに学ぶ』（共編著）新評論，2010年。
  　　　　『図説ラテンアメリカ経済』（共著）日本評論社，2009年。
  　　　　『アマゾン――保全と開発』（共著）朝倉書店，2005年。

シリーズ・現代の世界経済　第7巻
現代ラテンアメリカ経済論

2011年4月30日　初版第1刷発行　　〈検印省略〉
2013年10月30日　初版第2刷発行

定価はカバーに
表示しています

編著者	西　島　章　次		
	小　池　洋　一		
発行者	杉　田　啓　三		
印刷者	藤　森　英　夫		

発行所　株式会社　ミネルヴァ書房
607-8494　京都市山科区日ノ岡堤谷町1
電話代表　(075)581-5191
振替口座　01020-0-8076

© 西島章次・小池洋一，2011　　　　亜細亜印刷・藤沢製本

ISBN978-4-623-05872-3
Printed in Japan

シリーズ・現代の世界経済〈全9巻〉
A5判・美装カバー

第1巻 現代アメリカ経済論　　　　地主敏樹・村山裕三・加藤一誠 編著

第2巻 現代中国経済論　　　　　　　　　　加藤弘之・上原一慶 編著

第3巻 現代ヨーロッパ経済論　　　　　　久保広正・田中友義 編著

第4巻 現代ロシア経済論　　　　　　　　吉井昌彦・溝端佐登史 編著

第5巻 現代東アジア経済論　　　　　　三重野文晴・深川由起子 編著

第6巻 現代インド・南アジア経済論　　　石上悦朗・佐藤隆広 編著

第7巻 現代ラテンアメリカ経済論　　　　西島章次・小池洋一 編著

第8巻 現代アフリカ経済論　　　　　　　北川勝彦・高橋基樹 編著

第9巻 現代の世界経済と日本　　　　　　西島章次・久保広正 編著

―――――― ミネルヴァ書房 ――――――

http://www.minervashobo.co.jp/